Alexandra DELRUE

Histoires parisiennes
Quartier des Halles

© Copyright – tous droits réservés – Alexandra DELRUE
Toute reproduction, distribution et vente interdites sans autorisation de l'auteuret de l'éditeur.

Édition : BoD · Books on Demand, 31 avenue Saint-Rémy, 57600 Forbach, bod@bod.fr
Impression : Libri Plureos GmbH, Friedensallee 273, 22763 Hamburg (Allemagne)

ISBN : 978-2-3225-7292-2

Dépôt légal : février 2025

Le premier arrondissement de Paris est un arrondissement historique situé au cœur de la ville. Son histoire remonte à plus de 2 000 ans et il est aujourd'hui considéré comme l'un des quartiers les plus célèbres et emblématiques de la capitale française.

L'histoire du premier arrondissement commence avec la fondation de Lutèce, l'ancêtre de Paris, par les Gaulois au IIIe siècle avant notre ère. À l'époque romaine, Lutèce devient une ville prospère et connue sous le nom de *Lutetia*. L'arrondissement du Louvre se situe à l'emplacement de l'ancien Forum romain, qui était le centre politique, religieux et économique de la ville antique.

Au Moyen Âge, Paris devient la capitale du royaume de France et le premier arrondissement commence à se développer. La cathédrale Notre-Dame de Paris est construite au 12e siècle et devient rapidement l'un des symboles de la ville. De nombreux autres bâtiments médiévaux sont également construits comme le Palais de la Cité, qui était la résidence royale.

Le XVIe siècle est marqué par la construction du Palais du Louvre, qui est aujourd'hui l'un des musées les plus célèbres du monde. Sous le règne de François 1er, le Louvre devient la résidence royale et de nombreuses extensions et améliorations sont réalisées. Le jardin des Tuileries est également créé à cette époque, offrant un espace de détente et de promenade aux Parisiens.

Au XVIIe siècle, Paris devient le centre culturel de l'Europe. Des artistes, des écrivains et des penseurs célèbres tels que Molière, Racine et Descartes fréquentent le quartier. La Comédie-Française, l'une des plus anciennes troupes de théâtre du monde, est créée en 1680.

Au XIXe siècle, Paris se transforme radicalement sous l'impulsion du baron Haussmann. De larges boulevards sont tracés et de nombreux bâtiments médiévaux sont détruits pour faire place à des constructions plus modernes. L'arrondissement du Louvre est également touché par ces transformations, notamment avec la création de la rue de Rivoli, qui devient une artère commerciale majeure de la ville.

Pendant la Seconde Guerre mondiale, le premier arrondissement est occupé par les forces allemandes. De nombreux monuments et bâtiments historiques sont endommagés ou détruits lors des combats. Après la guerre, la reconstruction de Paris est entreprise et l'arrondissement retrouve peu à peu sa splendeur d'antan.

Aujourd'hui, le premier arrondissement est un quartier animé et touristique. Il abrita de nombreux sites emblématiques de la ville, tels que le Louvre, le jardin des Tuileries, le Palais-Royal ou encore la place Vendôme. Les rues du quartier regorgent de boutiques de luxe, de cafés, de restaurants et d'hôtels de renommée mondiale.

L'histoire du premier arrondissement de Paris est donc une histoire riche et passionnante, qui a vu la ville grandir et se transformer au fil des siècles. De la fondation de Lutèce à la reconstruction après la Seconde Guerre mondiale, l'arrondissement du Louvre témoigne de l'évolution de Paris et continue d'attirer des millions de visiteurs chaque année.

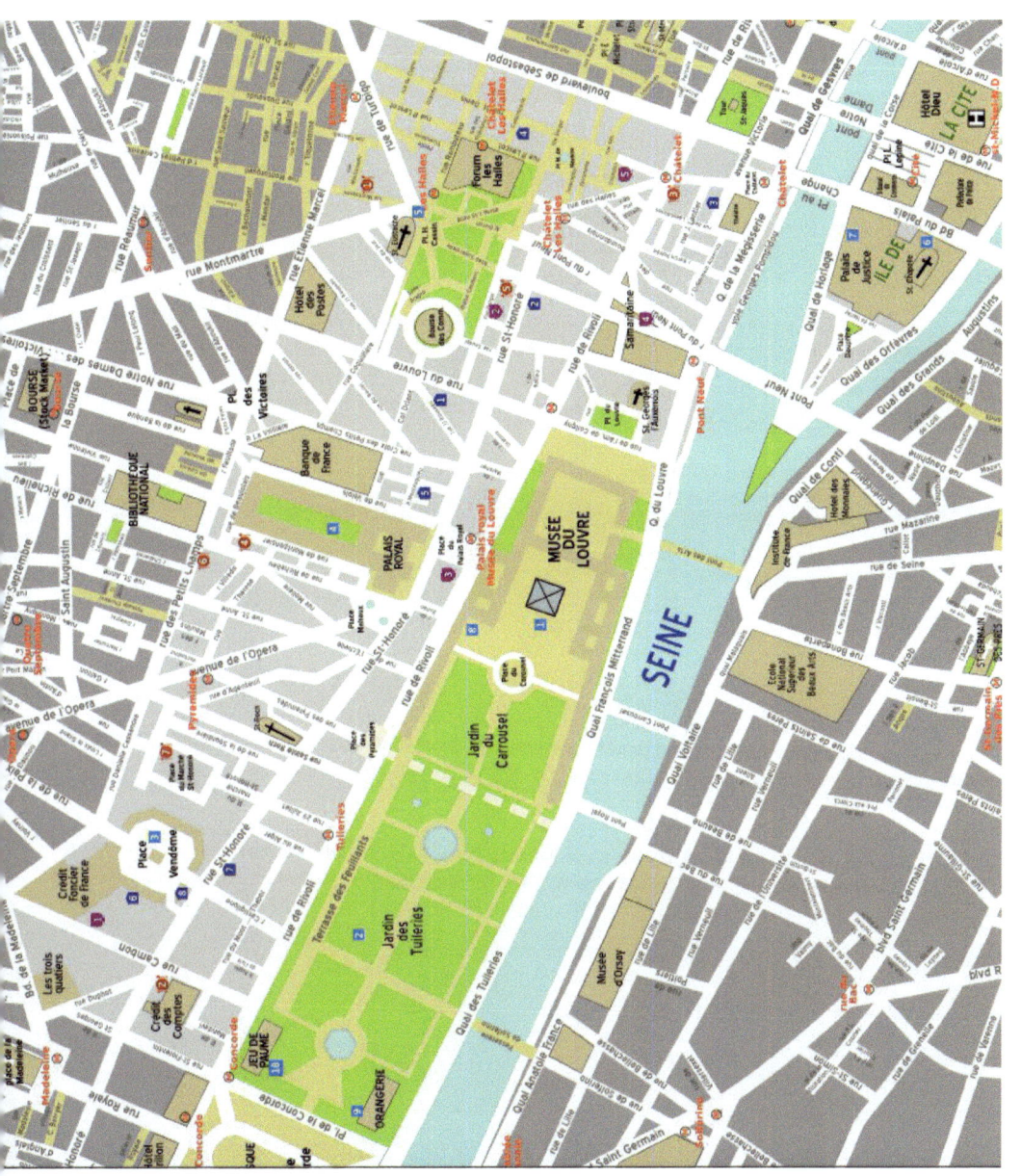

Rue Adolphe-Jullien

La rue commence rue de Viarmes et se termine rue du Louvre. Elle mesure 13 mètres de longueur et 28 mètres de largeur.

Odonymie

La rue doit son nom à Adolphe Jullien né le 13 février 1803 à Amiens.

En 1830, Jullien se voit confier la conception des grands ponts-canaux du canal latéral à la Loire à Digoin, sur la Loire et au Guétin sur l'Allier, sous les ordres des ingénieurs Jean-Joseph Vigoureux et Marie-Noël Lejeune. Sept ans plus tard, il est attaché au service du canal latéral à la Loire en tant qu'ingénieur en chef. En mai 1843, il est nommé ingénieur en chef de première classe, lors de l'inauguration de la ligne de la Compagnie du chemin de fer de Paris à Orléans. En 1846, il passe ingénieur en chef à la Compagnie du chemin de fer de Paris à Lyon, créée le 1er mars 1846. Chargé notamment de la construction de la ligne, il a, entre autres, sous ses ordres l'ingénieur ordinaire de deuxième classe Jules Poirée. Il conserve ses attributions lors du retour de la ligne dans le giron de l'Etat, par nationalisation, après la faillite de la compagnie. Le lundi 10 septembre 1849, le président de la République, Louis-Napoléon Bonaparte, lui remet la croix de commandeur de la Légion d'honneur, lors de l'inauguration de la première section jusqu'à Sens (Yonne) du chemin de fer de Paris à Lyon. Il meurt le 1er mars 1873, chez lui, 133 avenue de Malakoff. Ses obsèques ont lieu le mercredi 5 mars, à midi, en l'église de Notre-Dame-de-Lorette.

Histoire

La rue a été ouverte en 1886 par la ville de Paris, pour servir d'accès à la Bourse de commerce. Un arrêt du 5 avril 1904 lui donna son nom actuel.

Passage Antoine-Carême

Le passage ouvre sur la rue Saint-Honoré et le passage des Lingères. Il mesure 42 mètres de longueur sur 5 mètres de largeur.

Odonymie

Le passage porte le nom de Marie-Antoine Carême né le 8 juin 1783 à Paris. Il est souvent considéré comme le premier grand chef cuisinier français.

Issu d'une famille modeste, Carême est placé en apprentissage chez un pâtissier à l'âge de dix ans. Son talent précoce dans l'art culinaire attire l'attention de personnalités influentes, ce qui lui permet de travailler dans des cuisines prestigieuses. Carême acquiert une renommée internationale. Il sert les plus grandes cours européennes, dont celles de Napoléon 1er, du roi de Prusse et du tsar de Russie. Sa créativité et son sens de l'esthétique révolutionnent la gastronomie de l'époque, introduisant des techniques et des présentations innovantes. Il publie plusieurs ouvrages culinaires à succès, dont *Le Pâtissier royal parisien*, *Le Cuisinier parisien* et *l'Art de la cuisine française*. Ses livres deviennent des références incontournables pour les chefs et les gastronomes du monde entier. Carême est particulièrement connu pour son habileté à réaliser des pièces montées spectaculaires. En plus de sa carrière de chef, Carême s'engage également dans des causes philanthropiques. Il participe à la création de la Société des Cuisiniers de Paris, qui vient en aide aux jeunes chefs en difficulté. La vie de Carême prend fin tragiquement le 12 janvier 1833, lorsqu'il meurt à l'âge de 48 ans des suites d'une tuberculose.

Histoire

La voie est créée dans le cadre de l'aménagement du secteur des Halles et prend son nom actuel le 2 avril 1985.

Rue de l'Arbre-Sec

La rue commence rue des Prêtres-Saint-Germain-l'Auxerrois et place de l'Ecole, et se termine rue Saint-Honoré. Elle mesure 270 mètres de longueur et 12 mètres de largeur.

Odonymie

D'où vient ce nom ? Là-dessus les opinions divergent. Certains auteurs évoquent une enseigne commerciale représentant un arbre dépourvu de feuilles, soit l'*Arbre-Sech* biblique. Un rappel ? Cet arbre, né lors de la création du monde, était vert et feuillu, se desséchant aussitôt à la mort du Christ. Cette enseigne se trouve aujourd'hui au musée Le Secq des Tournelles à Rouen. Autre hypothèse, l'Arbre sec était le surnom donné au gibet situé à l'extrémité nord de la rue, sur l'ancienne place de la Croix-du-Trahoir. On y pendait les condamnés à mort. Et enfin, une légende raconte qu'un majestueux chêne trônait dans cette rue et qu'un matin

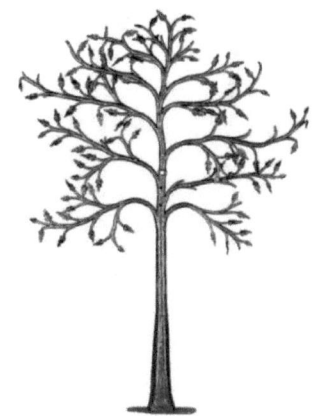

d'hiver, il fut recouvert de givre prenant des allures de sculpture en sel, d'où le surnom d'arbre-sel, qui par déformation aurait pu donner l'arbre-sec.

Histoire

Son existence est attestée dès le XIIIe siècle et des fouilles menées en 2009 prouvent qu'elle se situait à l'intérieur de la première enceinte médiévale (Xe siècle) de Paris. En 1720, la Bourse de Paris se déplace rue de l'Arbre-sec afin de soulager les tensions spéculatives de la rue Quincampoix.

Sciences

D'après le dramaturge français Alexandre Arnoux, le lampadaire situé au niveau du chevet de l'église Saint-Germain l'Auxerrois serait le centre gravitationnel de Paris. Une preuve ? Découper un plan de Paris, suspendez-le, fixez des fils de plomb aux différents points de son périmètre et vous verrez ces derniers se croiser au niveau du chevet.

Immobilier

N°35-37 : l'immeuble est classé aux monuments historiques depuis le 20 janvier 1962.

N°52 : la façade de l'ancien hôtel François de Trudon est classée aux monuments historiques depuis le 12 février 1925.

N°53 : emplacement de la fontaine de la Croix-du-Trahoir.

Pierre Broussel

La reine de France, Anne d'Autriche, et son conseiller Mazarin s'opposent aux conseillers du Parlement de Paris. René Potier de Blancmesnil et Pierre Broussel n'écoutant que leur courage, militent contre les réformes du cardinal. Lasse de ces conflits, la reine ordonne que les deux hommes soient arrêtés le 26 août 1648. Dès que le peuple de Paris apprend l'emprisonnement des deux hommes, des attroupements se forment. Au lieu de faire appel à la négociation, la milice emploie la violence pour dissiper les foules. Action qui décuple l'animosité des Parisiens. Un grand nombre d'entre eux s'arment et crient vengeance. Des chaînes sont tendues dans les rues. Plus de 600 barricades, ornées de drapeaux, sont dressées et fortifiées aux cris de « Vive le Roi ! Point de Mazarin ! ». Les conseillers du Parlement se rendent au Palais-Royal pour demander la libération des prisonniers. Le Premier président, Mathieu Molé, explique à la régente que cette concession est le seul moyen de calmer les esprits et d'éteindre la rébellion. Anne d'Autriche s'entête. Les membres du Parlement, congédiés, retournent vers le palais, mais sont arrêtés par les émeutiers à la barricade de la Croix-du-Trahoir. Mathieu Molé est alors saisi par un marchand armurier, du nom de Raguenet, qui lui pose un pistolet sur la tempe en lui disant : « Retourne, traître, si tu ne veux pas être massacré, toi et les tiens. Ramène-nous Broussel, ou le Mazarin et le chancelier en otages ». Tout en conservant son flegme, le magistrat écarte le pistolet, regroupe ses confrères effrayés et

retourne au Palais-Royal sous les injures du peuple en colère. Molé tente à nouveau de convaincre la régente, en vain. Le Parlement se regroupe dans une galerie du palais et discute avec le duc d'Orléans, Gaston de France, et le cardinal Mazarin. Après moults négociations, Molé obtient la libération des conseillers. Bien qu'averti de la nouvelle, le peuple décide de conserver les armes. Ils veulent la preuve que Broussel est libre. Le « père du peuple » paraît, dès le lendemain matin, et est accueilli par des salves d'artillerie. Le magistrat est porté en triomphe jusqu'à sa maison. Ainsi se termine la fameuse journée du 27 août 1648, connue sous le nom de Journée des barricades.

John Law

Le roi Louis XIV est à l'agonie, la dette du royaume s'élève à environ trois milliards de livres, soit dix années de recettes fiscales (pour information, en 2010, la dette publique française était de 3,5 années de recettes, soit trois fois moins élevée), les ministres sont inquiets. Le contrôleur général des finances, Desmarets, reçoit la visite d'un financier Ecossais, John Law de Lauriston, sur la recommandation du duc d'Orléans. En septembre 1715, le roi meurt, Louis XV est encore un enfant, le Régent (le duc d'Orléans) impose à ses conseillers la méthode Law pour éponger les dettes. Le 2 mai 1716, il crée la *Banque générale*, une société par action, rue Quincampoix. Le capital s'élève à un million de livres, réparti en 2 000 actions de 500 livres chacune, payables en papier-monnaie. Le système remporte un franc succès, surtout en raison de l'annuité très élevée (7,5 %). Les billets, convertibles en or, peuvent être reçus en paiement des impôts. En 1717, le capital de la banque est élevé à 6 millions de livres. John Law rachète la Compagnie de la Louisiane du financier Antoine Crozat, et crée la Compagnie du Mississippi. Cette nouvelle terre est présentée comme une sorte de terre promise, riche et prospère, afin d'y attirer capitaux et colons. Malgré un début timide, l'opération permet d'éponger 60 millions de livres de la dette publique. En 1719, la compagnie rachète ses concurrentes directes : la Compagnie française des Indes orientales, la Compagnie de Chine et d'autres, obtenant le monopole du commerce extérieur, de l'émission des billets et du système fiscal. Pour le financier Ecossais, ce système est sans failles, car les richesses des colonies sont inépuisables. Il continue d'augmenter ainsi le capital. Pour vous mettre dans l'ambiance, n'hésitez pas à lire le roman de Paul Féval, *Le Bossu*. Dès août, se déchaînent les agiotages. Les propriétaires de la rue Quincampoix transforment chaque pièce de leurs maisons en bureau de vente et ils les louent à des prix vertigineux, ainsi une madame Chaumont, mercière de métier, gagna 60 millions de livres et put s'acheter l'hôtel de Pomponne et la seigneurie d'Ivry-sur-Seine. L'année 1720 voit la fin de l'Eldorado. John Law veut mettre fin à la thésaurisation de l'or et de l'argent et en limite la possession (500 livres de métaux précieux par foyer) sous risques de confiscation et d'amende. Dénonciations, perquisitions et déportations dans les colonies vont bon train. Le peuple crie au scandale. Le 24 mars 1720, une rumeur de banqueroute circule. Effrayés, les gens commencent à réclamer le remboursement de leurs actions, dont le prince de Conti, le duc de Bourbon et le Régent, faisant ainsi chuter le cours des actions. Hélas, les caisses ne possèdent pas suffisamment de réserve en or. L'agence de la rue Quincampoix est donc fermée. Comprenant qu'ils ne seront pas remboursés, les Français se révoltent et grondent dans la rue. L'émeute du 17 juillet provoquera la mort de 17 personnes.

La reine Brunehaut

Née vers 547, Brunehaut est la fille du roi wisigoth Athanagilde 1er et de son épouse la reine Goswinthe. Elle est élevée dans la foi arienne. Une foi qu'elle devra abjurer pour se marier. En 566, alors qu'elle est âgée de 19 ans, Brunehaut épouse Sigebert 1er, roi de Metz. À la mort du roi Clotaire 1er en 561, le royaume des Francs fut divisé entre ses quatre fils. Calibert reçut le royaume de Paris, Chilpéric reçut le royaume de Soissons, Gontran l'ancien royaume de Burgondie et

Sigebert le royaume de Reims. Quelques années plus tard, Calibert meurt sans héritier mâle. Ses terres sont divisées entre ses frères, redessinant les frontières des royaumes mérovingiens. De nouvelles tensions apparaissent. Brunehaut et son mari eurent trois enfants : Ingonde, Clodoswinthe et le prince Childebert. Chilpéric, le frère de Sigebert, épouse l'année suivante la sœur de Brunehaut, Galswinthe. En 567, Athanagilde 1er, meurt, rebattant les cartes des alliances politiques. Aux yeux de Chilpéric, son union avec Galswinthe perd tout intérêt. Il la fait donc assassiner, garde la dot et se remarie quelques jours plus tard avec une concubine, Frédégonde. Bien décidée à obtenir réparation pour le meurtre de sa sœur, Brunehaut fait déposer une plainte par son mari. Un tribunal, dirigé par son beau-frère Gontran, est mis en place. Il cède à Brunehaut les biens de l'époux réservés à l'épouse en cas de décès, soit les cités d'Aquitaine. Chilpéric refuse et la guerre entre l'Austrasie et le Neustrie commence.

En 575, Sigebert est reconnu roi de Neustrie par les troupes de Chilpéric, puis assassiné en décembre sur les ordres de ses ennemis. Chilpéric s'empare de Paris. Avertie, la reine a le temps de mettre son fils, Childebert, héritier du trône à l'abri, puis elle est faite prisonnière. Childebert est conduit à Metz et proclamé roi, tandis que Brunehaut est expédiée à Rouen. Elle y rencontre Mérovée, le fils de Chilpéric, qu'elle épouse l'année suivante, provoquant le courroux du père et de Frédégonde. En représailles, le jeune marié est tonsuré puis assassiné en 577. À nouveau veuve, Brunehaut parvient à s'échapper et rejoint son fils à Metz. Elle souhaite gouverner à ses côtés, mais les grands du royaume ne reconnaissent que l'autorité de Childebert.

En 584, Chilpéric 1ᵉʳ est assassiné ; il laisse une veuve, Frédégonde et un héritier âgé de quatre mois, Clotaire. Brunehaut et Frédégonde tentent de se rapprocher de leur beau-frère Gontran. Cinq ans plus tard, à la mort de Gontran, Childebert II hérite du royaume de Bourgogne. Brunehaut va co-diriger l'Austrasie et la Bourgogne et de nouveau affronter la reine de Neustrie, Frédégonde. En 594, Brunehaut rédige la décrétion de Childebert ; un texte qui modifie profondément les institutions du royaume, surtout la justice. Elle met un terme aux vengeances privées, elle instaure le droit des femmes à ne pas être mariée contre leur gré, elle établit un principe d'égalité entre Francs et gallo-romains, et elle renforce le pouvoir central. L'année suivante, son fils meurt empoisonné, ainsi que son épouse. Leurs enfants Thibert et Thierry, âgés respectivement de 11 et 9 ans, se partagent le royaume. Thibert hérite de l'Austrasie et Thierry de la Bourgogne. Brunehaut est faite régente et s'installe auprès de Thibert à Metz. Tout en repoussant les assauts de la Neustrie, qui profite de la mort de Childebert pour lancer des offensives, Brunehaut s'efforce de consolider son pouvoir. Les grands du royaume n'apprécient guère d'être dirigés par une femme. Le duc de Champagne, Wintrio, prendra même le risque de conspirer contre elle ; en représailles, elle le fera assassiner en 598. Chassée par son petit-fils, elle se réfugie en 601 auprès de Thierry. Elle nomme son favori, Protade, comme maire du palais, attisant les jalousies. Ce dernier est assassiné deux ans plus tard. Thibert et Thierry entrent en guerre, réclamant tous les deux la possession de l'Alsace. Thibert meurt sur le champ de bataille, suivi l'année suivante par son frère. Le royaume est alors partagé entre ses quatre fils.
Lasse de voir le royaume divisé, Brunehaut déclare que seul son arrière-petit-fils Sigebert II régnera, bien que ce dernier ne soit âgé que de 12 ans. La noblesse se révolte et apporte son soutien au fils de Frédégonde, Clotaire II. Privée de soutiens, Brunehaut s'enfuit, mais elle est arrêtée en 613 et livrée à Clotaire. Sigebert et ses frères sont également emprisonnés. Sigebert et son frère Corbus sont exécutés,

tandis que leur frère Mérovée est envoyé en exil. Clotaire fait violer et  torturer Brunehaut par ses soldats pendant trois jours, avant de la faire exécuter publiquement. Il attache les cheveux et les mains de sa tante à la queue d'un cheval fougueux. Quand la course de celui-ci est stoppée, le corps de Brunehaut n'est plus que bouillie. L'ancienne reine est ensuite brûlée et ses cendres sont conservées à l'abbaye Saint-Martin d'Autun qu'elle avait fondée.

Faits divers

Une prostituée, Berthe, s'est retrouvée à l'hôpital, en 1904, rouée de coups par son souteneur, Bubu de Montparnasse, qui venait de sortir de prison. Elle s'était éprise d'un micheton (un client) alors que Bubu se morfondait à l'ombre. Berthe s'entendit dire par un ami : « Z'en avez de la chance d'avoir un homme qui vous aime. »

Fontaine de la Croix-du-Trahoir

Si ce carrefour peut paraître insignifiant aujourd'hui, il a connu de nombreux événements. Il était même au Moyen Âge, un lieu très fréquenté. Sur l'ancienne place du Trahoir (déformation de tiroir) étaient tirées les étoffes. Des exécutions capitales y eurent lieu jusqu'en 1698, majoritairement des faux-monnayeurs. La maison où l'on fabriquait la monnaie était toute proche de la place. Le 21 janvier 1535, des luthériens y furent brûlés vifs. En 1639, une station de chaise à porteurs y est créée. Le 14 novembre 1650, les trois assassins du baron de Saint-Églan sont exécutés sur la place. Ces derniers avaient attaqué le carrosse du duc de Beaufort, le 29 octobre. Le marquis de Bonnesson, meneur de la révolte des sabotiers et huguenots normands, y fut décapité le 15 décembre 1659. Jusqu'en 1739, on y coupait les oreilles des serviteurs indiscrets. La place comportait en permanence une roue de supplice et une potence afin de prévenir les passants des risques éventuels. Une croix en pierre se dressait au centre de la place afin de recueillir les dernières prières des condamnés. Elle fut démontée en 1789. Son soubassement à degrés en pierre servit par la suite d'étals aux bouchers et aux maraîchers.

La fontaine

La première fontaine fut construite par Jean Goujon, en 1529, sous les ordres de François 1er. Elle servait de socle à la croix du Trahoir. Elle dut être reconstruite en 1606, puis déplacée de quelques mètres en 1634 afin de faciliter la circulation dans la rue Saint-Honoré. En 1775, Jacques Germain Soufflot est chargé de la rebâtir, à l'occasion de l'avènement au trône de Louis XVI.

La Fontaine de la croix du Trahoir

La fontaine forme un petit édifice qui rappelle la construction bâtie au-dessus du réservoir où prenaient place les magistrats venus assister aux exécutions. Le réservoir était destiné à recueillir les eaux de l'aqueduc d'Arcueil. Située à l'angle des rues Saint-Honoré et de l'Arbre-Sec, la maison, haute de deux étages, présente un attique très bas couronné par une galerie soutenue par des consoles à têtes marines et surmonté d'une balustrade de pierre. Le rez-de-chaussée est décoré de refends, terminé par une plinthe sur laquelle s'élèvent des pilastres ornés de motifs de congélations, souvent employé dans l'ornementation des fontaines, et ornés de chapiteaux à coquille. Dans la rue Saint-Honoré, le promeneur peut voir le bas-relief d'une nymphe entourée de roseaux faisant couler des flots de pierre, œuvre de Louis-Simon Boizot. La fontaine est inscrite dans une niche plate, rue de l'Arbre-Sec, portant les armes royales de France. L'eau jaillit d'une tête de lion, passant par-dessus une serviette roulée sculptée en bas-relief, et tombe dans une large coquille de pierre. Une plaque de pierre porte l'inscription suivante : LUDOVICUS XVI ANNO PRIMO REGNI UTILITATI PUBLICAE CONSULENS CASTELLUM AQUARUM ARCUS JULI VETUSTATE COLLAPSUM FUDAMENTIS REAEDIFICARI ET MELIORE CULTU ORNARI JUSSIT. CAROL. CLAUD. D'ANGIVILLER. COM REGIS AEDIFICIIS PROEP (traduction : Louis XVI, la première année de son règne, ordonne pour le bien public que le château d'eau de l'arc de Julien, vétuste et en mauvais état, soit complètement réédifié avec plus d'élégance par Charles Claude d'Angivillier, surintendant des Bâtiments du Roi).

Ce bâtiment faisait office autrefois de répartiteur d'eau pour les services du Palais-Royal et des hôtels des ministres. Il était alimenté par la pompe de la Samaritaine, située sur le Pont-Neuf. Jusqu'au milieu du XIXe siècle, la maison était occupée par des fontainiers. En 1966, le bâtiment est rénové et inauguré par le général de Gaulle, devenant le consulat d'Andorre. Déserté entre 1995 et 2002, l'édifice est repris par un groupe d'artistes, le *Laboratoire de la création*. L'atelier est conventionné par la ville de Paris et parrainé par le prix Nobel de la Littérature. Au rez-de-chaussée, est aménagée une galerie d'art, ouverte au public, tandis qu'au sous-sol, se trouve un studio de musique. Dans les étages, quatre ateliers de plasticiens et de cinéastes. La fontaine est inscrite au titre des monuments historiques depuis le 2 février 1925.

Hôtel de Saint-Roman

Au n°48, une maison à cinq travées est encore un exemple de regroupement de parcelles. Elle se distingue par son bel avant-corps avec porte cochère surmontée d'une fenêtre à fronton orné d'une coquille. Un masque féminin décore la clé de voûte de la porte. Les fenêtres sont ornées d'appuis en ferronnerie de la fin du XVIIe siècle. Bâti vers 1680, il est souvent appelé l'hôtel de Saint-Roman, du nom d'un propriétaire du XVIIIe siècle, Étienne de Serre de Saint-Roman, maître des comptes,  dont les héritiers garderont, après une brève confiscation pendant la Révolution, le bien familial jusqu'en 1828. Le large déploiement de ces façades sur rue est un indice du développement commercial de la rue de l'Arbre-Sec au Grand Siècle. On en trouve encore un exemple au n°66, à l'angle de la rue Saint-Honoré – qui connaît le même déploiement de façade sur les deux rues.

Hôtel de Trudon

En 1643, Claude Trudon ouvre une boutique rue Saint-Honoré où il développe une activité d'épicier et de cirier. Au début du règne de Louis XIV, il ouvre sa première manufacture de cire à base de cire d'abeille. Sous Louis XV, les Trudon fournissent la Cour et de nombreuses églises de France en bougies et cierges. En 1737, Jérôme Trudon rachète à monsieur Péan de Saint-Gilles la manufacture Royale des Cires, située à Antony (92). Grâce à leur fortune, les Trudon gravissent les échelons de la société. Jacques-François Trudon, chancelier et cirier royal sous le règne de Louis XVI, puis échevin de Paris de 1774 à 1776. Son fils Charles Trudon des Ormes est qualifié de conseiller du Roi. Il est également trésorier-payeurs des charges assignées sur les fermes. Après la Révolution, les Trudon continuent à fournir la cour de l'empereur Napoléon 1er. L'entreprise va perdurer malgré la fin de l'éclairage à la bougie. Aujourd'hui elle est spécialisée dans les bougies parfumées sous le nom de Cire Trudon, et continue à fournir les églises en cierges. Voici pour l'histoire de la famille Trudon, mais qu'en est-il de l'immeuble ? En 1717,

sieur André Eynaud, un des vingt-cinq marchands de vin du roi, se fait construire un hôtel, par l'architecte Pierre François Godot. L'immeuble est racheté par la famille Trudon. Cette vaste demeure présente quatre travées sur rue, élevées sur arcades. La porte cochère, rare dans le quartier, aux garde-roues d'époque, possède une valeur sociale autant qu'architecturale. L'étage noble est animé d'un beau balcon en fer forgé Louis XV, soutenu par de lourdes consoles, où alternent des têtes de bélier et des médaillons chantournés. La grille aux chiffres « AE » rappelle le souvenir du premier propriétaire du lieu. Les fenêtres, finement moulurées et cintrées, présentent des couronnements rocaille, puis de simples clefs à l'étage supérieur. La façade, qui n'a pas été surélevée, a gardé sa toiture à la Mansart. Un vestibule rythmé de pilastres conduit à une cour bordée de bâtiments plus simples où s'élève un escalier à rampe de fer forgé. Cette belle maison se distingue dans l'îlot par l'attention portée aux détails et à la décoration. La façade est inscrite à l'inventaire supplémentaire des monuments historiques depuis 1925.

Rue Bailleul

La rue commence rue de l'Arbre-Sec et se termine rue du Louvre. Elle mesure 100 mètres de longueur sur 10 mètres de largeur.

Odonymie

La rue porte le nom de Robert Bailleul, clerc de la Cour des comptes du roi, qui habitait une maison à l'angle de la rue des Poulies vers 1420. Parmi ses descendants, on connaît Nicolas de Bailleul, chevalier, seigneur de Wattrelos-sur-Mer et de Choisy-sur-Seine, conseiller d'Etat, lieutenant civil à Paris, prévôt des marchands de 1622 à 1627. Michel le Bailleul, sieur de Soisy, conseiller au Parlement, surintendant des finances.

Histoire

La rue changea plusieurs fois de dénomination : « rue d'Averon » en 1271, « rue d'Avron » en 1300 et « rue Daveron » en 1315, en référence à une maison de ville qui dépendait de l'abbaye d'Averon, près de Poissy. Elle prend son nom actuel en 1423. La rue Bailleul communiquait autrefois avec la rue Saint-Honoré par le passage de l'hôtel d'Aligre.

Rue Baltard

La rue commence allée Saint-John-Perse et se termine rue Rambuteau. Elle mesure 111 mètres de longueur et 3 mètres de largeur.

Odonymie

Cette rue porte le nom de l'architecte Victor Baltard né le 9 juin 1805 à Paris.

Victor Baltard est issu d'une famille d'architectes et a été initié très tôt à l'architecture et à la construction. Il étudie à l'Ecole des Beaux-Arts de Paris, où il se distingue par son talent et son intérêt pour les nouvelles tendances architecturales. Il remporte le Grand Prix de Rome en 1833. Baltard se spécialise dans l'architecture civile et devient rapidement l'une des figures de proue du XIXe siècle. Son style se caractérise par l'utilisation du fer et du verre, précurseur de l'architecture métallique moderne. L'une de ses réalisations les plus célèbres est le marché des Halles centrales de Paris, un vaste complexe de douze pavillons en fer et en verre construit entre 1854 et 1870. Baltard a également réalisé d'autres projets importants, tels que la restauration de la cathédrale Notre-Dame et la construction de la gare de Lyon à Paris. Il est également connu pour son engagement dans l'amélioration des conditions de vie des ouvriers et des classes populaires. Il se préoccupe de l'hygiène et s'implique dans la construction de logements sociaux. Le 9 février 1863, il entre à l'académie des Beaux-Arts où il occupe le 4e fauteuil. Baltard meurt le 13 janvier 1874 au 10 rue Garancière, à Paris.

Histoire

La rue est ouverte en vertu d'un décret du 21 juin 1854, entre les quais de Seine et la pointe de l'église Saint-Eustache en absorbant la rue de la Tonnellerie. Elle prend en 1867 le nom de « rue du Pont-Neuf ». En 1877, la section de la rue du Pont-Neuf entre la rue Berger et la rue Rambuteau est renommée « rue Baltard ». Cette rue a été supprimée lors de la construction du Forum des Halles. En 1985, la voie K/1 ouverte au-dessus du forum est renommée « rue Baltard ».

Faits divers

Imposant, octogonal, le pilori permettait d'immobiliser six condamnés au premier étage, durant trois marchés successifs. Les passants les insultaient et leur jetaient des immondices, mais ne pouvaient pas utiliser des pierres. On y exposait également les têtes coupées et les livres interdits. Au rez-de-chaussée, logeait le « tourmenteur du roy », le bourreau. Le 1er avril 1516, la foule en colère renverse le pilori, mécontente de voir le bourreau Fleurant s'y reprendre à plusieurs fois pour trancher la tête d'un  condamné. L'exécuteur n'en réchappe pas. L'un des incendiaires, le boulanger Lostier, est pendu sur les lieux en septembre. Le nouveau bourreau, Rotillon, connaîtra le cachot pour avoir raté la décollation d'un gentilhomme auvergnat.

Rue Berger

La rue commence boulevard de Sébastopol et se termine rue du Louvre. Elle mesure 580 mètres de longueur et 16 mètres de largeur.

Odonymie

La rue doit son nom à Jean-Jacques Berger né le 21 juin 1790 à Thiers, dans le Puy-de-Dôme.

Jean-Jacques Berger fait des études de droit et exerce la profession d'avoué à Paris. Ayant pris une part active à la Révolution de 1830, il est nommé maire du 2ᵉ arrondissement de Paris. N'étant pas en accord politique avec le pouvoir, il est destitué de ses fonctions. Berger est élu député le 4 novembre 1837 dans le Puy-de-Dôme. À la Chambre, il fait partie de l'opposition à la dynastie. Il reprend ses fonctions de maire du 2ᵉ arrondissement en 1847. Il participe activement aux banquets menant à la révolution de février 1848. Il est élu représentant du peuple du département de la Seine. Berger soutient la candidature de Louis-Napoléon Bonaparte à l'élection présidentielle de décembre 1848. À la suite de la victoire de Louis-Napoléon, il est nommé préfet de la Seine, le 20 décembre 1848. À nouveau représentant du Puy-de-Dôme après les élections législatives de mai 1849, il soutient la politique du Prince-Président et encourage le coup d'Etat du 2 décembre 1851. En tant que préfet de la Seine, Berger réalise des travaux d'empierrement des quais et de canalisation de la Seine. Il commence la mise en œuvre de plusieurs projets d'urbanisme lancés avant son arrivée : prolongement de la rue de Rivoli, reconstruction des Halles de Paris et dégagement du Louvre et de l'Hôtel de Ville. Cependant, sa réticence à engager les moyens financiers nécessaires à des travaux d'ampleur combinée avec des aléas d'exécution conduisent Louis-Napoléon, désormais empereur, à se séparer de lui. Il est remplacé par le préfet de la Gironde, Georges-Eugène Haussmann, le 23 juin 1853. Berger est nommé sénateur. Jean-Jacques Berger décède le 8 novembre 1859, à Paris.

Histoire

La rue a été ouverte en 1854 à l'emplacement d'anciennes rues. La rue aux Fers, déformation du nom primitif, rue au Fèvre, vient du latin « *faber* » (artisan, fabricant). Selon des historiens, la voie aurait été habitée par des marchands de drap. Dans un manuscrit de 1321, elle est citée sous le vocable de « *vicus fabri* » (rue des Artisans), mais un titre du chapitre de Notre-Dame parle de « *vicus fabarum* » (rue des Fèves). On voit qu'il y a eu confusion entre les mots latins « *faber* » et « *faba* ».

Un document de 1552 mentionne « rue au Feurre près Saints Innocents ». L'ancienne rue de la Petite-Friperie abritait, comme son nom l'indique, de nombreux fripiers. Une partie de la rue Aubry-le-Boucher fut absorbée, côté est. L'ancienne rue de l'Escu ou rue des Deux-Ecus faisait référence à une enseigne datant du XIVe siècle. Pierre Landry, condamné à une heure de pilori, eut le droit de racheter sa peine avec deux écus d'argent. La somme fut gagnée par sa fille, qui interpréta le rôle de la Vierge dans un spectacle de l'Église. On amena quand même Landry au pilori, mais sa fille souleva la foule, et il fut libéré. Elle était aiguilletière et, en souvenir de l'événement, accrocha à son commerce une enseigne, *la Vierge aux deux écus*. L'ouverture de la rue Berger a supprimé également la rue du Contrat-Social. Ce fut d'abord la rue Calonne (car percée vers 1786, alors que M. de Calonne était ministre des Finances). Elle s'appela « rue La Fayette » de 1790 à 1792, avant d'être rebaptisée « rue du Contrat-Social » en référence au livre de Jean-Jacques Rousseau. La rue porte son nom actuel depuis le décret du 2 mars 1864.

Immobilier

N°13 : y vécut une demoiselle Françoise Brard, dite Satin, qui mit en émoi plus d'un représentant de la gent masculine ! Elle connut son apogée en étant la maîtresse du brigadier des armées de Louis XV, le comte d'Elva, qui demeurait aussi dans cette rue, à l'hôtel de Carignan.

N°15 : pendant la Révolution, vivait dans cette maison Me Girardin, avocat aux conseils du Roi. Un soir de 1792, rentrant chez lui, il fut poursuivi par une bande de révolutionnaires armés. Quatre à quatre, dépassant le 1er étage où il logeait, il monta se réfugier sous les combles, dans la chambre de sa cuisinière. Celle-ci sut si bien calmer ses frayeurs que, neuf mois plus tard, vint au monde un enfant que les mauvaises langues surnommèrent « l'enfant de la Terreur ».

N°26 rue aux Fers : emplacement du cabaret de Paul Niquet. Ce cabaret, décrit comme un bouge, était tenu par Paul Niquet de 1830 à 1853. Il était connu du monde entier et, lorsque le roman d'Eugène Sue, *Les Mystères de Paris*, mit les tapis-francs (bouges où se réunissent les bandits) à la mode, c'est à qui irait visiter celui-là, au risque de s'y trouver en mauvaise compagnie. Dans son ouvrage *Portraits pittoresques de Paris*, Charles Virmaître le décrit comme étant « ignoble, pénible et répugnant ». Toutefois, la clientèle du cabaret n'était pas composée exclusivement de malfaiteurs. On y croisait en particulier des chiffonniers et des rôdeurs. Alexandre Privat d'Anglemont décrit cet endroit dans *Les Oiseaux de nuit*, paru en 1854 : « On pénètre dans cet établissement par une allée étroite, longue et humide. […]. Les habitués déposent le long des murs leurs hottes et leurs fardeaux, pour arriver jusqu'à la salle principale, nous devrions dite tout simplement hangar, car cette boutique n'est qu'une ancienne petite cour sur laquelle on a posé un vitrage. Elle est meublée de deux comptoirs en étain, où se débitent de l'eau-de-vie, du vin, des liqueurs, des fruits à l'eau-de-vie, et toute cette innombrable famille d'abrutissants que le peuple a nommés dans son énergique langage du *casse-poitrine*. En face de ces comptoirs, contre le mur, et fixé par des supports en fer, est un banc de chêne où se reposent les consommateurs. […] Les comptoirs lourds et massifs sont chargés de brocs, de fioles et de bouteilles de toutes formes, portant des étiquettes bizarres : Parfait amour, Délices des dames… ornées de petites gravures grotesques coloriées […] Du reste, pour dix centimes, on vous servirait là un verre de liqueur de la Martinique, signée de Mme Anfoux ou de Mme Goodman, aussi bien qu'une goutte d'absinthe. […] Par un passage étroit, on arrive à une petite salle située derrière le comptoir : c'est le salon de conversation, un lieu d'asile ouvert seulement aux initiés, aux grands habitués, aux buveurs émérites, à ceux qui ont depuis bien des années laissé leur raison au fond d'un poisson de Camphre. Trois longues tables et des bancs de bois en composent le mobilier ; les murs sont blanchis à la chaux. […]

Là on rencontre des parias de toute sorte : des chiffonniers et des chiffonnières, des poètes et des musiciens incompris, des ménétriers de barrière, des Paganini de ruisseau, des domestiques qui ne cherchent pas de place, des soldats en bordée, des grinches de la petite pègre.

N°87 : le 5 août 1918, un obus lancé par la Grosse Bertha pulvérise l'immeuble.

Rue du Bouloi

La rue commence rue Croix-des-Petits-Champs et se termine rue Coquillière. Elle mesure 194 mètres de longueur et 10 mètres de largeur.

Odonymie

D'après la tradition, la rue aurait pris son nom d'un terrain plat où l'on jouait aux boules. Cependant, les textes anciens montrent que ce terrain servait de cimetière à la paroisse Saint-Eustache. Les historiens pensent donc que le toponyme se rattache au mot ancien *boul* qui désignait le bouleau (*betulla* en latin). La racine latine a survécu en français moderne : les botanistes appellent les arbres de la famille du bouleau les *bétulacées*.

Histoire

Dans un manuscrit de 1359, la rue est citée comme « rue aux Bouliers, dite la cour Basile » (patronyme du propriétaire). Au XVe siècle, elle prit le nom (déformé) de « rue de Baizile », avant de devenir au XVIe siècle la « rue des Buliers ». Au milieu du XVIIe siècle, les carmélites du faubourg Saint-Jacques obtiennent, pendant la Fronde (1648-1653), l'autorisation du roi Louis XIV de créer une maison de retraite et de refuge en ville. Entre 1656 et 1669, elles acquièrent pour cela plusieurs immeubles rue du Bouloi et rue Coquillière, qu'elles reconstruisent progressivement de manière à constituer une maison adaptée à leur communauté. Congrégation indépendante depuis 1663, les carmélites déménagent rue de Grenelle en 1687 pour avoir plus de place. Les maisons sont alors mises en location et régulièrement agrandies. Dans un manuscrit de 1636, la rue est citée sous le nom de « rue du Boulloir », avant de prendre son nom définitif « rue du Bouloy », également orthographié « rue du Bouloi ».

Immobilier

N°1-3 : emplacement d'une rampe d'accès à un parking souterrain. Cette dernière est longée par un petit square triangulaire, au milieu duquel se développe un paulownia. Le nom de place du Lieutenant-Henri-Karcher lui a été attribué en 2000. À la pointe formée avec la rue Croix-des-Petits-Champs s'élevait autrefois la croix du chemin, dite croix des Petits-Champs, qui donna son nom à la rue.

N°2 : entrée de la galerie Véro-Dodat (voir rue Jean-Jacques-Rousseau).

N°2-4 : ancien emplacement de l'hôtel de Losse. L'immeuble fut construit dans la deuxième moitié du XVIe siècle pour Jean de Losse (1504-1579), capitaine des gardes du corps (garde écossaise), au palais du Louvre. L'hôtel est acquis en 1579 par François Iv du Plessis (1548-1590), seigneur de Richelieu, prévôt de l'hôtel du Roi et grand prévôt de France. Quelques années plus tard, sa femme Suzanne donna naissance au futur cardinal de Richelieu (1585-1642). L'édifice devint l'hôtel de Lude lorsque François de Daillon (1570-1619), comte de Lude, surintendant de la maison de Gaston d'Orléans, en devint propriétaire en 1609. Passé par succession à Françoise de Schomberg, sa veuve, l'hôtel reste dans la famille jusqu'en 1677. La même année, il devint l'hôtel de La Reynie en tant que demeure de Gabriel Nicolas de La Reynie (1625-1709), lieutenant-général de police, puis de ses enfants, avant que ses petits-enfants ne le revendent en 1746. Revendu plusieurs fois, l'édifice devient, en 1880, la propriété de la Compagnie des chemins de fer PLM qui le fait démolir.

N°4 : durant l'Occupation, l'imprimerie, située dans l'immeuble, servit de centrale à un réseau de renseignement franco-anglais, munie d'un émetteur radio qui ne fut jamais découvert par les Allemands.

N°17 : le peintre Clément Gontier (1876-1918) y résida de 1907 à 1912.

N°20 : ancien hôtel de Pellegrain de Lestaing de 1739 à 1810. Il fut démoli en 1934.

N°22 : l'immeuble fut construit en 1889. Il se dresse sur six niveaux : un rez-de-chaussée, un entresol, trois étages d'habitations et un comble mansardé. D'une largeur de vingt travées, trois d'entre elles forment une seule grande arcade au rez-de-chaussée. Celle-ci est traversée par une voie carrossable permettant d'accéder à la « cour des Fermes » (voir la rue du Louvre). Soutenu par des jambages et un linteau métallique, l'ouverture est munie d'un portail ajouré et ouvragé en fer forgé.

N°24 : L'inventeur et ingénieur mécanicien Paul-Gustave Froment (1815-1865) y tint son atelier de fabrication d'instruments scientifiques.

Impasse des Bourdonnais

L'impasse débouche sur la rue des Bourdonnais. Elle mesure 42 mètres de longueur et 4 mètres de largeur.

Odonymie

L'impasse s'est initialement appelée « place du Marché-aux-Pourceaux » (il s'y tenait un marché aux porcs). Le cartulaire de Notre-Dame de Paris la cite comme *platea porcorum* (place des Porcs). Elle fut rebaptisée « place aux Chats » lorsque le marché devint un dépôt d'immondices, hors de l'enceinte de Paris (car on y jetait les cadavres d'animaux). Elle devint ensuite le « cul-de-sac de la Fosse-aux-Chiens », puis le « passage du Panier-Fleuri » (nom d'une enseigne d'un marchand de vin).

Histoire

C'était un lieu patibulaire où des faux-monnayeurs furent condamnés à mort par ébouillantage et des sorcières brûlées vives en 1319. Vers 1360, le marché aux Porcs est transporté sur la butte Saint-Roch.

Rue des Bourdonnais

La rue commence quai de la Mégisserie et se termine rue des Halles et rue Saint-Honoré. Elle mesure 311 mètres de longueur et 3,50 mètres de largeur minimum.

Odonymie

La rue doit son nom aux trois frères Bourdon qui habitaient ici, Adam, Guillaume et Sire-Guillaume. Dans un document du XIIIe siècle, elle apparaît sous le vocable de « rue Adam-Bourdon-et-Guillaume-Bourdon ». Elle devint ensuite la « rue Renier sendant jusqu'à Sainne » (descendant jusqu'à la Seine) dans un document de 1292 ; Renier était un des descendants d'Adam.

Histoire

La rue des Bourdonnais a porté autrefois des noms différents sur diverses parties de son tracé :
Au sud, elle se nommait en 1300 « rue de l'abreuvoir Thibaut-aux-Dés », puis devint la « ruelle Jean-de-la-Poterne » (qui serait soit un orfèvre, soit un échevin ayant établi dans cette voie des étuves pour dames). Un texte de 1264 cite *vico Godefridi de Balneolis* (rue Geoffroy-de-Bagneux ou des Bains). En 1530, elle devint la « rue des Etuves » ou « rue des Etuves-aux-Femmes ». Le terme « étuves » désignait des bains chauds au Moyen Âge. L'endroit est appelé *vicus stuparum* (rue des Etuves) dans un acte du cartulaire de Notre-Dame-de-Paris de 1285. Un document de 1264 mentionnait déjà, dans la rue Geoffroy-de-Baynes, une maison aux étuves qu'il nomme « stupe au maillet » (d'après l'enseigne). En 1565, la voie s'appelait « rue de l'Abreuvoir-Marion » ou « rue de l'Arche-Marion », du nom de la tenancière des bains vers l'an 1500 (une arche ou voûte menait à la Seine). Guillot, dans *Le Dit des rues de Paris* écrit : « Parmi la rue a Bourdonnas / Vingt en la rue Thibaut a dez ». On voit qu'il s'agissait à l'époque de deux voies différentes. Et enfin, au XVIIe siècle, elle prit le nom de « rue de l'Archet ». Le quai de la Mégisserie enjambait cette rue via un pont constitué d'une arche.
Plus au nord (jusqu'à la rue Saint-Germain-l'Auxerrois), elle se nommait « rue Thibault-aux-Dés » (*vico Theobaldi ad decios* ou *vicus Theobaldi ad Tados* dans une lettre de l'archidiacre de Paris de 1220, « rue Tybaut-aux-Dez » dans un document de 1296). C'était le surnom d'un tenancier de tripot où l'on jouait aux dés. Au XVe siècle : *rue Thibaud-*

Ausdet, Thibault-Oudet ou encore *Thiébaud-Audet*. Au XVIIe siècle, elle prit le nom de « rue Thibautodé ». Pourquoi un tel nom ? À nouveau plusieurs hypothèses. Certains spécialistes évoquent un joueur surnommé Thibaut aux dés. Les autres se tournent vers Thibaut Odet, trésorier d'Auxerre sous Louis IX. Après tout, nous ne sommes pas très loin de l'église Saint-Germain l'Auxerrois. Au XIVe siècle, la voie prit le nom de « rue des Jardins ».

Jusqu'à la rue de Rivoli, elle prit le nom « rue à Bourdonnas » qui devint au XIIIe siècle, la « rue Adam Boudon », la « rue Guillaume Bourdon » ou la « rue Sire Guillaume Bourdon », du nom de deux frères fonctionnaires municipaux. Au XIVe siècle, elle devint « rue des Bourdonnais », toujours en référence aux deux frères. Au XVIIe siècle, on y fait le commerce de drap, de tissus d'ameublement et de soieries. Au nord (jusqu'à la rue Saint-Honoré) « rue Lenoir-Saint-Honoré ». Elle devait son nom à un lieutenant-général de police de Paris Jean-Charles Pierre Lenoir (1732-1807). Elle remplace le passage de l'Echaudé, situé entre les rues au Lard et celle de la Poterie. Cette portion de la rue des Bourdonnais fut détruite lors de la construction du Forum des Halles.

Immobilier

N°30 : l'immeuble est classé aux monuments historiques depuis le 12 février 1925. Dans les sous-sols se trouvent une crypte datée du XIIIe siècle, dite la « crypte de la Chasse ». Aujourd'hui, cette pièce sert de salle d'expédition.

N°31 : de 1363 à 1373, l'immeuble se nommait l'hôtel des Cranaux, des Carnaulx ou des Crémaux. En 1370, y habita Philippe d'Orléans. Guy de La Trémoïlle l'acheta en 1388. Louis II de La Trémoïlle le fit reconstruire pour y résider entre 1489 et 1499. Antoine du Bourg y résida de 1535 à 1538. La famille Bellièvre racheta l'hôtel particulier et lui donna son nom de 1600 à 1675. Des commerçants d'étoffes occupèrent les lieux et prirent pour enseigne une couronne d'or. Y vécut Toussaint Rose qui appartint à l'Académie française à partir de 1675 et qui, en qualité de secrétaire de Louis XIV, avait « la plume », c'est-à-dire qu'il devait savoir imiter parfaitement l'écriture royale. Le bâtiment sera ensuite habité par le chimiste Antoine-François Fourcroy. Cet hôtel de style Renaissance fut détruit en 1841, lors de l'aménagement de la rue des Bourdonnais. Viollet-le-Duc et quelques personnalités protestèrent, en vain. Le bâtiment du XIXe siècle qui lui succéda offre tout de même une belle façade classique avec un porche monumental.

N°32 : emplacement du siège de l'association Emmaüs. Fervent défenseur d'une société où chacun d'entre nous aurait sa place, Emmaüs développe des solutions originales pour trouver, avec les

personnes victimes d'exclusion, des solutions qui les rendent à nouveau actrices de leur vie. Créé par l'abbé Pierre en 1949, le mouvement est resté fidèle aux combats de son fondateur disparu en 2007. Emmaüs place ainsi le projet social et la solidarité bien avant les logiques économiques ou individualistes, et promeut un modèle de société alternatif où le travail et la vie en communauté permettent de se (re)construire tout en aidant les autres. Ce mouvement, qui rassemble aujourd'hui plus de 30 000 personnes (bénévoles, compagnons, salariés et salariés en insertion) dans toute la France, est également présent dans 37 pays du monde. En constante évolution, il est une fabrique d'innovations sociales tout comme un front engagé qui milite en faveur d'une société plus juste et plus écologique grâce à son activité historique de collecte, de remploi et de revente d'objets. Le 22 janvier 2008, à l'occasion de la commémoration du premier anniversaire de la mort de l'abbé Pierre, une plaque commémorative est apposée à la façade de l'immeuble, par un Sans Domicile Fixe et un compagnon d'Emmaüs, en présence de Bertrand Delanoë, maire de Paris. La plaque restera-t-elle en place suite à l'affaire « abbé Pierre » ?

N°34 : ancien hôtel de Villeroy ou hôtel de la Poste. Cette maison du XVIIe siècle, fait partie des rares demeures aristocratiques subsistant au sud-ouest du quartier des Halles. Son escalier d'honneur a d'ailleurs conservé tout son caractère original.

L'hôtel de Villeroy est étroitement lié à l'histoire de la famille de Neufville de Villeroy et à l'histoire du Royaume de France. Les premiers bâtiments ont été construits vers 1560 du côté de la rue des Bourdonnais. Sous Nicolas IV de Neufville de Villeroy, ministre du roi, le bâtiment s'est embelli progressivement devenant un haut lieu de

littérature. Son petit-fils, le duc Nicolas V de Neufville de Villeroy, maréchal de France, le fait raser, vers 1640, pour faire construire un nouvel hôtel, tout en conservant les caves du précédent. Elevé à la cour du roi Louis XIII, Nicolas de Neufville devient à la mort de celui-ci éducateur du jeune Louis XIV. Le roi et son frère Philippe d'Orléans vivent alors au Palais-Royal. Ils se rendent souvent à l'hôtel de Villeroy pour jouer avec les enfants de Nicolas, Catherine et François de Neufville. Dans son testament, Louis XIV désigne François comme éducateur de son successeur, son arrière-petit-fils, le futur Louis XV. Le propriétaire a laissé son empreinte en faisant forger le chiffre 5 dans la rambarde de l'escalier d'honneur. Ce dernier fut photographié vers 1908 par Eugène Atget et il fascina la styliste Coco Chanel dans les années 1920. L'hôtel est vendu en 1671 à la famille Pajot & Rouillé, contrôleurs de la Petite Poste (voir le théâtre des Déchargeurs). Entre 1689 et 1738, le bâtiment est converti en bureau de Poste. S'y trouvait un cabinet noir dans lequel le roi Louis XV prenait connaissance de certains courriers expédiés. Dès le milieu du XVIIIe siècle, l'hôtel sert à stocker des produits alimentaires, tandis qu'une crèmerie s'installe rue des Déchargeurs vers 1870. L'hôtel passe ensuite dans les mains du propriétaire du grand magasin *A la Belle jardinière*, Pierre Parissot. La crèmerie continue de fonctionner jusqu'en 1970. Très délabré, l'immeuble failli être rasé en 1971 pour céder la place à un parking. Sous l'initiative d'un particulier, il est protégé *in extremis* par le ministre de la Culture qui l'inscrit à l'inventaire des monuments historiques en décembre 1984, puis le fait rénover. En 1993, l'hôtel est racheté par un jeune descendant de Nicolas Villeroy qui avait créé des Boutiques indépendantes distribuant des produits de la marque Sony. Il ouvre un magasin *Electrica* dans l'immeuble, puis le transforme en 1995 en cyber-café. Nicolas attire ainsi un grand nombre d'utilisateurs précurseurs d'internet, essentiellement des Américains en voyage à Paris où les hôtels ne disposent pas encore de connexion. Il va créer le site web *Phone Book of the World*, un annuaire téléphonique mondial. C'est également en ce lieu que va naître le site internet *Grand Hotels of the World*, un site donnant des informations culturelles sur les palaces les plus connus à travers le monde. D'ailleurs, le logo du site s'inspire du chiffre 5 forgé dans l'escalier de l'hôtel de Villeroy. Face à la démocratisation d'internet et au déploiement du

Wifi, le cyber-café ferme ses portes en 2005. En 2011, il est transformé en un centre d'expositions « Crémerie de Paris ».

La façade sur rue s'articule autour d'un portail monumental cintré en anse de panier, fortement rythmé par des lignes de refends qui se poursuivent au premier et au second étage avec un balcon qui vient conclure l'harmonie d'ensemble. Dans la cour de l'hôtel, la façade est percée de baies cintrées, rythmées de claveaux en leur centre. Un escalier, pourvu d'une rampe, reproduit les motifs de ferronnerie de la façade. L'immeuble est classé aux monuments historiques depuis le 20 décembre 1984.

Un poète a aussi habité cette rue, on ne sait plus à quel endroit précis, Guillaume Collleret (1598-1659) que le cardinal de Richelieu appréciait. Un jour, il donna 600 livres à l'artiste pour un poème de six vers ; Colleret envoya alors à Richelieu, le texte suivant : « Armand, qui pour six vers m'a donné 600 livres / Que ne puis-je à ce prix te vendre tous mes livres ».

Faits divers

Entrée dans la ville par la Seine gelée, une meute de loups affamés dévore un enfant en 1438.

Deux « sorcières », condamnées par l'Inquisition, sont brûlées vives en 1319. Loin d'être une aberration, l'Inquisition, conçue au concile de Vérone en 1184, s'inscrit dans la logique du passage d'une justice orale à celle rendue par des juges de métier à partir de la Bible et du droit romain. Autrefois, on cherchait un compromis acceptable entre les plaignants. Désormais, on traque « la » vérité. Toute transgression offense Dieu ou le roi et justifie la recherche d'aveux par tous les moyens. La torture sera légitimée et codifiée par le pape Innocent IV en 1254. La traque des hérétiques et des sorcières fera des milliers de victimes, principalement des femmes. Tombée en désuétude après le XVe siècle, l'Inquisition restera vivace en Espagne jusqu'au XIXe siècle.

Soumis à la question (la torture), le marchand de chandelles Paviot, reconnaît fabriquer des figurines en cire destinées à des envoûtements. Il en aurait vendu à l'épouse de l'ancien ministre de Philippe le Bel, Enguerrand de Marigny. L'ancien chambellan est condamné pour sorcellerie par Charles de Valois et Louis X. Il est pendu le 30 avril 1315 au gibet de Montfaucon. Son corps resta exposé pendant deux ans jusqu'à ce que le roi Philippe V le Long le disculpe et réhabilite sa mémoire.

Rue Clémence-Royer

La rue commence rue de Viarmes et se termine rue Coquillière. Elle mesure 13 mètres de longueur et 6 mètres de largeur.

Odonymie

Clémence Royer est née le 21 avril 1830, à Nantes.

Clémence Royer est issue d'une famille bourgeoise et reçoit une éducation privilégiée. Dès son plus jeune âge, elle montre un intérêt pour les sciences naturelles et la philosophie. Royer fait preuve d'une grande détermination et d'une immense soif de connaissances. En dépit des obstacles liés à son sexe, elle réussit à poursuivre ses études en autodidacte. Elle se consacre à l'étude de la biologie, de l'anthropologie, de l'économie politique et de la philosophie, s'imposant comme une scientifique de renom. En 1869, Royer traduit l'ouvrage *L'Origine des espèces* de Charles Darwin en français, contribuant ainsi à la diffusion des idées évolutionnistes en France. Cette traduction lui vaut une certaine notoriété et elle devient une ardente défenseure de la théorie de l'évolution. Elle se passionne également pour la philosophie et les questions sociales.

> Royer adopte des positions féministes et devient une figure importante du mouvement pour l'émancipation des femmes. Elle plaide pour l'accès à l'éducation et l'égalité des droits pour les femmes. Royer s'engage également dans le domaine de l'enseignement, créant une école pour filles qui met l'accent sur les sciences, la philosophie et les langues étrangères. Elle écrit plusieurs ouvrages, dont *la Femme* et *De l'habitat des animaux*. Elle collabore au *Journal des femmes* et à *La Fronde*, avec Marguerite Durand et la « grande Séverine ». Royer décède le 6 février 1902 à Paris.

Histoire

Créée en 1886, la rue porte son nom actuel depuis un arrêté du 11 mai 1904. À l'origine, elle se nommait « rue des Buas ». Son côté pair a été démoli dans le cadre de la transformation et de l'aménagement du secteur des Halles.

Rue du Colonel-Driant

La rue commence rue Jean-Jacques-Rousseau et se termine rue de Valois. Elle mesure 262 mètres de longueur et entre 16 et 20 mètres de largeur.

Odonymie

Le colonel Émile Driant est né le 11 novembre 1855 à Neufchâteau.

> Driant fait des études d'ingénieur militaire à l'Ecole polytechnique et se distingue par ses compétences et son dévouement. Il devint rapidement un officier respecté au sein de l'armée française. Driant s'illustre lors de la guerre franco-allemande de 1870, où il se bat avec courage. Il est capturé par les Allemands et reste prisonnier pendant plusieurs mois. Cette expérience forge sa détermination à défendre la France et à protéger ses concitoyens. Après sa libération, Driant poursuit une carrière militaire

brillante et gravit les échelons. Il participe à des missions en Afrique, en Indochine et en Nouvelle-Calédonie, où il fait preuve de leadership et de courage sur le terrain.

Lorsque la Première Guerre mondiale éclate en 1914, Driant est promu colonel et prend le commandement d'un régiment d'infanterie. Il se distingue par sa stratégie audacieuse et son courage sur le front. Il est blessé à plusieurs reprises, mais continue à mener ses troupes avec détermination. Driant est également un fervent patriote et homme politique. Il est élu au Parlement en 1910 et est reconnu pour ses positions nationalistes. Il continue à mener des actions politiques malgré ses responsabilités militaires. Malheureusement, Émile Driant trouve la mort au combat le 22 février 1916 lors de la bataille de Verdun. Sous le pseudonyme de « capitaine Danrit », il signe des romans d'anticipation à thème militaire, si populaires en leur temps qu'ils constituaient les lots de distribution de prix dans les écoles.

Histoire

Le percement de la rue comprise entre la rue Jean-Jacques-Rousseau et la rue Croix-des-Petits-Champs est déclaré d'utilité publique par décret le 16 décembre 1915. Le prolongement à l'ouest jusqu'à la rue de Valois est déclaré d'utilité publique par décret le 17 avril 1928. La première section prend son nom actuel par arrêté du 4 février 1926, tandis que la seconde attendra jusqu'au 14 février 1947. Le percement de la partie comprise entre la rue des Bons-Enfants et la rue de Valois a nécessité la démolition de la chancellerie d'Orléans. À l'origine, cette rue devait relier la Bourse de commerce de Paris à l'avenue de l'Opéra, à travers le Palais-Royal. Le projet ne fut jamais réalisé.

Immobilier

N°1-3 : construction de l'immeuble par l'architecte Emile Molinié (1877-1967) en 1954, alors que ce dernier est âgé de 87 ans. La même année, il construit l'immeuble situé au 9-13 de l'avenue Myron-Herrick, dans le 8e arrondissement. Les deux bâtiments sont si semblables que la paternité de l'architecte ne peut pas être remise en question.

Rue Coq-Héron

La rue commence rue Coquillière et se termine rue du Louvre. Elle mesure 50 mètres de longueur et 14 mètres de largeur.

Odonymie

On ne connaît pas l'origine du nom de la voie, qui apparaît sous le vocable de « cul-de-sac Coque-Héron » dans un manuscrit de 1298, « rue Quoque-Héron » dans un document de 1515 et « rue Coque-Horon » dans un cartulaire de Notre-Dame-de-Paris. Le grand cartulaire de l'évêché parle d'une « ruelle *sine capite quae vocatur Quoqueheron* » (sans bout qu'on nomme Quoqueheron). On peut penser à une corruption d'un patronyme du type « Coquéron », attesté au Moyen Âge.

Histoire

Au XIIIe siècle, la voie était alors une impasse. Elle est transformée en rue lors de la vente de l'hôtel de Flandres, ordonnée par lettres patentes de septembre 1543 par François 1er. Elle s'étendait autrefois jusqu'à la rue Montmartre.

Immobilier

N°3-7 : emplacement d'un hôtel construit en 1601, où habita notamment le gouverneur de Paris, Léon Potier de Gesvres – qui y donna de grandes fêtes et y mourut à 82 ans, quelques mois après avoir épousé une jeune fille de 17 ans. Y vécut également l'homme politique Casimir Périer (1777-1832) qui fut ministre de l'Intérieur en 1831.

N°3 : dernière demeure du banquier Étienne Delessert (1735-1816).

N°5 : *Le Mousquetaire*, journal d'Alexandre Dumas, paru de la fin 1854 à 1857 et *La Petite Lune*, hebdomadaire satirique publié de 1878 à 1879, y avaient leurs bureaux. Le Touring Club de France y avait son siège social.

N°9 : emplacement de l'hôtel de l'Harpagon. « Harpagon de la finance » était le surnom donné à Barthélémy Thoinard de Vougy,

fermier général de 1724 à 1752 (date de sa mort). Il fit construire l'hôtel sur les vestiges d'un autre, en 1730. Sa veuve hérita de la coquette somme de 19 millions en or. L'hôtel fut, entre autres, assidûment fréquenté, vers 1785, par le poète Charles Albert Demoustier (1760-1807). Il venait là rendre visite à sa maîtresse, Mme de Benoist d'Ozy, femme d'un directeur des contributions indirectes. Elle lui inspira *Lettres à Émilie sur la mythologie*. Le succès de cet ouvrage – qui comprend plusieurs volumes – attira sur l'amante de nombreuses jalousies féminines. La Caisse d'Epargne, fondée le 29 juillet 1818 par Benjamin Delessert, s'installa dans l'hôtel en 1853. L'hôtel est inscrit aux monuments historiques depuis le 24 mars 1925.

Rue Coquillière

La rue commence rue du Jour et se termine rue Croix-des-Petits-Champs. Elle mesure 295 mètres de longueur et entre 13 et 28 mètres de largeur.

Odonymie

Les terres étaient exploitées par la famille Coquillier. Dans un texte de 1296, il est dit que Pierre et sa femme Geneviève paient une rente à l'évêque de Paris pour un terrain. Un manuscrit de 1262 mentionne qu'Odeline Coclearia (Coquillier) fonda une chapelle à Saint-Eustache. Le suffixe *-ière* est hérité du suffixe latin *-aria* (territoire).

Histoire

La rue fut ouverte au XIIIe siècle, peu après la construction de l'enceinte de Philippe Auguste qui était percée par la porte Coquillier. Elle se situe à cheval sur le quartier du Palais-Royal et le quartier des Halles. Le 15 juillet 1767, le consortium Oblin-Le Camus de Mézière, déjà adjudicataire du lotissement de l'ancien hôtel de Soissons et futur constructeur, au bénéfice d'Armand-Gaston Camus, de l'hôtel de Beauvau et de l'hôtel du Tillet, rue des Saussaies, se vit adjuger par sentence du Châtelet de Paris une maison rue Coquillière.

Immobilier

N°10 : lieu de naissance du compositeur Paul Dukas en 1865, comme l'indique la plaque commémorative apposée sur la façade du 84 rue du Ranelagh (16e arrondissement). À cet emplacement, se dressait également l'ancien hôtel de Châteauneuf, démoli en 1842.

N°15 : emplacement de la première boucherie Duval, disparue aujourd'hui.

N°16 : lieu de naissance du poète Léon-Paul Fargue (1876-1947), surnommé le « piéton de Paris ».

N°29-31 : emplacement de l'ancien couvent des Carmélites et de ses dépendances. En 1659, les Carmélites, déjà présentes hors de la ville en leur couvent du faubourg Saint-Jacques et intra-muros dans leur maison de la rue Chapon, établissent à l'emplacement de l'actuel n°13 une maison de retraite et de refuge dans l'ancien hôtel particulier de Gaspard de Saulx (1509-1575), seigneur de Tavannes, baron de Sully, dit « maréchal de Tavannes ». La communauté, devenue indépendante en 1663, y adjoint en 1666 l'hôtel particulier voisin (n°29) formant l'angle avec la rue du Bouloi pour les besoins  du nouveau couvent. Elle fera également l'acquisition de plusieurs maisons de la rue du Bouloi (actuels n°15 à 21) qui sont mises en location. Les Carmélites déménagent rue de Grenelle en 1687 pour avoir plus de place.

Faits divers

Pour être admise, au XVe siècle, parmi les 220 prostituées repenties du couvent, toute postulante devait apporter la preuve de son libertinage et jurer sur la Bible qu'elle ne s'était pas prostituée dans le seul but d'être acceptée au couvent. Être nourrie et blanchie gratuitement à cette époque pouvait attirer plus d'une femme dans le besoin. Par contre, les textes ne nous expliquent guère comment ces femmes prouvaient leur libertinage.

Rue de la Cossonnerie

La rue commence boulevard de Sébastopol et se termine rue Pierre-Lescot. Elle mesure 106 mètres de longueur et 18 mètres de largeur.

Odonymie

Le lieu évoque un endroit où l'on trouvait ce qu'on nommait jadis des cossons. Le problème est que ce mot, issu du latin *cocio / cocionis* (courtier), possédait deux sens. Il pouvait désigner des revendeurs de volailles, et la plupart des historiens pensent qu'on vendait dans cette rue poulets et chapons, exposés dans des paniers posés sur les pavés. Mais il existe une autre théorie qui veut que le nom renvoie aux cossons, c'est-à-dire aux courtiers, intermédiaires de la Bourse de Commerce, toute proche, entre les dentellières et les marchands. Dans un document de 1183, la voie est citée comme *vicus cuoconneriae*.

La mi-carême au XVIIe siècle

Au XVIIe siècle, chaque année, le jour de la mi-carême, se déroulaient des festivités populaires autour d'une enseigne figurant une *Truie qui file*, située au n°24. Le petit bas-relief en pierre peinte, représentait une truie rose assise. D'une patte, elle tenait la quenouille rouge, de l'autre le fuseau bleu, pendant que ses petits tétaient. Une courroie brune, serrée autour du ventre, retenait deux clés dorées et une bourse marron. Edmond Beaurepaire écrit à ce sujet en octobre 1902 : « Le jour de la Mi-Carême, les garçons de boutiques des environs, les apprentis, les servantes et les portefaix de la Halle se livraient à des folies ». Par chance, Sauval nous décrit ces folies : « On forçait les apprentis nouveaux et les artisans de la halle à venir embrasser cette truie, non sans avoir soin de leur cogner le nez contre la pierre et jusqu'à la nuit, ce n'étaient que danses, cris, mascarades et beuveries dans tout le quartier ». Précisons que si le couple choisi au hasard s'embrassait au lieu de s'occuper de la truie, il était déculotté et fouetté devant toute l'assistance. Cette enseigne du XVIe siècle est aujourd'hui conservée au musée de Cluny.

Fontaine

La fontaine réalisée lors de la rénovation de la rue, se présente comme une construction assez simple et fort modeste. Un bassin au sol, trapézoïdal, reçoit de l'eau par deux rigoles symétriques, placées sur un petit mur bahut. Au centre, une vasque hexagonale, posée sur un piédouche, est elle-même pourvue de six tiges d'acier inoxydable recourbées qui dispensait six filets d'eau.

Cinéma

Certaines scènes du film, *Le Dernier tango à Paris*, de Bernardo Bertolucci (1972) y ont été tournées.

Immobilier

N°2 : se trouvait, en 1817, le magasin *A la cour Batave*, du nom d'une cour aujourd'hui disparue qui se trouvait tout près, au n°60 de la rue Saint-Denis. Celle-ci datant de 1329, avait été fermée sous la Révolution, puis vendue, avec son cloître et les huit maisons y attenant, à des marchands bataves qui, après démolition, remplacèrent le tout, en 1795, par une cité commerçante dotée d'une entrée monumentale et dite « cour Batave ». Celle-ci fut détruite à son tour en 1858, quand on ouvrit le boulevard de Sébastopol et que l'on prolongea la rue de la Cossonnerie.

Vers 1780, habita dans cette rue l'apothicaire Antoine Quinquet (1745-1803), fabricant d'une lampe à huile à double courant d'air et à réservoir plus haut que la mèche, qui porte son nom. L'argot a emprunté le mot pour désigner des yeux séduisants et brillants.

Rue Courtalon

La rue commence rue Saint-Denis et se termine place Sainte-Opportune. Elle mesure 32 mètres de longueur et 7 mètres de largeur.

Odonymie

Le nom « courtalon » fait penser à des chaussures ayant un petit talon. Une référence aux prostituées de la rue voisine ou aux ouvrières du bureau des Lingères ? Non, rien de tout cela. Le nom viendrait de l'enseigne d'un cordonnier. Sur un plan datant de 1300, elle apparaît sous le nom de « rue aux Petits-Souliers-de-Bazenne » (soit la rue aux talons courts). Une autre version penche en faveur de Guillaume Courtalon qui possédait, vers le milieu du XVIe siècle, deux maisons au coin de l'ancienne rue des Lavandières (supprimée).

Histoire

L'existence de cette rue est attestée dès 1284. Elle prend son nom actuel au milieu du XVIe siècle. Selon Alfred Pierro, la nouvelle dénomination de la rue résulte de l'esprit facétieux des Parisiens en rapprochant « Petits souliers » et « Courtalon ». La rue bordait le côté sud de l'église Sainte-Opportune. Quand celle-ci fut détruite en 1792, le côté pair de la rue fut loti d'immeubles. Si la rue Courtalon reste connue de certains, c'est hélas pour un fait divers qui s'y produisit au XVIIe siècle.

Enquête policière

Nous sommes en 1684. Les habitants de Paris tremblent de peur. Plusieurs disparitions ont été signalées. En quatre mois, 26 hommes, âgés entre 17 et 25 ans, ont disparu sans laisser de traces. Rien que dans le faubourg Saint-Antoine, quatre garçons, fils d'ébénistes ou de marchands de meubles, ne sont pas revenus à la maison. Les rumeurs les plus extravagantes se mettent à circuler. Certaines prétendent qu'une princesse malade tue ces garçons pour se baigner dans leur sang et retrouver sa vigueur. D'autres affirment que des Juifs crucifient des chrétiens afin de se venger. Quelle que soit la cause de ces disparitions, une certaine terreur gagne les rues de la capitale.
Louis XIV convoque son lieutenant de police, Gabriel Nicolas de La Reynie, et se plaint de son manque de vigueur à résoudre cette enquête. Vexé par les accusations du souverain, il convoque un agent de son administration, nommé Lecoq, et lui ordonne de résoudre l'affaire. Comment ce pauvre homme pourrait-il résoudre un tel mystère quand tant de policiers ont échoué ? Lecoq a l'idée d'utiliser son fils, âgé de 16 ans, en guise d'appât. Le gaillard est grand et fort ; il saura se défendre en cas d'attaque. Répondant au nom de code « l'Eveillé », le garçon est habillé en grand apparat : beaux vêtements, bijoux luxueux et une bourse pleine de louis d'or. Sa mission : se promener dans les

rues, les jardins et les places de Paris en faisant tinter ses pièces. Hélas, rien ne se passe.

Finalement, le cinquième jour, alors que l'éveillé se promène dans le jardin des Tuileries, il rencontre une jeune fille d'une grande beauté, accompagnée d'une vieille femme. Les deux jeunes gens entament la conversation. Au bout d'un moment, la gouvernante attire le jeune homme à l'écart et lui confie que sa maîtresse endure bien des malheurs. Celle-ci est née de l'union d'un prince polonais et d'une mercière de la rue Saint-Denis. Le père, rappelé par le roi de Pologne, fut tué par des brigands lors de son voyage, laissant toutefois tous ses biens à sa fille unique. Hélas, la jeune femme se retrouve ainsi la proie de rapace et d'hommes sans scrupules. Sûre de son amour et de sa bonne éducation (l'éveillé avait prétendu être le fils d'un riche médecin), la gouvernante le prie de les rejoindre à l'église Saint-Germain l'Auxerrois, toute proche, afin d'y rencontrer la mère de sa promise. Il promet de venir, mais doit d'abord régler une affaire urgente.

Flairant une piste, le jeune homme court prévenir son père qui lui ordonne de se rendre à l'église. À son arrivée, l'église est déserte. La nourrice, déguisée en souillon, l'attend sous le porche, seule. Elle l'entraîne dans la rue Courtalon où vit sa bien-aimée dont la véritable identité est la princesse Jabirowski. Le fiancé est conduit dans une chambre où l'attend la jeune fille, parée de vêtements très légers. Oubliant un temps sa mission, le jeune homme s'abandonne dans les bras accueillants et très agréables de la séductrice. Pendant ce temps, Lecoq et ses hommes patientent dans une ruelle, guettant le signal de l'Eveillé. Les minutes s'écoulent, le silence pèse, le fils reste muet.

Sous prétexte d'ordres à donner, la princesse s'éclipse de la chambre, laissant seul son amant troublé. Retrouvant peu à peu la raison, il fait le tour de la pièce et observe l'ameublement. Un paravent attire son attention. Il tente de le déplier, en vain. Il insiste, le secoue et finit par le briser. Derrière se trouve une grande armoire. Et dans cette armoire, 26 plats d'argent sur lesquels reposent 26 têtes d'hommes. Au même moment, la fenêtre de la chambre s'ouvre, livrant le passage à Lecoq et sa brigade, inquiet du silence de l'Eveillé. Intriguée par le bruit, la princesse revient dans la chambre, sauf qu'elle n'est pas venue seule. Quatre brigands fortement armés l'escortent. Ils sont tous arrêtés.

Pourquoi cette jeune femme tuait-elle ces hommes ? Se baignait-elle dans leur sang ? Pourquoi conserver les têtes dans une armoire ? Était-elle une fétichiste ou en proie à la misandrie ? Explication. La jeune fille était en réalité anglaise. Elle attirait chez elle des jeunes hommes, séduits par son apparence voluptueuse, et demandait à ses comparses de les décapiter. Les têtes étaient desséchées et embaumées avec soin avant d'être envoyées en Allemagne pour servir aux étudiants en phrénologie. Les corps étaient vendus aux étudiants en médecine de Paris. La fausse princesse, la gouvernante et leurs complices furent condamnés à mort et pendus.

Rue Croix-des-Petits-Champs

La rue commence rue Saint-Honoré et se termine place des Victoires. Elle mesure 373 mètres de longueur et entre 12 et 20 mètres de largeur.

Odonymie

La voie s'appelait à l'origine « rue des Petits-Champs », car elle avait été ouverte sur une zone de jardins et de terres cultivées. Dans un accord passé en 1273 entre le roi Philippe le Hardi et le chapitre de Saint-Merri, elle est citée sous le vocable de *vicus parvi campis* (rue des Petits-Champs). Le nom actuel est celui de l'enseigne d'un marchand de vin. Il évoque une antique croix qu'un échevin, Étienne de Bonpuis, fit ériger à l'entrée sud de la rue, et qui fut déplacée en 1420 au carrefour de la rue du Bouloi.

Le tronçon nord de la voie (jusqu'à la rue Coquillière) s'appelait jadis « rue d'Aubusson » ; le vicomte d'Aubusson la fit aménager. Le reste était la rue La Vrillière.

Histoire

En 1685, dans le cadre de l'aménagement de la place des Victoires, Louis XIV fait aligner les habitations de la rue afin d'offrir une perspective sur sa statue de bronze. Quelque temps après, le nom de « rue Croix-des-Petits-Champs » prévalut et servit à désigner cette voie dans tout son ensemble.

Immobilier

N°4. les tragédiens roumains, Aristizza Romanescu (1854-1918) et Grigore Manolescu (1857-1892) vécurent dans cette maison de 1880 à 1892.

N°10. emplacement du siège du CRAF (Centre Royaliste d'Action Française). L'Action Française est une école de pensée et un mouvement politique français nationaliste et royaliste d'extrême-droite. Elle fut fondée en 1899, en pleine affaire Dreyfus, par Henri Vaugeois et Maurice Pujo dans l'objectif d'effectuer une réforme intellectuelle du nationalisme. Originellement structuré par un nationalisme républicain antidreyfusard, ce mouvement devient rapidement royaliste sous l'influence de Charles Maurras et de sa doctrine du nationalisme intégral. Durant l'entre-deux-guerres, l'Action Française est une des ligues d'extrême-droite les plus virulentes à l'égard de la Troisième République et participe à la crise du 6 février 1934. La condamnation temporaire du mouvement par l'Eglise catholique entre 1927 et 1939 diminue son audience au profit d'autres ligues. Après la défaite de 1940, l'Action Française se rallie à la Révolution nationale du maréchal Pétain suivant la position de France seule. La pérennité de l'antisémitisme d'Etat durant l'Occupation et le soutien indéfectible au maréchal Pétain compromettent le mouvement durant la Seconde Guerre mondiale. À la Libération, Charles Maurras est condamné à la réclusion à perpétuité pour intelligence avec l'ennemi et Maurice Pujo à cinq ans d'emprisonnement et à la dégradation nationale. Le mouvement sort déconsidéré du conflit. Le quotidien *L'Action Française* cesse de paraître et l'utilisation de son titre est interdite. Cependant, en 1947, le journal *Aspects de la France* relance le mouvement. En 1955, la Restauration nationale (RN) se structure et prend le relais de l'Action Française avant de connaître deux scissions : la Nouvelle Action française (NAF) en 1971 et le Centre royaliste d'Action française (CRAF) en 1997. Le mouvement a repris son nom d'origine depuis la fusion du CRAF et de la RN actée en 2018. L'Action Française revendique 3 000 adhérents.

N°22. L'écrivain anglais Charles Caleb Colton (1780-1832) vécut dans cette maison de 1830 à sa mort.

N°39 : l'immeuble abritant la banque de France est inscrit aux monuments historiques depuis le 22 février 1926.

N°42. L'avocat et juriste Nicolas Jean-Baptiste Tripier (1765-1840) habitait dans l'hôtel de Lussan.

Faits divers

Le jour de Pâques, en 1657, Jean Désiré, un meunier de la rue, revient miraculeusement guéri du Louvre. Louis XIV perpétuait la tradition royale en touchant les malades des écrouelles (abcès au niveau du cou) dans la galerie du palais. Cette pratique instaurée par Robert le Pieux ne survivra pas à Louis XVI.

Vers 1750, un revenant hante jour et nuit la boutique d'un luthier. Pour le voisinage, il ne peut s'agir que du Diable. Jusqu'à l'arrestation du coupable, un jeune voisin, fol amoureux de la fille de l'artisan.

Le 18 octobre 1818, des plaisantins jettent des piécettes par une fenêtre. On murmure qu'il pleut de l'argent. Plusieurs milliers de personnes accourent et se battent. Cinq cents arrestations.

Rue du Cygne

La rue commence boulevard de Sébastopol et se termine rue de Turbigo et rue Mondétour. Elle mesure 200 mètres de longueur et 10 mètres de largeur.

Odonymie

Au XIIIe siècle, se trouvait dans cette rue une maison (vraisemblablement une auberge) à l'enseigne d'un cygne. Une enseigne plus récente, représentant un cygne, figure aujourd'hui à l'angle de la rue Saint-Denis.

Histoire

La rue était entièrement bâtie en 1230 et s'appelait alors la « rue du Cingne ». Elle prend son nom actuel en 1313. En 1851, elle engloba la « rue du Pèlerin-Saint-Jacques » qui allait de cette rue à la rue Mondétour, et qui avait été ouverte sur l'emplacement de l'ancien cloître de Saint-Jacques-l'Hôpital.

Rue des Déchargeurs

La rue commence rue de Rivoli et se termine rue des Halles. Elle mesure 78 mètres de longueur et 10 mètres de largeur.

Odonymie

La rue se nommait « siège des Déchargeurs » en 1300, en référence aux déchargeurs des halles voisines. Elle était une des voies d'accès au marché dès lors qu'on arrivait par le sud, depuis l'ancien bourg Saint-Germain-l'Auxerrois.

Histoire

À l'origine, la rue allait de la rue des Mauvaises-Paroles à la rue de la Ferronnerie. Elle croisait les rues du Plat-d'Etain, des Limaces et des Fourreurs. Sa proximité du marché la rattachait au centre de la vie marchande avec la présence du bureau des Drapiers (n°11 actuel). Elle attira aussi des gens de robe, des notables, des professions libérales, dont l'intérêt pour le quartier transparaît encore à travers les belles façades qu'ils ont laissées. Sous le Second Empire, un décret du 21 juin 1854, réorganise les abords des halles et prévoit notamment le percement de l'actuelle rue des Halles. Dans le cadre de cette opération d'urbanisme, les rues des Mauvaises-Paroles et de la Limace disparaissent et la rue des Fourreurs est absorbée par la rue des Halles. La rue des Déchargeurs est reliée à la nouvelle rue de Rivoli, alors que la section de la rue entre la nouvelle rue des Halles et la rue de la Ferronnerie disparaît.

Immobilier

Le peintre Simon Mathurin Lantara (1729-1778) demeura dans cette rue à un moment de sa vie.

N°3 : théâtre ***Les Déchargeurs***. Cet immeuble a été construit en 1708 par la femme d'un conseiller du roi, contrôleur général des postes, Marie Orceau, veuve Rouillé. À cette date, l'édifice se compose simplement d'un bâtiment sur rue, d'un autre au fond de la cour, et enfin, d'un petit bâtiment en aile surmonté d'une terrasse. L'hôtel est affecté au fonctionnement de la Petite Poste, système créé en 1760 par Piarron de Chamousset pour assurer le port des lettres dans la capitale, tandis que la Grande Poste assurait les expéditions en province et à l'étranger. En raison de l'importance des bénéfices réalisés, le gouvernement s'empressa de lui retirer le privilège d'exploitation et rattacha la Petite poste à la ferme générale des postes. Dès lors l'hôtel abrita les bureaux de la régie générale de la Petite Poste, adossés à l'hôtel de la Grande Poste qui donnait sur la rue des Bourdonnais. Dans la première moitié du XVIIIe siècle, la maison s'agrandit et s'embellit, mais on ne parle plus guère de jardin. Deux terrasses se font désormais face, l'une d'entre elle est décorée de treillage. Une description de 1781 fait également état d'une belle salle à manger largement décorée, située à l'emplacement de la salle de spectacle de l'actuel théâtre des Déchargeurs. Au cours du XIXe siècle, l'immeuble, qui jusque-là avait appartenu à la noblesse de robe, passe entre les mains de riches commerçants qui s'y installent ou le plus souvent louent les locaux, désormais transformés en magasins. En 1925, l'édifice improprement qualifié de Bureau de la Petite Poste, voit ses façades sur rue et sur cours protégées au titre de la loi de 1913. Le bel escalier Louis XVI n'est pas compris dans la protection de l'époque. Les appuis de fenêtre datent du règne de Louis XVI ; le portail surmonté d'un mascaron à tête d'Hercule, enveloppée dans une peau de lion et la porte cochère à imposte décorée de lions sont d'époque Louis XIV. Les façades sur rue et cours sont inscrites aux monuments historiques depuis le 12 février 1925, tandis que les toitures et l'escalier monumental durent attendre le 4 octobre 2001. Dans la cour, les fenêtres du rez-de-chaussée sont surmontées de mascarons alternant faunes et nymphes. Depuis le 10 janvier 2001, afin de stopper l'installation d'un ascenseur dans le jour de l'escalier du XVIIIe siècle, une instance de classement a été prise par la Direction de l'Architecture et du Patrimoine.

Depuis 1979, le théâtre *Les Déchargeurs* anime le rez-de-chaussée de l'aile en fond de cour. Vicky Messica rachète le bâtiment en ruine et le restaure pour en faire un lieu de vie, de spectacle et de joie. Trois ans de travaux et trois tonnes de gravats extraits. Le projet fut abandonné par le ministère de la Culture et la ville de Paris, après le décès du metteur en scène en 1998. Lee Fou Messica et Ludovic Michel reprirent le flambeau. Ils créèrent un théâtre indépendant, inventif et décapant. Ils permirent la découverte des Têtes raides, de Rachel des Bois, d'Émily  Loiseau, de Franck Monnet, de Mélissa Mars et de Coco Royal. Il fallut beaucoup de courage et d'ingéniosité aux deux propriétaires pour combler l'absence de subventions. En 2014, le théâtre proposait au public « d'adopter un fauteuil ». En juin 2018, Élisabeth Bouchaud reprend les rênes du théâtre, suivi par Adrien Grassard le 12 février 2021. Le 2 août 2023, Adrien Grassard dépose le bilan ; le bâtiment est acquis par le groupe immobilier Holfim, après avoir négocié une réduction du bail. Et une querelle avec les salariés. Une pétition de soutien est lancée par les compagnies accueillies par le théâtre. La directrice de la culture de la ville de Paris, Aurélie Filippetti, indique que « la mairie étudie toutes les possibilités pour aider le théâtre ».

N°9 : **hôtel de Villeroy** / hôtel de la Poste (voir rue des Bourdonnais).

N°11 : le **Pavillon des Drapiers**. Le pavillon servait de bureau pour la corporation des marchands-drapiers. La corporation était le premier des six corps de marchands de Paris et résidait dans cet immeuble depuis 1527. La « maison des Carreaux » avait l'apparence d'une habitation médiévale à multiples saillies sur la rue. En 1649, il est envisagé de reconstruire la maison devenue incommode. Les travaux sont interrompus par la Fronde, mais reprennent en 1650, sous la houlette de l'architecte Jacques Bruant, le frère de Libéral. La façade est achevée en 1660. Après la suppression des corporations en 1791, le bâtiment devient un vaste dépôt de bonneterie et prend le nom de Grand bureau de bonneterie. Le percement de la rue des Halles en 1868 ampute le bout de la rue des Déchargeurs et entraîne la démolition de l'immeuble. La façade est sauvée et remontée dans les  jardins du musée Carnavalet, à Paris, en 1872. Elle est suivie par l'arc de Nazareth, puis en 1890, par le pavillon de Choiseul. La façade affiche l'importance politique de la corporation et le caractère administratif de l'édifice. Le portail central est surmonté d'une allégorie du Commerce, un Mercure ailé. Une effigie de la Justice porte le portrait du roi dans le tympan intermédiaire, et le chiffre couronné de Louis XIV sur le tympan supérieur.

Place des Deux-Ecus

La place se situe au carrefour de la rue du Colonel-Driant, rue Jean-Jacques-Rousseau et de la rue du Louvre.

Odonymie

La place rappelle la rue des Deux-Ecus qui exista jusqu'au XIXe siècle. Elle devait son nom à une enseigne. Autrefois, le mot « écu » était synonyme de « bouclier ». La rue fut détruite lors de la création des rues Berger et du Louvre. Elle a naguère été connue sous le nom de « rue

du Pressoir-du-Bret ». On y trouvait un pressoir entre les rues du Four et des Vieilles-Etuves. « Bret » représente une corruption d'Albret ; le connétable d'Albret y possédait un hôtel. Une partie de cette voie s'est appelée jadis « rue Traversine » parce qu'elle traversait de la rue des Prouvaires aux rues de Grenelle-Saint-Honoré et Mercier. Un autre tronçon s'est nommé « rue de la Hache » (ou des Deux-Haches) à cause d'une enseigne. Un document de 1498 mentionne « rue des Deux Ecus, dite des Deux Haches et aultrement la rue Traversine ». Sur une partie de son tracé, la rue s'est nommée rue Neuve-de-la-Reine, car elle menait à l'hôtel de la Reine que Catherine de Médicis avait fait aménager.

Histoire

La place est le dernier vestige de la rue des Deux-Ecus. Bien que le décret du 2 mars 1864 bornât explicitement la rue Berger dans son annexion de la rue des Deux-Ecus à la rue du Louvre prolongée, cette dernière n'existant alors pas, le service municipal du plan de Paris, dans ses éditions de 1864 à 1872, avait fait disparaître complètement l'odonyme des Deux-Ecus, amenant la rue Berger jusqu'à l'angle avec la rue Jean-Jacques-Rousseau. En fait, tant que la percée n'était pas réalisée, le nom de rue des Deux-Ecus a subsisté jusqu'à la rue

Vauvilliers puisque le tracé et la largeur de cette partie-là n'avaient rien de cohérent avec la rue Berger moderne.

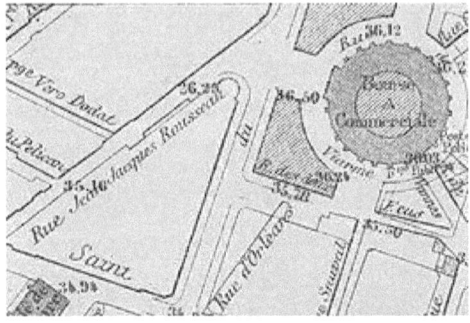

La percée de la rue du Louvre, à la fin des années 1880, a transformé *de facto* la portion subsistante en place. Mais la partie considérée, sur laquelle s'étend la place actuelle, n'a quant à elle été percée que dans la seconde moitié du XVIe siècle, lors de l'extension des terrains de l'hôtel d'Orléans par Catherine de Médicis. Cette prolongation de la rue isolait le jardin de l'hôtel du tissu bâti, et était ainsi bordée, côté nord-est, par un mur. Le tracé de la portion occidentale de la rue suit donc le mur -préexistant – de ce qui était le couvent des Filles Pénitentes que Catherine de Médicis remplaça dans l'hôtel d'Orléans. À la suite de cette éviction, les lieux portèrent le nom d'hôtel de la Reine et ils sont connus à partir du XVIIe siècle sous le nom d'hôtel de Soissons. La reine transféra la communauté au prieuré Saint-Magloire de la rue Saint-Denis.

À la fin du XIXe siècle, d'importants travaux d'urbanisme affectent sensiblement l'emprise de la rue subsistante, entre la rue d'Orléans et la rue Jean-Jacques-Rousseau. Le prolongement de la rue du Louvre supprime à lui seul la moitié de la longueur subsistante de la rue. Se pose dès lors la question du destin de cette moitié occidentale se trouvant hors du tracé de la percée. Le premier projet prévoyait la disparition complète de cette portion de la rue et l'inscription de son emprise dans le bâti du triangle formé par les rues Jean-Jacques-Rousseau, Saint-Honoré et du Louvre. Le second, publié en 1888, conservait le tracé de la rue des Deux-Ecus à l'ouest de la rue du Louvre, ainsi que les deux immeubles côté impair et prévoyait la reconstruction d'un immeuble cadastré sur les trois rues à la pointe, à l'image de ce qui a été réalisé, dans des espaces strictement analogues, à la jonction des rues du Louvre, Coquillière et Coq-Héron, ainsi qu'à l'îlot rue du Louvre, rue Etienne-Marcel, rue d'Argout. C'est l'espace dégagé par l'abandon de cette construction qui a permis la création d'une place sur son emprise. Une rotonde d'angle était prévue dans ces deux premiers projets, de mêmes dimensions que celles qui font les angles des deux immeubles post-haussmanniens monumentaux érigés sur la rue du Louvre vis-à-vis de la place.

L'achèvement de la percée de la rue du Colonel-Driant, au début des années 1950, a ouvert encore davantage l'espace de la place, qui était jusqu'alors un renfoncement de la rue du Louvre dont ne s'échappait que la rue Jean-Jacques-Rousseau.

Immobilier

N°1-3 : ces deux immeubles, qui sont les seuls à avoir la place pour adresse (sur le bord sud-ouest), datent du XVIIIe siècle, et sont protégées au titre des protections patrimoniales du PLU de la ville de Paris. Ils sont la seule subsistance de la rue des Deux-Ecus. Les deux bâtiments du n°1 sont desservis par d'amples escaliers présentant d'intéressantes ferronneries d'époque. La porte cochère, d'époque également, est encadrée par deux pas-de-mule. La cour présente une pierre à bois typique du vieux Paris. Avant que la rue ne devienne une place, les deux immeubles portaient respectivement les n°33 et 35.

Rue Étienne-Marcel

La rue commence boulevard de Sébastopol et se termine place des Victoires. Elle mesure 702 mètres de longueur et 20 mètres de largeur. Elle se partage entre le 1er (numéros impairs) et 2e (numéros pairs) arrondissement.

Odonymie

Prévôt des marchands, Étienne Marcel (1310-1358) imposa sa tutelle au dauphin Charles. Devenu le maître de Paris, il contribua à en créer l'organisation administrative. Il soutient la réforme proposée par une faction de la noblesse aux Etats Généraux de 1355. Il allait ouvrir les portes de Paris à son allié le roi de Navarre lorsqu'il fut assassiné par l'échevin Maillart, partisan du dauphin. Au XVIIe siècle, elle s'appelait la « rue de la Cuiller » en raison d'une maison appelée « de la Cuiller de Bois » (probablement à cause d'une enseigne). De la fin du XVIIe au milieu du XVIIIe siècle, elle prit le nom de « rue Commune ».

Histoire

La rue, qui a été ouverte vers 1858, entre le boulevard de Sébastopol et la rue Montorgueil, a fait disparaître une partie de la rue aux Ours, la partie est de la rue Mauconseil, une partie de la rue Française, la Halle-aux-Cuirs qui donnait rue Mauconseil, le Parc-aux-Huîtres qui donnait rue Montorgueil. En 1880, elle est prolongée jusqu'aux rues Hérold et d'Argout faisant disparaître : l'impasse de la Bouteille, la partie sud de la rue de la Jussienne, la rue Soly, la rue Verdelet, la rue Pagevin. La rue prit son nom actuel en 1881. En 1883, elle est de nouveau prolongée jusqu'à la place des Victoires faisant disparaître la rue du Petit-Reposoir. La prolongation de la rue Étienne-Marcel jusqu'au boulevard Beaumarchais a été envisagée et amorcée par l'ouverture en 1907, de la « rue Étienne-Marcel prolongée » devenue « rue Roger-Verlomme » et par l'élargissement côté nord de la rue de la Perle.

Immobilier

N°3 : dès 1897, un café, la *Potée des Halles*, est cité dans l'almanach du commerce. Son intérêt réside dans la décoration de sa première salle.

Les murs sont entièrement recouverts de carreaux de céramique, œuvre d'Alexandre Sandier, dessinateur de la faïencerie de Sarreguemines. Les décors sont signés de la société D.V.P. Sarreguemines, 28 rue de Paradis, Paris. Deux allégories féminines, la Bière et la Café, se font face. Elles sont encadrées par des miroirs. Le reste du décor se compose d'orchidées stylisées, de branches de cerisiers et de rosaces. L'ensemble est visible dans le restaurant *Poulette* et fut inscrit aux monuments historiques le 23 mai 1984.

Rue de la Ferronnerie

La rue commence rue Saint-Denis et se termine rue de la Lingerie. Elle mesure 114 mètres de longueur et 16,6 mètres de largeur.

Odonymie

Jusqu'au début du XIIIe siècle, la voie s'est appelée « rue de la Charronnerie » ou « rue des Charrons ». Les charrons fabriquaient des chariots ou des roues de charrettes. Vers 1229, le roi Louis IX autorisa des ferronniers à s'installer dans la rue. Ils vendaient leurs productions dans des baraques en bois, le long du charnier des Innocents.

Histoire

Des boutiques se construisent, puis des maisons, rendant la rue très étroite (à peine 4 mètres de large). C'est justement cette étroitesse et son encombrement qui permirent à François Ravaillac d'assassiner le roi Henri IV. En dépit de la mort du roi de France, les artisans de la rue poursuivent leur besogne. En 1642, la rue de la Ferronnerie compte sept fondeurs, trois marchands de fer, un plombier et dix quincailliers. En 1669, le roi Louis XIV ordonne l'élargissement de la rue à 11 mètres et son redressement. Les maisons adossées au cimetière des Innocents sont rasées, ainsi que les boutiques. Le chapitre de Saint-Germain l'Auxerrois s'adresse au maçon Frémin Quénehan et aux charpentiers Sinson et Poitevin pour la construction de 28 corps de logis (du n°2 au n°14).  Le bâtiment long de 125 m est construit entre 1669 et 1678. Au rez-de-chaussée sur rue, des boutiques s'échelonnent sous des arcades entresolées. Elles sont surmontées de quatre étages dont le dernier est sous les combles. La composition très stricte de la façade est régulièrement rythmée par le jeu habituel de bandeaux, des tablettes et des refends. La distribution des trois premiers étages présente quatre pièces ouvrant individuellement sur le palier et communiquant toutes entre elles. Cette disposition ingénieuse permet de modifier à loisir l'importance des sous-locations. Les locataires de cet ensemble furent recrutés parmi le monde commerçant des Halles : merciers, lingères, quincailliers, doreurs…

Pour information, Jeanne Bécu travailla dans cette rue comme trottin, chez le marchand d'articles de mode Claude Labille, avant de devenir la comtesse du Barry. Marie-Louise O'Murphy, travailla également dans cette rue comme trottin, chez un marchand concurrent, avant de devenir le modèle de François Boucher et la maîtresse de Louis XV.

Immobilier

N°29 : immeuble construit en 1742 et classé aux monuments historiques depuis le 09 juillet 1980.

N°31 : l'immeuble date du XVIIe siècle, mais il fut refaçadé au XIXe siècle. Il aurait conservé ses balcons en fer forgé. Au 1er étage, l'enseigne « A la Renommée » date du Premier Empire. Il s'agit d'une sculpture en bois représentant une renommée inscrite dans un cadre de cordes et de nœuds marins, symbolisant un marchand de cordage. L'immeuble est classé depuis le 23 mai 1984.

François Ravaillac

Le 14 mai 1610, vers 16 heures, le roi quitte le Louvre pour rejoindre l'Arsenal visiter Sully souffrant. Il est accompagné de quatre officiers, dont le duc d'Epernon et le duc de Montbazon. Voulant voir les préparatifs prévus pour l'entrée solennelle à Paris de Marie de Médicis, le roi fait lever les rideaux de cuir de sa voiture. Le cortège traverse aisément la rue Saint-Honoré et la rue de la Croix-du-Trahoir, mais parvenant à la rue de la Ferronnerie, il est bloqué par un chariot de vin et une charrette de foin, devant l'auberge *Au cœur couronné transpercé d'une flèche*. Les valets de pied descendent du marchepied afin de disperser la foule ayant reconnu le carrosse royal. L'escorte royale décide de couper par le cimetière des Innocents pour attendre le cortège dans la rue Saint-Denis. Profitant de ce relâchement, Ravaillac monte sur une borne, puis

sur une roue de carrosse et frappe Henri IV de trois coups de couteau de cuisine (couteau dérobé à *l'auberge des Trois-Pigeons*, en face de l'église Saint-Roch). Le premier touche le roi près de l'aisselle ; Henri IV hurle « Je suis blessé ». Le deuxième l'atteint au poumon droit, sectionnant veine cave et aorte ; le roi murmure « Ce n'est rien ». Le troisième déchire la manche du duc de Montbazon.

Le régicide ne cherche pas à s'enfuir. Il est conduit à l'hôtel de Retz afin d'empêcher la foule de la lyncher. Au bout de deux jours, Ravaillac est conduit à l'hôtel du duc d'Epernon avant d'être transféré vers la prison de la Conciergerie. L'homme est condamné à mort par le Parlement de Pris à l'issue d'un procès qui dura dix jours. L'acte est reconnu avoir été commis par un fanatique catholique. Durant son procès, Ravaillac présente son acte comme une mission divine et affirme avoir agi seul. Soumis à la question à quatre reprises, (à la torture), il répète toujours le même discours. Le régicide est conduit le 27 mai 1610, place de Grève (l'actuelle place de l'Hôtel de Ville dans le 4ᵉ arrondissement) où il est écartelé après avoir été longtemps supplicié. Ses membres sont brûlés, puis ses cendres jetées au vent.

Hélas l'histoire ne s'arrête pas là. Les biens de la famille Ravaillac sont saisis et leur maison d'Angoulême est rasée. Un arrêté interdit toute construction sur le terrain. Les frères et sœurs de Ravaillac sont contraints de changer de nom sous peine de mort. Le nom de Ravaillac est transformé en Ravaillard ou Ravoyard. Ses parents sont contraints

à l'exil. Ils vont s'établir dans la ville de Rosnay, en Franche-Comté actuelle. À cette époque, la Franche-Comté appartenait au Saint Empire Romain Germanique.

Sur le mur de la maison du n°8, une plaque en pierre, décorée du portrait du roi Henri IV, porte l'inscription suivante : « En ce lieu, le roi Henri IV fut assassiné par Ravaillac le 14 mai 1610 ». Au sol, une dalle marque l'emplacement de l'assassinat. Les emblèmes du roi de France (trois fleurs de lys) et ceux du roi de Navarre (chaînes d'or posées en orle, en croix et en sautoir) y sont gravées.

Rue Française

La rue commence rue de Turbigo et se termine rue Tiquetonne. Elle mesure 120 mètres de longueur et 10 mètres de largeur. Elle s'appuie sur le 1er (n°1-6) et le 2e (n°7 à fin) arrondissement.

Odonymie

À l'origine, la voie s'appelait « rue Saint-François » afin de rendre hommage au roi François 1er, sous le règne duquel elle fut ouverte. On la nomma ensuite « rue Françoise », le mot « françoise » devant être considéré ici comme un adjectif au féminin signifiant « de François », accordé avec le mot rue. Il faut néanmoins se souvenir qu'en ancien français, on écrivait *françois* pour dire *français*. De là une certaine confusion qui a conduit au nom actuel de la voie.

Histoire

La rue a été ouverte en 1543 lors du lotissement des terrains de l'hôtel de Bourgogne, sous le nom de « rue de Bourgogne ». Elle prit par la suite les noms de « rue Neuve-de-Bourgogne », « rue Neuve-Saint-François » et « rue Françoise » avant de prendre son nom actuel.

Rue de la Grande-Truanderie

La rue commence boulevard de Sébastopol et se termine rue Mondétour. Elle mesure 174 mètres de longueur et 4 mètres minimum de largeur.

Odonymie

Encore une fois, les historiens ne sont pas d'accord sur l'origine du nom de cette rue parisienne. Jean-Baptiste Michel Renu de Chauvigné, plus connu sous le nom de Jaillot, prétend que le nom « truanderie » vient du mot « truage » signifiant « impôt ». En effet, dans la rue, se trouvait autrefois un bureau où l'on percevait les droits d'entrée des marchandises allant aux halles. Henri Sauval et Robert Cenalis penchent pour une autre hypothèse. Le mot « truand » ne possédait pas au Moyen Âge le même sens que de nos jours. Il désignait en effet autrefois un vaurien, un vagabond qui mendie par fainéantise, qui « gueuse ». La truanderie était donc un lieu où l'on rencontrait mendiants, gueux, désœuvrés et, accessoirement, diseuses de bonne aventure, voleurs à la tire ou prostituées. On retrouve cette acception dans l'expression anglaise « to play truant » (faire l'école buissonnière).

Histoire

La rue de la Truanderie est une voie très ancienne. Son existence est attestée dès 1250. Elle appartenait au petit fief de Thérouanne, dont la moitié environ fut cédée, en 1181, à Philippe Auguste par Adam, archidiacre de Paris, puis évêque de Thérouanne. Le roi fonda sur sa parcelle les premières halles de Paris. Sur la parcelle de l'évêque, s'installèrent des marchands de toute sorte, qui rapidement firent aménager des voies de circulation. Dès le XVIe siècle, la rue apparaît dans des registres sous le nom de *Via Mendicatrix majo*r (principale rue mendiante). Au XIXe siècle, la rue mesurait 243 mètres de longueur ; elle commençait rue Saint-Denis et finissait rue Montorgueil. Des travaux, tels que le percement de la rue de Turbigo ou le prolongement de la rue de Mondétour, raccourcissent la rue de la Grande-Truanderie et vont même lui donner une spécificité. Entre la rue Saint-Denis et la rue Mondétour, la rue forme une place triangulaire. Le côté sud, soit les numéros impairs, est formé par la « rue de la Petite-Truanderie », tandis que les numéros pairs forment la « rue de la Grande-Truanderie ». Il s'agissait de deux rues indépendantes, séparées par des maisons abattues en 1919.

Immobilier

N°24 : en 1832, Pierre Heutte ouvre une auberge dans le quartier des Halles et y fait découvrir la gastronomie de sa région, la Normandie. En 1879, l'établissement est repris par son petit-fils, Alexandre Pharamond, dont les tripes à la mode de Caen deviennent la spécialité. En quelques années, il devient une des plus célèbres maisons des Halles, faisant ainsi concurrence à Jouanne, autre tripier du quartier. L'accès au restaurant se faisait de deux manières : l'entrée principale au n°24, ou pour les clients ayant réservé un des salons du deuxième étage, la porte discrète du n°22.
À l'occasion de l'Exposition universelle de 1900, le restaurant est entièrement redécoré par la maison Picard et Compagnie. La façade imite l'architecture rurale normande avec ses faux pans de bois, empreinte de la Renaissance régionaliste provoquée par Curnonsky, le prince des gastronomes. Les murs de la salle du rez-de-chaussée sont couverts de glaces aux angles concaves, bordées de fleurs peintes et de grands panneaux, représentant des pommiers peints en pâte de verre dans un pot de faïence bleue. Sur les corniches, court une frise de  légumes, agrémentée de tripes. Au fond de la salle, à l'entrée des cuisines, se trouve un grand miroir gravé au nom de Pharamond. Le 1er

étage forme une grande salle, tandis que le 2ᵉ étage se divise en quatre salons privés, tapissés de miroirs, décorés d'arabesques dorés et de petits panneaux en pâte de verre. Le plus petit des salons présente une particularité. Sur l'un de ses miroirs, est dessiné une marmite de tripes, cuisant dans un chaudron antique, avec en arrière-plan la façade du restaurant telle qu'elle était en 1900. Le décor intérieur du bâtiment est inscrit aux monuments historiques depuis le 4 juillet 1989.

François-Noël Babeuf

La maison située au n°21 de la rue de la Grande-Truanderie abrita un homme célèbre. À la fin du XVIIIᵉ siècle, elle servait de repaire au conspirateur François-Noël Babeuf, plus connu sous le nom de  Gracchus. Inspiré par la lecture des œuvres de Jean-Jacques Rousseau, Babeuf constate les conditions de vie très dures de la population. Il développe aussitôt des théories en faveur de l'égalité et de la collectivisation des terres. Au commencement de la Révolution, en 1789, Gracchus devient journaliste et s'installe à Paris. Il se bat contre les impôts indirects, organise des pétitions et des réunions. Le 19 mai 1790, il est arrêté pour incitation à la rébellion et emprisonné. Il est libéré en juillet grâce aux efforts de Marat. Dans le *Journal de la Confédération*, Gracchus écrit : « On assure que les ténébreux cachots, ces sépultures des vivants dont nous avons tiré nos frères d'armes par nos justes clameurs, se repeuplent journellement d'une foule considérable d'autres victimes toujours prévenues du fameux crime de lèse-nation. Les plus scrupuleuses précautions et les plus invincibles mystères sont employés pour éviter qu'aucun renseignement ne puisse transpirer sur le compte de ces derniers, et de là, il n'est plus difficile de consommer l'horreur, de les garder dans ces souterrains mortels ».

La même année, Gracchus s'insurge contre le suffrage censitaire mis en place pour les élections de 1791. Il milite pour la mise en place d'une république. En mai 1793, Babeuf entre à la Commission des subsistances de Paris et soutient les revendications des Sans-culottes, osant dénoncer un nouveau pacte de famine organisé par Pierre-Louis Manuel, procureur général de la Commune, s'attirant ainsi des haines violentes. Face à la répression politique du gouvernement, Gracchus forme la Conjuration des Egaux contre le Directoire en 1796, avec l'aide de ses amis Augustin Darthé, Philippe Buonarroti, Sylvain maréchal, Félix Lepeletier, Antoine Antonelle et Robert-François Debon. Leur but ? Poursuivre la Révolution, appliquer la Constitution de l'an 1 et aboutir à la collectivisation des terres et des moyens de production, pour obtenir « la parfaite égalité » et « le bonheur commun ». Dans des pamphlets, les Egaux annoncent l'abolition de la monnaie, le logement des pauvres chez les riches et la distribution gratuite de vivres.

Suite à une dénonciation, le 10 mai 1796, la police entre brusquement dans la chambre des Egaux, situé au 3e étage, et notifie l'ordre d'arrestation dont ils sont porteurs. Deux policiers surveillent les portes et les fenêtres afin d'empêcher une tentative d'évasion. Darthé garde le silence. Buonarroti dissimule un papier compromettant sous sa chemise. Babeuf se lève de la table sur laquelle il est en train d'écrire. Aucun de ces hommes ne songe à riposter ou à se servir de ses armes. En sortant de la chambre, Gracchus s'écrie : « C'est un fait, la tyrannie l'emporte ! ». Une tentative populaire de les libérer échoue le 29 juin. Afin d'éviter tout problème, les Egaux sont transférés à Vendôme, dans le Loir-et-Cher, où ils seront condamnés le 26 mai 1797. Ils sont guillotinés le lendemain. Les idées de Babeuf formèrent les prémices du « babouvisme », préfigurant le communisme.

Le puits d'amour

À la jonction des rues Pirouette, Mondétour, de la Petite-Truanderie et de la Grande-Truanderie, se trouvait le carrefour de la Tour, et au centre de ce dernier, un puits, le puits d'Amour. Selon une légende, une jeune fille nommée Agnès Hellebic se précipita de douleur dans ce puits et s'y noya. Trois cents ans plus tard, un jeune homme exaspéré par la froideur de sa maîtresse, s'y précipita, mais survécut. Touchée par ce témoignage d'amour, elle lui jeta une corde et promit d'être plus affectueuse. En reconnaissance de ce miracle, l'homme fit rebâtir le puits et graver : « L'amour m'a refait en 1525, tout à fait ». Les amoureux s'y donnaient rendez-vous. Tous les soirs, on y chantait, jurant de s'aimer pour l'éternité. Les prédicateurs virent cette habitude d'un mauvais œil et firent combler le puits en 1650. Plusieurs chansons furent écrites sur ce lieu dont *Le Puits* : « dans quel puits es-tu retirée, vérité, sœur de la vertu ? Inconnue dans chaque contrée, serait-il le puits perdu ? Que d'autres le cherchent encore, dans l'espoir de le rendre au jour, moi, fidèle au Dieu que j'adore, je vais chanter le Puits d'Amour ! ».
Le 27 juillet 1830, les Parisiens descendent dans les rues, envahissent les maisons des nobles et pillèrent les palais, ainsi que l'archevêché. Le contenu des armoires, des bureaux et d'autres meubles est déversé par les fenêtres. Des milliers de feuillets s'envolent jusqu'à la Seine, disparaissant pour la postérité. Quelques-uns échouent sur les berges et sont recueillis, telles les archives secrètes des exorcismes du diocèse. Parmi ces documents, trois pages isolées racontent une étrange histoire. Agnès Hellebic était la fille d'un personnage important de la cour de Philippe Auguste. Ces beaux atouts attiraient les prétendants, toutefois la jeune fille était capricieuse et exigeante. Jamais elle ne trouvait satisfaction. Pourtant, un jour, elle rencontra un jeune homme au carrefour de la Tour. Une charrette lourdement chargée de corps obstruait le passage. Le cavalier descendit de son cheval et se rafraîchit

au puits en attendant de pouvoir poursuivre son chemin. Agnès l'observait dissimulée derrière les rideaux de sa litière, il était si beau. La charrette finit par être dégagée et le jeune homme remonta sur son cheval, disparaissant dans la ville. De frustration, Agnès refusa de s'alimenter, de sortir, de parler, voire de dormir. Elle passait ses journées à rêvasser. Inquiet, le père interrogea son enfant sur ses humeurs et elle lui raconta sa rencontre avec le cavalier. La belle ordonna à son père de le retrouver. La tâche fut aisée grâce à la description des armoiries portées par le jeune inconnu. Ce dernier se nommait Romuald et appartenait à une grande famille, hélas il était également la coqueluche des dames de la Cour. Agnès supplia son père de lui arranger une rencontre, en dépit de la réputation frivole du favori. Ce dernier refusa en raison des mœurs légères du candidat, mais le mariage avec un bon parti ne se refuse pas éternellement.

Une opportunité se présenta au père inquiet. Le roi organisait un bal masqué. Romuald remarqua enfin la jeune fille et l'invita à danser. Il la courtisa durant toute la soirée et lui promit au petit matin de venir la voir chez elle. Promesse qu'il oublia dès qu'il eut quitté la jeune danseuse.  Quelques jours plus tard, Agnès, apprit les fiançailles de son « bien-aimé » avec une jeune fille de la Cour. Offensée, elle courut sur le lieu de leur rencontre et se jeta dans le puits de la Tour. Dévoré par les regrets, Romuald se précipita sur place. Les gens du voisinage, émus par son chagrin, l'informèrent que les archers avaient conduits sa bien-aimée au charnier des Innocents, sans recevoir la moindre cérémonie funèbre. Les suicidés n'ayant pas le droit d'être enterrés en terre consacrée. Le jeune homme partit en quête d'un prêtre afin de réparer cette « injustice ». Dès le lendemain de la messe, Agnès réapparut, près du puits, émergeant d'une sorte de brume, sous une apparence éthérée. Ses pieds effleuraient à peine le sol et son visage affichait un sourire mélancolique. Soulagé, Romuald se jeta dans ses bras et leur étreinte se prolongea au-delà de celle que sont censés se donner de chastes amants. Au lever du jour, le jeune homme se réveilla sur la margelle du puits, débrayé et seul. Dès cet instant, commença un curieux, voire malsain, rituel. Agnès obsédait les pensées de Romuald qui chaque nuit se devait de la rejoindre près du puits afin de lui appartenir. Chaque matin, il se réveillait seul et heureux. Une nuit, le fantôme ne vint pas, pas plus les nuits suivantes. Romuald finit par se faire une raison et retourna à ses occupations.

Un soir d'orage, une voix le réveilla et lui ordonna de courir au puits de la Tour sans tarder. À demi vêtu, le jeune homme obéit et y trouva une corbeille en osier. À l'intérieur, enveloppés dans des draps finement brodés, deux nourrissons, un garçon et une fille. Étaient-ils nés de ses unions charnelles avec Agnès ? Impossible ! Romuald observa les lettres brodées, mais refusa d'y croire. Embarrassé, il confia les petits à un couple d'amis qui les élevèrent comme leurs propres enfants.

Rue des Halles

La rue commence rue de Rivoli et rue Saint-Denis, et se termine rue des Bourdonnais et rue Saint-Honoré. Elle mesure 235 mètres de longueur et 20 mètres de largeur.

Odonymie

La rue porte ce nom car, initialement, elle aboutissait aux Halles centrales de Paris. À l'origine, le terme « halle » désignait la place publique d'un village où était organisé le marché local. Celle-ci était généralement couverte, pour pouvoir accueillir acheteurs et vendeurs en cas d'intempéries.

Histoire

La rue est créée sous le Second Empire afin de réaliser un axe entre la place du Châtelet et les Halles de Paris. La construction de la rue est votée le 21 juin 1854 et sa construction est achevée en 1870, vingt-deux ans après l'ouverture de la rue de Rivoli et douze ans après l'inauguration du boulevard de Sébastopol. La nouvelle voie absorbe tout ou partie des rues suivantes : de la Tonnellerie, de la Poterie, rue des Bourdonnais, Saint-Honoré (n°1-31 et 2-32), rue au Lard, rue de la Lingerie, de la Limace, des Déchargeurs, des Fourreurs, de la Vieille-Harangerie, Lenoir-Saint-Honoré, des Lavandières-Sainte-Opportune, de la Tabletterie, et l'impasse Rollin-Prend-Gage. La rue des Fourreurs a été supprimée, mais quatre maisons de cette rue existent encore (les actuels n°12, 14, 16 et 18). La rue des Halles se transforme brutalement à la fin des années 1960 avec la création du marché international de Rungis, le transfert de l'activité des Halles en ce lieu, et le déménagement des pavillons Baltard en août 1971. Le Forum des Halles commence à être édifié, de nouvelles boutiques apparaissent dans la rue, de mode essentiellement.

Publicité

En juin 2014, la franchise japonaise Pokémon y organise une exposition « Pokémon Center Europe ». La file d'attente traverse la rue des Déchargeurs et se prolonge le long de la rue de Rivoli.

En février-mars 2015, la marque française Renault présente la nouvelle voiture Twingo (3e génération) dans cette rue.

Le 1ᵉʳ septembre 2015, la marque japonaise Konami y organise le lancement du jeu vidéo *Metal Gear V*.

Immobilier

N°8-10 : entrée de la station de métro Châtelet. Elle fut restaurée en 2000.

N°9 : immeuble haussmannien datant de 1867. Il se dresse à l'angle de la place Sainte-Opportune. Une statue récente de sainte Opportune de Montreuil, placée dans une niche, fait face à l'emplacement de l'ancien cloître de l'église paroissiale Sainte-Opportune.

N°15 : emplacement de l'ancien pavillon des Drapiers (voir la rue des Déchargeurs).

N°19 : bâtiment construit en 1870 et décoré de cariatides réalisées par le sculpteur Charles Gauthier. Ce bâtiment était occupé par le restaurant Les Bouchons, fermé en 1990.

N°23 et 32 : bâtiments détruits en 1970 pour céder la place à un immeuble de logements dans le style des années 1970, avec des façades en verre. Le n°23 occupe également une partie du sol de la dernière partie de la rue des Halles et il coupe la vue de la rue vers le jardin qui occupe l'emplacement des pavillons construits par Victor Baltard. Le n°32 abritait le siège de la banque franco-argentine.

Les Halles de Paris

Les Halles de Paris étaient le nom donné aux halles centrales, marché de vente en gros de produits alimentaires frais. Si ce dernier a disparu, le quartier conserve son souvenir à travers son nom. Son activité était tellement intense que certains commerçants étaient contraints de s'installer dans les rues environnantes.

Les origines

Le marché principal de Paris déménage plusieurs fois, suivant l'évolution démographique et la croissance rapide de la ville. Le premier marché animait le cœur de l'île de la Cité, avant de s'implanter de l'autre côté de la Seine, en plein air, place de Grève (actuelle place de l'Hôtel de Ville, dans le 4e arrt).
Vers 1110, Louis VI le Gros ordonne le regroupement des deux marchés parisiens : le marché Palu sur l'île de la Cité et le marché central de la place de Grève. En 1137, le roi jette son dévolu sur d'anciens marécages asséchés et transformés en champs : les Champeaux. Il y fait construire une grande halle au croisement stratégique de trois voies importantes : la rue Saint-Denis, la rue Montmartre et la rue Saint-Honoré. Le marché se compose d'étals en plein air.
En 1181 ou 1183, Philippe Auguste achète la foire Saint-Ladre, située dans les faubourgs du nord de la ville, dépendante de la léproserie de l'enclos Saint-Lazare. Il la transfère près du marché central. Cet achat lui permet surtout de prolonger l'aqueduc conduisant l'eau des sources du pré Saint-Gervais au prieuré Saint-Lazare et aux Halles. À cette occasion, la première fontaine publique de Paris est élevée. Deux bâtiments couverts sont édifiés afin d'assainir le marché en 1183. Le roi les finance en revendant les biens confisqués aux Juifs expulsés du quartier. Très intéressé par le développement de ce marché, Philippe Auguste réglemente lui-même la vente des denrées majeures : viande,

pain et vin. Quelques années plus tard, le roi achète à Adam, archidiacre de Paris et évêque de Thérouanne, toutes les propriétés du fief de Thérouanne en versant une redevance à l'évêché de Paris. Le quartier devient le centre de transaction de marchandises diverses. D'ailleurs, les noms de certaines rues évoquent leurs activités passées : de la Poterie, de la Ferronnerie, de la Lingerie, de la Cossonnerie, de la Grande Friperie… En-dehors de la viande, des légumes et des produits d'alimentation courante, la friperie et la halle aux draps tiennent la plus large place. Rapidement, une hiérarchie s'établit entre commerçants. Ainsi, les marchandes de poisson, les poissardes, jouissent de privilèges spéciaux, dont celui d'aller en délégation haranguer le roi ou la reine une fois par an. Les commerçants s'établissent sous des abris, proches des maisons où se trouvent les commerces fixes des artisans, en fonction de leur métier. De nombreux négociants et artisans viennent s'y établir.

Le vigoureux langage des dames de la Halle est inimitable. L'origine de la corporation est antérieure à la construction des pavillons Baltard. Les harengères, les poissardes et les marchandes de verdure ont toujours eu la langue bien pendue et un vocabulaire bien à elles. Ces dames disposaient de privilèges corporatifs que fit disparaître la Révolution de 1789, oubliant qu'elles furent du voyage à Versailles, les 5 et 6 octobre, quand les femmes de Paris s'en allèrent quérir, en leur palais, le boulanger, la boulangère et le petit mitron, soit le roi Louis XVI, la reine Marie-Antoinette et le Dauphin. Jusqu'à cette date, les dames offraient des bouquets de fleurs et transmettaient des compliments aux souverains lors d'événements importants : jour de l'An, victoires militaires, mariages, naissance princière… Ces dames étaient ensuite conviées à dîner, à Versailles, en compagnie d'un des officiers de la maison du Roi. Honneur dont elles pouvaient se vanter auprès des autres commerçants et de leurs clients. En 1608, lors d'une de ces manifestations, une poissarde, nommée Mère Ladoucette, en profita pour plaider sa cause. Elle avait été condamnée à une amende, assortie d'une mise à pied, pour s'être publiquement moqué des infidélités du roi Henri

11. Au moment d'offrir le bouquet de fleurs à la reine, la commerçante en profita pour lui glisser un message : « A sa majesté Marie de Médicis, 30 août 1608, la présente, madame la Reyne, est pour vous exposer que je suis dame de la halle, et, depuis le roi Saint Louis de mère en fille. Que présentement j'ai quatre enfants que je dois à mon mari. Ma langue a été trop brusquette mais point menteuse. J'ai dit que Monseigneur le roi, qui au fond est un brave homme, frétillait par trop à la vue des cottes qui ne sont point les vôtres. Que c'était mal à lui, ayant femme si appétissante, une reine si bien conditionnée pour avoir des petits princes, de le voir tourner autour des coquettes, et faire des bâtards de compte à demi avec un quelconque grand ou petit seigneur. Je ne suis pas méchante, madame la reine, mais si la Beaufort venait à s'égarer dans la halle, je lui baillerais une volée pour l'amour de vous. Nous sommes d'un sexe sacrifié aux hommes toujours volages comme papillons. On m'a mise à pied pour un mois ; vous êtes reine et vous pouvez faire enlever ma punition. Rendez-moi ce petit service, vous n'aurez pas affaire à une ingrate. Votre fidèle, dévouée sujette et servante, femme Ladoucette. ». La reine fut tellement amusée par la missive qu'elle rendit son éventaire à la commerçante. Soucieux de s'attacher ces femmes hardies, Napoléon 1er leur rendit certaines de leurs prérogatives. Il leur accorda le droit d'occuper la loge impériale dans les théâtres lors des représentations gratuites. Très choyées sous Louis-Philippe, attentif à soigner son image de roi de tous les Français, les dames de la halle se virent également courtisées par Napoléon III. Suite au coup d'Etat du 2 décembre 1851, un grand bal fut donné en leur faveur, aux frais de l'empereur, sur la place des Innocents. Au début du XXe siècle, ces dames continuent d'occuper une place de choix dans le folklore parisien. La visite des Halles figure parfois au programme des voyages officiels. La présidente ou la reine des halles se doit d'accueillir l'auguste visiteur. Par exemple, le roi d'Italie sera reçu par Mme Rodière, marchande de choux-fleurs et légumes verts, en 1900. Le président de la République Émile Loubet sera reçu par Mme Mézières, vendeuse de poissons. Le jeune roi d'Espagne Alphonse XIII rencontrera Mme Bouché, vendeuse de fruits et légumes. Récit : « Le roi m'a d'abord saluée, puis il m'a demandé en très bon français, mais avec un gentil petit accent espagnol, si je voulais lui permettre de m'embrasser. Vous

> pensez bien qu'il n'a même pas attendu ! J'ai été très flattée, très contente, mais je n'ai pas eu peur ! »

En raison de l'accroissement toujours constant du nombre de commerçants, en 1269, Saint Louis fait construire trois nouvelles halles : deux affectées aux drapiers et une pour les merciers et les corroyeurs. Le quartier se développe et de belles demeures voient le jour. À cet emplacement, se trouve également un pilori. Réservé à la justice royale, il est le seul de la capitale. Les seigneurs haut-justiciers doivent se contenter d'une échelle de justice. Ce pilori provient de la place de Grève et est déplacé aux Halles sur ordre de Saint Louis. Il se situe à l'angle nord-est du marché aux poissons, près d'une fontaine et d'une croix. Tombant en ruine, il est reconstruit en 1502, brûlé par les Parisiens en 1516, et reconstruit en 1542. Le pilori des Halles se compose

d'une tour carrée au rez-de-chaussée, surmontée d'un étage hexagonal. Au centre de celui-ci, se trouve une roue mobile en fer, pouvant accueillir six condamnés. Les parois sont percées de trous dans lesquels le condamné passe sa tête et ses mains. Cette peine d'exposition publique est infligée aux commerçants ayant fait usage de faux-poids, aux banqueroutiers, aux faux témoins, aux proxénètes et aux blasphémateurs. Ces derniers se voient ôtés de leur langue à la cinquième récidive. Le pilori est supprimé en 1789.

Au XIVe siècle, les commerçants ouvrent leurs boutiques trois fois par semaine. L'édit de Réformation de François 1er, daté du 20 septembre 1543, ordonne la reconstruction des vieilles halles pour une durée de 29 ans. Les places disponibles sont vendues aux enchères, exigeant des acquéreurs la démolition des bâtiments existants et la reconstruction de halles « modernes ». Celles-ci s'entourent d'une galerie couverte, nommée les Piliers des Halles, sous lesquels sont bâties des échoppes, entre 1553 et 1572. Au centre de ces galeries, s'établit le Carreau, soit le marché du pain, du beurre, du  fromage et des œufs. À la même époque, les Halles sont réorganisées et les voies sont élargies. La vente en gros des poissons ne se fait plus de gré à gré entre vendeurs et acheteurs, mais aux enchères par l'intermédiaire d'officiers publics.

La révolution Baltard

Les halles restent qu'à la seconde moitié du XVIIIe siècle à leur emplacement médiéval, sur une surface restreinte. De plus, la majorité des marchandises sont exposées à l'air libre dans des espaces où s'accumulent les immondices, à l'exception des secteurs abrités par des halles. Le gouvernement décide de prendre des mesures d'hygiène et de sécurité. Primo, il fait transférer les cimetières urbains à la périphérie de la ville. Deuzio, il améliore les conditions d'approvisionnement du marché. En 1763, le quartier se dote d'une halle aux blés (l'ancienne Bourse de Commerce). Entre 1780 et 1789, le cimetière des Innocents est transformé en marché aux 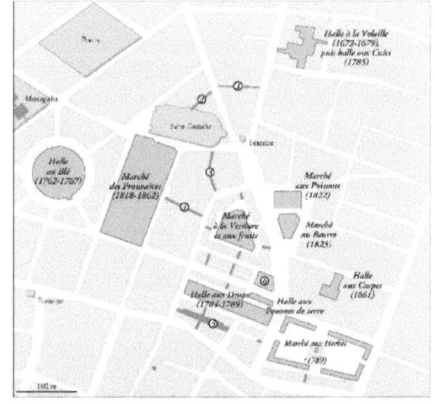 fleurs, fruits et légumes, doublant ainsi la surface des halles. Lors du percement du boulevard de Sébastopol, en 1808, Napoléon 1er décide de réorganiser de manière cohérente les marchés couverts et élabore une réglementation sur l'abattage des animaux en faisant édifier cinq abattoirs à la périphérie de la ville. En 1811, il projette de faire construire une halle centrale entre le marché des Innocents et la Halle aux blés. La chute de l'Empire, en 1815, retarde la poursuite de ce projet qui connaît cependant un début d'exécution avec la création du marché des Prouvaires. Ce marché ouvre en 1818 et forme un rectangle à l'est de la halle aux blés. Le marché de la viande y est transféré. Un marché aux herbes ou verdure s'installe à la place de l'ancienne halle à la viande. À la droite de celle-ci, sont érigées une halle aux poissons, en 1822, et une halle au beurre, œufs et fromages, en 1823. Jusqu'en 1840, l'approvisionnement est assuré par voie fluviale (Seine, Marne, Oise) et par route. Les charrettes des producteurs de légumes et de beurre parcourent alors jusqu'à 100 km, voire 120 km. Sauf le poisson qui est transporté par des convois express à partir des ports de la Manche. Les marchandises arrivent aux halles via des voies étroites.

En 1842, les problèmes de circulation et d'hygiène persistant, le préfet Rambuteau crée la Commission des Halles, qui a pour mission d'étudier l'intérêt de garder les Halles à leur emplacement ou bien de les déplacer. Entre 1841 et 1851, plusieurs projets sont proposés et évincés. Le projet d'Hector Horeau (1845) prévoit de grands pavillons métalliques, des voies et des garages souterrains. Le projet de Thorel est plus alternatif. Il propose huit grands bâtiments entourant une vaste place rectangulaire et le déplacement de la fontaine des Innocents. En 1848, un concours d'architecture est lancé. Félix Pigeory déplace le marché vers

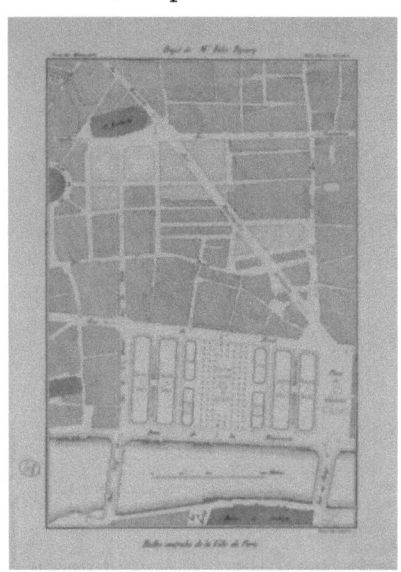

la Seine, près de la place du Châtelet. Les nouvelles halles (quatre grandes et quatre petites) s'articulent autour d'un pavillon couvert et d'une placette. Le concours est remporté par Victor Baltard, assisté par Félix-Emmanuel Callet. Architecte de la ville de Paris, Baltard s'est surtout livré jusqu'alors à des restaurations et transformations d'églises gothiques. Dans un premier temps, le projet prévoit une construction en pierre avec des locaux presque clos. Le premier pavillon est construit en septembre 1851, à proximité de l'église Saint-Eustache. Il est surnommé le « fort de la Halle » en raison de son apparence massive. À la suite d'une visite, le 12 juin 1853, Napoléon III demande l'arrêt des travaux et  l'adoption de charpentes métalliques, inspirées des nouvelles gares : « Ce sont de vastes parapluies qu'il me faut. Rien de plus. ». Il esquisse au crayon ce qu'il désire. La construction métallique est alors en plein essor. Elle a vu le jour dans l'atelier d'un serrurier, Pierre Joly, en 1846. Hélas, Baltard, Grand Prix de Rome, se sent humilié et se révolte contre les exigences impériales. Le baron Haussmann finit par lui interdire l'emploi de la pierre au profit du métal. En 1854, après bien des tâtonnements et des hésitations, Victor Baltard présente son projet définitif. Il suggère la construction de douze pavillons couverts de vitrage avec des parois en  verre et des colonnettes en fonte. Ces pavillons sont regroupés en deux groupes séparés par une rue centrale à ciel ouvert, située au niveau du chevet de l'église Saint-Eustache (suivant le tracé de l'actuelle allée André-Breton). Les bâtiments sont réunis entre eux par des rues couvertes. Les premiers pavillons sont ouverts en 1857, les autres en

1858, en 1860 et en 1874. Le premier pavillon en pierre est démoli en 1866 et reconstruit en 1869 sur le modèle des autres. L'ensemble des dix pavillons couvre une surface de 34 817 m², remplaçant celle de 8 860 m² des marchés d'approvisionnement antérieurs). Chaque pavillon a sa spécialité : le n°3 se concentre sur la viande ; le n°4 pour la volaille ; n°5 pour la charcuterie et la triperie ; n°6 pour les légumes et les fruits ; n°9 pour le poisson et n°10 pour le beurre et les œufs. Les fruits et légumes sont vendus sur le Carreau, dans les allées couvertes et sur les rues alentour. Dans les caves, des spécialistes aux métiers curieux sont installés. Le découpeur, chargé du dépeçage et de la découpe des viandes, est un agent assermenté, nommé par le préfet de police. Le cabocheur brise les têtes des moutons à l'aide d'un couperet pour en extraire la langue et la cervelle. Le compteur-mireur vérifie la qualité des œufs en les faisant mirer devant une source de lumière. Le bombeur aplatit le bréchet des canards à coups de bâtons pour les rendre plus dodus. Le verseur déballe les colis de poissons apportés par les Forts dans le pavillon. Le lotisseur-gaveur introduit dans le bec des

volailles, en soufflant, un mélange d'eau tiède et de grains, afin de les remplumer. Le tasseur dresse les légumes en pyramide sur les bancs et les trottoirs. Les bâtiments situés sur le territoire des pavillons et aux alentours sont expropriés et plusieurs voies sont ouvertes aux environs à la place des bâtiments démolis : rue du Louvre, rue de Turbigo, rue des Halles, rue du Pont-Neuf, rue Berger. La rue Pierre-Lescot est prolongée jusqu'au square des Innocents, square remplaçant le marché des Innocents. Le marché des Innocents à proximité est également supprimé et remplacé en 1860 par les pavillons aux fruits et aux légumes. À partir des années 1850, le transport ferroviaire accroît le rayon d'approvisionnement à plusieurs centaines de kilomètres. Les conditions d'accès sont améliorées par la percée des nouvelles voies. Hélas, le marché reste à l'écart des axes majeurs comme la rue de Rivoli ou le boulevard de Sébastopol. Autre problème : les Halles ne sont pas reliées par voie ferrée, contrairement aux abattoirs de La Villette dans le 19e arrondissement. Un projet de desserte avait bien été envisagé en 1854, mais il est resté sans suite. Entre 1894 et 1936, une liaison nommée l'Arpajonnais est créée, mélangeant chemin de fer et tramway. Elle achemine de nuit, entre 1 h 00 et 4 h 00 du matin, les produits maraîchers de la périphérie d'Arpajon et évacue en retour des gadoues servant d'engrais. Le volume transporté par cette ligne secondaire atteint au maximum 24 440 tonnes en

1927, ce qui ne représente qu'une faible part de l'approvisionnement des Halles. La circulation des camions amène la suppression de l'Arpajonnais en 1936 ; le quartier est de plus en plus encombré. À la même époque, deux nouveaux bâtiments sont construits. Ainsi, les Halles couvrent une superficie de près de quatre hectares. Les ventes s'étendent au-delà des pavillons dans les rues avoisinantes sur des espaces affectés. La croissance du volume des transactions de marchandises amène à supprimer autour de 1900 les marchés au détail encore existants et à réserver les halles centrales exclusivement à la vente en gros.

Le Forum des Halles

Rançon de sa notoriété, la multiplication des commerces provoque d'énormes problèmes d'hygiène et de circulation. Dès le matin, le centre de la ville se trouvait embouteillé par la cohue des transporteurs de denrées périssables. Depuis 1925, le Conseil municipal rejette les projets qui proposent l'éclatement des Halles en dispersant de grands marchés près des portes de la capitale. Vers 1950, les Halles semblent condamnées à une mort par asphyxie, à plus ou moins brève échéance. Les trafics sont en régression dans certains secteurs, des circuits parallèles se créent à proximité des gares ou à la périphérie de l'agglomération parisienne, voire directement à partir des lieux de production. Quand en 1953, le gouvernement décide de créer une chaîne de marchés d'intérêt national, le problème des Halles de Paris revient à l'ordre du jour. Le 14 mars 1960, la ville de Paris décide de transférer les Halles à Rungis et à la Villette. Trois ans plus tard, le préfet de Paris envisage la rénovation de la rive droite, dans le secteur de la gare de l'Est, soit près de 670 hectares. 150 000 habitants doivent être expulsés ; le projet est donc repoussé. Toutefois, le Conseil de Paris crée une société d'études d'aménagement des Halles et des secteurs limitrophes. En 1968, les premiers projets d'aménagement sont repoussés par le Conseil de Paris. La surface de rénovation est réduite de 32 à 15 hectares ; le reste du quartier faisant l'objet d'une réhabilitation.

Les transferts des Halles vers Rungis et la Villette sont effectués entre le 27 février et le 1er mars 1969. L'opération, considérée à l'époque comme étant le « déménagement du siècle », mobilisera 20 000 personnes, 1 000 entreprises de gros, 10 000 m^3 de matériel, 5 000 tonnes de marchandises et 1 500 camions. Le marché de Rungis est inauguré les 3 et 4 mars. En attendant le début des travaux de démolition, le préfet de Paris, Marcel Diebolt, autorise l'organisation de manifestations culturelles dans les pavillons. La plus célèbre fut celle de la troupe du Théâtre Libre de Rome qui y joua *Orlando Furioso*. Redoutant une invasion de rats à la recherche de nourriture, maintenant que le marché est déserté, 150 techniciens déversent 10 tonnes d'aliments empoisonnés dans les locaux abandonnés. Résultat : extermination de près de 20 000 rats. En 1970, une zone d'aménagement concerté est créée. Elle s'étend sur le secteur des halles et sur le plateau Beaubourg. Naissance du quartier de l'Horloge. En

1971, les six premiers pavillons situés à l'est de la rue Baltard sont démolis afin de permettre la construction de la gare de RER et du Forum. Deux ans plus tard, les pavillons de la viande, ainsi que les îlots sud des Halles et les îlots Beaubourg sont démolis. Deux pavillons sont préservés. Le bâtiment 8 qui abritait le marché aux œufs et à la volaille est reconstruit à Nogent-  sur-Marne pour abriter une salle de spectacle, baptisée le « pavillon Baltard ». Le deuxième est acheté par la ville japonaise de Yokohama et orne le Harbor View Park. Les Japonais n'ont conservé que la partie haute de la structure originale en fonte. Les matériaux sont vendus au prix de la ferraille, soit 250 000 tonnes de fer au prix de 395 000 francs. À partir de 1973, le quartier ne forme plus qu'un immense trou, servant de décor au western de Marco Ferreri, *Touche pas à la femme blanche* ! Trou également visible dans le film de Roman Polanski, *Le Locataire*. Dès 1974, le nouveau président de la République, Valéry Giscard d'Estaing, se penche sur le problème. Que faire de ce trou ? Des projets affluent, étendant buildings et autoroutes jusqu'à la gare de l'Est. Paris est asphyxié par la pollution, il faut privilégier les transports en commun : métro, bus. Le président veut assainir le quartier. Études statistiques et maquettes s'accumulent. Ils sont tous écartés. En 1975, un concours architectural est lancé pour la construction d'un vaste centre commercial, culturel et de loisirs. Parmi les projets non retenus : celui d'Albert Laprade se composait de deux hautes tours, de commerces, de jardins, de logements et d'un parking 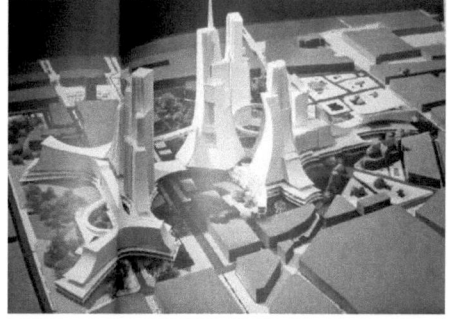 souterrain de 20 000 places. L'architecte Jean Faugeron propose une série de bâtiments commerciaux, aux faux airs de tour Eiffel, culminant à 200 mètres de hauteur. L'équipe composée des architectes Georges Penchreac'h et Claude Vasconi l'emporte avec le projet « le Forum ». Il s'agit d'un large quadrilatère de quatre niveaux souterrains, composés de verrières entourant une place découverte. 190 enseignes commerciales doivent s'étaler sur 43 000 m². Le niveau -4, situé à 17,20 mètres au-dessous du sol, au niveau de la gare souterraine, comprend les différents accès au Forum et quelques commerces. Au niveau -3 (-13,60 m) se situe des salles de spectacles et de cinéma, ainsi qu'une longue galerie, entièrement pavée de marbre blanc où se dresse une sculpture de Julio Silva, *Pygmalion*, menant aux places Carrée et Basse. Le niveau -2 (- 8.10 m) comprend des commerces. Le niveau -1 (- 4 m)

abrite aussi des commerces, mais également le musée de l'Holographie et une annexe du musée Grévin. En 1977, la station de RER est inaugurée, et la station de métro *Les Halles* de la ligne 4 est déplacée pour une meilleure correspondance. Le Forum est, quant à lui, inauguré le 4 septembre 1979.

Une deuxième consultation est organisée pour la partie aérienne. Le projet retenu par les Parisiens est rejeté au profit, dans un premier temps, de celui de l'architecte espagnol Ricardo Bofill. Celui est mené

à bien jusqu'au 2ᵉ niveau du gros-œuvre. À ce moment, le maire de Paris, Jacques Chirac, stoppe les travaux et fait tout raser. Il impose le projet de l'architecte Jean Willerval et ses parapluies. L'ensemble est inauguré en 1983. La conception du Forum n'était guère du goût des Parisiens. L'espace Pierre-Lescot forme un bâtiment en équerre, ressemblant à des girolles accolées, employant le verre réfléchissant. La Maison de l'information culturelle, le Conservatoire de musique et d'art dramatique des quatre premiers arrondissements de Paris, la bibliothèque La Fontaine destinée à la jeunesse, la Maison de la Poésie, le Pavillon des Arts, la salle d'exposition moderne et contemporaine de la ville de Paris et la Maison du geste et de l'image s'y installent. La promenade aménagée sur le toit du bâtiment offre un appréciable panorama sur l'église Saint-Eustache, la Bourse de Commerce, la colonne astrologique de Catherine de Médicis et le jardin conçu par Louis Arretche en 1986. Au sud, une succession d'arcades et de portiques forment un treillage sur lequel la végétation refuse d'adhérer. Au nord, une vaste place circulaire et concave, ornée d'une sculpture en grès d'Henri de Miller, *Ecoute*. En 1985, l'architecte Jean Chemetov conçoit une promenade souterraine au moyen de piliers en béton, sous le jardin de la place Carrée, permettant d'accéder aux équipements de loisirs (piscine, gymnase et salle de billard). Deux ans plus tard, à l'est du Forum, se dresse le jardin des Halles, œuvre  des architectes Claude et François-Xavier Lalanne, réservé aux enfants de moins de 12 ans. En juillet 1989, est inauguré le parc océanique Cousteau. Aux Halles, le visiteur pouvait trouver une serre tropicale, une salle de spectacle de 650 places, une discothèque de prêt, une maison des associations et une vidéothèque. Bien que l'endroit attire de nombreux visiteurs, il est jugé froid et peu accueillant, voire mal fréquenté.

Le nouveau forum Westfield

Trente ans après son inauguration, l'image du Forum des Halles est loin d'être positive : trafics de drogue, insécurité, vices de construction…

En février 2003, le maire de Paris, Bertrand Delanoë, décide d'entreprendre la rénovation du quartier et engage des démarches de concertation publique. L'accent est mis sur la lumière, la sécurité et le confort des visiteurs. Le projet du nouveau Forum des Halles souhaite changer l'image que les gens ont du centre. Tout d'abord, il faut améliorer l'accès à cette ville souterraine. Une nouvelle porte, la porte Marguerite de Navarre, depuis la rue de Rivoli, est créée.

En 2004, un nouveau concours d'architecture est lancé. Quatre équipes  sont retenues : Jean Nouvel, MVRDV & Winy Maas, OMA & Rem Koolhaas, et David Mangin. Le projet de Rem Koolhaas visait à faire des Halles « *un lieu spectaculaire, un champ de grands derricks, en verre coloré, comme des bouteilles de parfum, qui pourraient rappeler les anciennes halles alimentaires* ». Certains de ces derricks devaient abriter des bureaux ou des institutions. Le projet de Winy Maas avait pour objectif de faire « *entrer la lumière dans les espaces souterrains*  *rénovés grâce à un projet de vitrail. Les espaces seront ouverts au maximum en remplaçant le sol par des plaques transparentes ou translucides d'où on pourra regarder le monde en bas* ». Les dalles qui devaient occuper 40 % de la surface, auraient alterné avec des jardins. Il s'agissait de créer un large vitrail sur la surface du Forum. Avec ce plancher translucide, l'architecte souhaitait faire entrer la lumière au sein du sous-sol, espace dédié aux commerces et aux transports. La nuit, l'effet devait s'inverser. Des faisceaux de lumière colorés devaient jaillir du sol pour que le cœur de Paris soit mis en valeur et vu de loin. Le gigantesque vitrail devait être parsemé de passerelles, arbres, jardins et pelouses. Le projet de Jean Nouvel prévoyait des jardins à tous les niveaux, soit 7 hectares au total, notamment sur le toit d'une halle principale construite à la place des structures en parapluie. Le projet de David Mangin prévoyait la construction d'un carré de neuf mètres de haut et 145 mètres de côtés, coiffé d'un toit en caissons couverts de cuivre patiné, vitrés ou ajourés. Le 15 décembre, le maire Bertrand Delanoë choisit le projet de l'architecte et urbaniste français David Mangin, plus pour son parti-pris que pour le projet en lui-même qui ne sera pas concrétisé tel quel. Les travaux devaient durer six ans pour un coût de 200 millions d'euros. Ce choix déclenche une vive polémique chez les acteurs de l'urbanisme parisien. Un concours international est organisé pour déterminer le projet définitif. Dans le projet de 2004, il était prévu de rendre visibles les rails en dessous de la salle d'échanges. Mangin proposait un grand puits de lumière creusé depuis la surface, desservi par des escaliers et se terminant au niveau -3, au-dessus de la salle des échanges RER, et qui devait être éclairée par un carré vitré. Le plancher de la salle elle-même devait être percé en son milieu, les quais étant vus depuis un balcon et une passerelle centrale qui les surplombaient. Ce puits de lumière est abandonné, provoquant l'insatisfaction de représentants d'associations de riverains. Finalement, les nouveaux escalators, en verre, forment des puits de lumière naturelle afin d'égayer les rues intérieures. Les plafonds et les sols se déclinent dans des nuances de blanc. Les anciennes colonnes en béton sont recouvertes de bandeaux en LED diffusant des vidéos thématiques en fonction des zones du Forum. En juillet 2007, les architectes français Patrick Berger et Jacques Anziutti gagnent le projet du futur carreau des Halles, avec *La Canopée*, surhaussement de l'actuel Forum (projet faisant une large place à la verdure).  La partie émergée des Halles, conçue par Willerval, est remplacée par un édifice de verre et d'acier aux courbes végétales (une Canopée), laissant entrer la lumière naturelle. Les travaux de réaménagement débutent en avril 2010, suivi le 10 mai par le désamiantage et le dépoussiérage du plomb des anciennes halles (montant estimé à plus d'1 million d'euros HT). Le coût de la rénovation du Forum est ainsi augmenté à 802 millions d'euros. Un tiers de l'opération est financée par un gestionnaire privé qui apporte une enveloppe de 238 millions d'euros. L'accord comprend le versement par le gestionnaire d'un prix complémentaire, estimé à 30 millions en hypothèse basse et pouvant s'élever à 50 millions en cas de conjoncture favorable, permettant à la ville de partager les bénéfices du centre commercial une fois l'opération achevée. Juste pour information, la Canopée à elle seule a coûté 240 millions d'euros. Le projet suscite donc de nouvelles critiques ; les associations dénonçant surtout les conditions d'octroi au gestionnaire privé.

Le 5 avril 2016, la Canopée est inaugurée. Cet espace est mi-excavé mi-surhaussé et culmine à 14 mètres au-dessus du sol. Cette structure de verre et d'acier couvre un patio central et accueille dans ses ailes sur trois niveaux des équipements culturels et des commerces liés à la culture, aux loisirs urbains et au bien-être. On y trouve un conservatoire, un centre de hip-hop, une bibliothèque, un atelier de pratiques amateurs et un centre culturel pour les sourds et les malentendants. Le nouveau jardin Nelson Mandela est plus accessible, plus végétal et plus convivial. Une aire de jeux pour enfants, des bancs, des terrains de pétanque et des échiquiers sont à la disposition des promeneurs. La Canopée ne fait pas l'unanimité chez les Parisiens. Elle est notamment comparée à une soucoupe volante. Elle est également décriée à cause de sa couleur jaunâtre. Jack Lang qualifiera même la Canopée de « crime contre la beauté ». Pour enfoncer le clou, quelques jours après son inauguration, la presse fait remarquer l'existence de fuites d'eau « à certains endroits » au point de mouiller le public sous les vantelles, tandis que les riverains se plaignent de la réverbération du soleil sur la structure vitrée.

En 2016, le coût total de la rénovation des Halles est porté à 918 millions d'euros. Ces coûts jugés exorbitants sont dénoncés par les élus écologistes et les représentants des Républicains de la mairie de Paris. En 2017-2018, d'importants travaux sont menés sur les vantelles de la Canopée. Le 13 septembre 2019, le Forum prend le nom de Westfield Forum, selon la volonté de son propriétaire, le groupe Unibail Rodamco Westfield.

Faits divers

Les Halles ont longtemps eu une réputation de coupe-gorge, de plaque tournante du trafic de drogue, un lieu où les parents refusaient de voir se promener leurs enfants. Ces histoires ont certainement contribué à ces rumeurs effrayantes.

Au Xe siècle, un cafetier mort de peur appelle son curé : le Diable danse dans sa cave. Prudent, l'exorciste refuse de descendre et fait hisser le tonneau suspect à l'aide de cordages. On y découvre une nichée de gros rats.

Le 23 décembre 1981, Pierre Lemaître, SDF, décède sous les coups d'un vigile qui s'acharne sur le malheureux devant deux collègues impassibles. Le meurtrier sera condamné à huit ans de prison.

Le 13 août 1985, Isabelle, âgée de 18 ans, attend au bout du quai son train. Il est dix-huit heures. Soudain, deux hommes l'agressent et la violent. Aucun des usagers présents ne lui vient en aide. La presse stigmate la lâcheté des « braves gens ». La RATP relativise cet « acte grave », préoccupant mais exceptionnel. Elle rappelle qu'on ne déplore quotidiennement que 15 voies de faits et agression sur 5 millions de voyageurs.

Le 5 février 1986, une bombe explose dans les locaux de la Fnac sport ; elle fait quinze blessés. L'attentat est attribué à un groupe islamiste.

À l'aube du 18 mai 1986, Laurence se soulage entre deux voitures stationnées. Elle est verbalisée pour « épanchement d'urine sur la voie publique ». Son ami Valéry qui s'était permis de protester, ressortira du commissariat dans un état qui lui vaudra cinq jours d'arrêt de travail.

Le 3 juillet 1996, Harry, un RMIste de 25 ans, pousse une femme de 45 ans sur la voie du RER ligne B à l'arrivée d'une rame. Par miracle, la victime a eu le temps de se glisser sur le côté des rails. L'homme, placide, était retourné s'asseoir pour savourer sa farce.

Cadran solaire

Un vaste jardin, espace verdoyant, social et culturel, a été aménagé au-dessus du Forum des Halles. Au pied de l'église Saint-Eustache, à l'Ouest de la tête monumentale sculptée par Henri Miller, un immense cadran solaire à fibres optiques fait la joie des promeneurs et des enfants. Le cadran a été inventé par le mathématicien Dandrel, installé par Henri Miller et inauguré le 22 septembre 1989 par le maire du 1er arrondissement de Paris. En 1980, un prototype avait été exposé près

de la fontaine des Innocents pendant quelques mois. Ce cadran moderne indique le temps vrai du méridien international. Un panneau renseigne sur le calage du cadran : « Paris étant décalé de 2° 20' à l'Est de Greenwich et de 12° 40' à l'Ouest du méridien 15° Est, un décalage horaire de 50 m 37 s a été introduit lors de la réalisation du cadran ». Au centre du cadran, se dresse un monolithe en bronze ; il contient les capteurs de rayons solaires. Devant lui, un mur symbolise une vague qui naît au lever du jour, s'amplifie puis se rabat en fin de journée. Sous sa crête, les heures sont représentées par des spots qui s'allument tour à tour. Sur le muret circulaire d'en face figurent les cinq tableaux composés par la S. A. F. Ils donnent des renseignements gnomiques : heure du cadran, son calage, heure légale, lecture du cadran, équation du temps.

Près du sommet du monolithe, trois fentes reçoivent et transmettent tour à tour un rayon lumineux. Celui-ci se déplace en suivant la marche apparente du Soleil et vient frapper un jeu de fibres optiques qui reportent ces points lumineux sur un cadran solaire. Les fibres commutent, les uns après les autres, les points de la vague.

Près de la crête de cette vague, 60 points s'allument tour à tour tout au long de la journée, 16 pour les heures, 15 pour les demi-heures, 30 pour les quarts d'heure. Ces points sont placés sous les chiffres des heures qui vont de 7, à la naissance de la vague, jusqu'à 22, moment où la vague est près de sa rabattre. L'espace entre les points va en diminuant du matin au soir ; entre 7 h et 7 h ¼, il est de 40 cm, mais, entre 21 h 45 t 22 h, il est de 10 cm.

Les 16 lignes horaires vont du pied du monolithe jusqu'au point horaire et mesurent entre 7 m et 9 m environ ; les lignes des demi-heures et des quarts d'heure partent des points horaires et descendent vers le monolithe ; elles mesurent respectivement environ 2 m et 0,75 m. L'accès est facile et les enfants se servent de la dénivellation du plan de ce cadran comme aire de jeux.

Rue Hérold

La rue commence rue Coquillière et se termine rue Étienne-Marcel.

Odonymie

La rue porte le nom du compositeur alsacien Ferdinand Hérold, né au n°10. Son nom était généralement orthographié sans accent au XIXe siècle. La nomenclature officielle de la ville de Paris a conservé cet usage. Toutefois, on observe sur place un certain flottement avec la cohabitation de plaques de rue aux orthographes différentes.

> Ferdinand Hérold, né le 28 janvier 1791 à Paris, est un compositeur connu pour ses opéras-comiques et ses ballets. Fils d'un musicien, il a été initié à la musique dès son plus jeune âge. Enfant prodige, Hérold a commencé à composer dès l'âge de neuf ans. Il a étudié au Conservatoire de Paris avec des prestigieux professeurs tels que Luigi Cherubini. Ferdinand a remporté le Premier Grand Prix de Rome en 1812, ce qui lui a permis de passer trois ans en Italie pour parfaire ses compétences musicales. De retour à Paris, Hérold a connu le succès avec son opéra-comique *Zampa ou la fiancée de marbre* en 1831. Cet opéra a été joué partout en Europe et il est devenu l'un de ses plus grands succès. En plus de ses opéras, Hérold s'est également intéressé à la composition de musique de ballet. Il a notamment composé la musique du célèbre ballet *La fille mal gardée* en 1828. Cependant, la vie de Ferdinand a été marquée par des difficultés financières. Malgré son talent reconnu, il a eu du mal à obtenir des subventions et a souvent été obligé de produire ses œuvres à ses frais. Ferdinand Hérold est décédé à l'âge de 42 ans, le 19 janvier 1833, des suites d'une maladie pulmonaire. Bien que sa carrière ait été relativement courte, il a laissé un héritage musical important, notamment dans le domaine de l'opéra-comique, et il est considéré comme l'un des compositeurs français les plus importants du début du XIXe siècle.

Histoire

Au XVIIIe siècle, la rue faisait partie de la « rue des Vieux-Augustins » qui englobait les actuelles rues Herold et d'Argout. Le 27 février 1867, la rue est renommée « rue d'Argout ». Après le percement de la rue

Étienne-Marcel, le tronçon compris les rues Coquillière et Étienne-Marcel est dénommé « Hérold » par décret du 21 février 1881.

Immobilier

<u>N°14</u> : emplacement de l'ancien hôtel de la Providence où logea Charlotte Corday. Le bâtiment fut détruit en 1893.

<u>N°21</u> : ancien emplacement du **musée en Herbe**, destiné aux enfants, ouvert de 2008 à 2016. Il se situe désormais rue de l'Arbre-Sec. Le musée fut fondé en 1975 au Jardin d'Acclimatation avec l'aide de la Fondation de la vocation. Le musée présente des expositions artistiques accessibles dès 3 ans. La pédagogie du lieu est basée sur le jeu et l'humour, développe la sensibilité et la curiosité des visiteurs. Des jeux d'observation, d'imagination, d'identification permettent aux enfants de découvrir les œuvres d'art et les objets exposés. Un livret-jeu les guide tout au long du parcours, favorisant ainsi la visite autonome des expositions. Des visites animées à destination des adultes sont également proposées. Parallèlement aux expositions, le musée fait également profiter les enfants, de son savoir-faire grâce aux ateliers d'art plastique. Encadrés par un professionnel, les artistes en herbe explorent une œuvre d'art et utilisent différents matériaux et techniques.

Charlotte Corday

Elle partit de cette rue, le 13 juillet 1793, pour aller assassiner Marat dans son bain. Venue de Rouen, elle avait loué au n°17 une chambre à l'hôtel meublé de « la Providence ». Arrêtée tout de suite après son crime, elle fut condamnée à mort et guillotinée. De son nom exact Charlotte de Corday d'Armont, née à Saint-Saturnin-des-Ligneries, près de Sées, dans l'Orne, arrière-petite-nièce de Corneille, elle avait adhéré aux idées de la Révolution, mais s'indigna rapidement des excès de la Terreur. Elle fut sans doute confortée dans son indignation par l'influence qu'exercèrent sur elle des chefs girondins réfugiés en Normandie, notamment Charles Barbaroux.

Rue des Innocents

La rue commence rue Saint-Denis et se termine place Marguerite-de-Navarre. Elle mesure 115 mètres de longueur et 12 mètres de largeur.

Odonymie

La rue fut créée sous le vocable de « rue du Charnier-des-Saints-Innocents » car elle remplaçait l'ancien cimetière des Saints-Innocents.

Histoire

La rue a été livrée à la circulation vers 1786, à l'époque de la formation du marché des Innocents, d'abord sous le nom de « passage du Charnier-des-Innocents », puis de « rue du Charnier-des-Innocents » jusqu'au 19 août 1855 où elle prend son nom actuel.

Immobilier

N°11-15 : ancien passage des Deux-Portes qui ne doit pas être confondu avec l'actuel passage du même nom, situé dans le 20ᵉ arrondissement. La voie datait de la construction des immeubles soit 1669-1670. Le passage servait d'accès à l'étroite bande de terrain du passage du Charnier des Innocents (supprimé en 1845). Il longeait les façades septentrionales de ces immeubles en passant au pied du mur de la galerie méridionale de l'ossuaire du cimetière. Il partait de la rue de la Ferronnerie et fut supprimé en 1845. Constitué de deux arcades en 1867, le passage des Deux-Portes fut élargi en vertu d'un arrêté du 17 juin de cette même année par l'ajout de deux arcades supplémentaires.

Cimetière des Innocents

Le cimetière des Innocents est également nommé le cimetière des Saints-Innocents. Il se situait dans le quartier des Halles, à l'emplacement de l'actuelle place Joachim-du-Bellay. Il tient son nom de l'église des Saints-Innocents qui se trouvait à l'angle nord-est de la place, aujourd'hui disparue. Au XVe siècle, l'ensemble formait un rectangle bordé par les rues Saint-Denis, aux Fers, de la Lingerie et de la Ferronnerie. On y accédait au moyen de plusieurs portes, essentiellement celle de la rue Saint-Denis ouverte sous la maison ayant pour enseigne *le Miroir*, en face de la rue Trousse-Vache. Guillebert de Metz parlait de ce lieu en ces termes dans *Paris sous Charles VI* : « Là est un cimetière moult grant, enclos de maisons appelées charniers là où les os des morts sont entassés. Illec sont paintures notables de la dance macabre et autres avec escriptures pour esmouvoir les gens à dévotion ».

Histoire du cimetière

Le cimetière se situait le long de la voie romaine, l'actuelle rue Saint-Denis, en dehors des murailles de la ville, dans le quartier des Champeaux. Il fut aménagé sur l'emplacement d'une ancienne nécropole mérovingienne. À l'occasion de la construction du Forum, entre 1973 et 1974, des fouilles archéologiques mirent au jour une trentaine de sarcophages de plâtre, attestant de l'existence d'une aire funéraire entre le Ve et le VIIIe siècle.

Au Xe siècle, une petite chapelle, dédiée à saint Michel, est édifiée à proximité du cimetière. Vers 1130, le roi Louis VI le Gros remplace la chapelle par une église plus vaste dédiée aux Saints Innocents, en souvenir d'un certain Richard crucifié par les Juifs. Le cimetière prend de l'importance quand le marché central de Paris, plus connu sous le nom des Halles de Paris, déménage aux Champeaux en 1137. Sous Philippe Auguste, le cimetière est agrandi et clos d'un mur de trois mètres de hauteur en 1186, afin d'empêcher les prostituées et les brigands d'y faire leur commerce. Le roi en interdit également l'accès durant la nuit. En 1260, une fontaine, nommée fontaine des Innocents, est construite contre le mur de l'église. Elle sera remplacée, en 1548, par Henri II.

Jusqu'au XVIIIe siècle, on inhume aux Innocents les défunts des vingt-deux paroisses parisiennes dépourvues de cimetière : Saint-Germain l'Auxerrois, Saint-Eustache, Saint-Jacques-de-la-Boucherie, Saint-Benoît, Saint-Côme, Saint-Barthélemy, Saint-Pierre-des-Assis, Saint-Sauveur, Saint-Joseph, l'hôpital de la Charité… Y sont également déposés les défunts de l'Hôtel-Dieu, les pestiférés de 1348 et les inconnus de la morgue (en soit les noyés de la Seine et les cadavres trouvés sur la voie publique). Soit un total estimé à deux millions de gens. Pour faire face aux épidémies, la ville de Paris achète alors le cimetière et une partie de l'enclos de l'hôpital de la Trinité. La terre du cimetière des Innocents a la réputation d'être excellente et de dévorer un cadavre en neuf jours. En dépit de cette vertu « dissolvante », le cimetière se retrouva rapidement saturé. Un agrandissement étant impossible, la saturation du cimetière imposa une vidange des fosses afin de pouvoir accueillir de nouveaux défunts. Entre le XIVe et le XVe siècle, des galeries à arcades, imitant les cloîtres des monastères, sont accolées au mur d'enceinte. Leurs combles servent de charniers aux ossements retirés des fosses. Les quatre charniers se nomment : charnier de la Vierge (ou petit charnier), Grand charnier, charnier des Ecrivains et charnier des Lingères.

La gestion du cimetière dépendait du chapitre de Saint-Germain l'Auxerrois. Quant aux corps, ils étaient pris en charge par un fossoyeur. Les corps étaient transportés dans l'église des Saints-Innocents où un office funèbre était organisé. Ce dernier s'achevait au prêchoir. La suite des obsèques dépendait de la richesse du défunt. Les plus modestes étaient ensevelis dans une fosse commune, enveloppés dans un linceul. Les fosses, profondes de cinq à six mètres, pouvaient contenir jusqu'à 1 500 corps ; elles restaient ouvertes jusqu'à saturation. Les bourgeois avaient droit à une sépulture individuelle. Certains étaient même inhumés dans des cercueils en bois. Les privilégiés, quant à eux, bénéficiaient d'une inhumation dans l'église. Selon l'abbé Valentin Dufour, le fossoyeur prélevait au XVIIIe siècle jusqu'à 28 livres pour les inhumations dans les chapelles d'Orgemont ou de Villeroy, 25 livres pour le petit charnier et 18 livres dans les autres charniers. Pour la fosse commune, le coût était de 5 livres. Certaines arcades abritaient les sépultures de bourgeois qui finançaient leur embellissement. Deux arcades sont restées célèbres. La première est celle du libraire Nicolas Flamel, célèbre alchimiste parisien du

Moyen Âge. Il y fit élever un tombeau pour sa femme Pernelle du vivant de celle-ci.

On y voyait les deux lettres initiales du prénom et du nom de l'écrivain, dont la fortune, mystérieusement acquise, est devenue le sujet de tant de récits merveilleux. Ce tombeau fut érigé pour sa femme Pernelle ; Flamel fut enterré à Saint-Jacques-de-la-Boucherie. Le fait que le couple soit visible sous l'arcade peut prêter à confusion. Dans

cette sculpture, le Christ est représenté entre deux anges, tenant le globe céleste et bénissant les défunts de l'autre main. Le Saint-Esprit tient la couronne d'épines au-dessus de sa tête. À ses côtés, Nicolas et Pernelle lui sont présentés par les apôtres Pierre et Paul. Au-dessous, dans de petits cartels, figuraient des animaux symboliques. Sur le cintre de l'arcade, figurait en lettres gothiques : « Nicolas Flamel et Pernelle sa femme ». À proximité, dans une autre arcade, se trouvait le Calvaire, monument gothique et de plein relief, protégé par une grille sur toute sa hauteur. Il représentait le Christ apparaissant aux saintes femmes. Une fois par an, le jour de la Toussaint, on montrait au public la célèbre statue en albâtre, connue sous le nom de *Squelette de Germain Pilon*. L'œuvre était enfermée les autres jours, dans une niche, d'une des faces de la tour de Notre-Dame-des-Bois. Cette tour octogonale, haute d'environ quarante pieds, était placée à droite de l'église. Le monument devait son nom à une statue de la Sainte Vierge. La tour fut détruite en même temps que le cimetière.

Finissons avec le médaillon de la fille de Jean Goujon, sculpté par son père, le rival de Germain Pilon, daté de 1571. L'artiste aurait voulu immortaliser les traits de sa fille disparue trop jeune. Aujourd'hui, le musée du Louvre doute de cette légende et préfère attribuer ce bas-relief en grès gris de Toscane à un artiste florentin.

La seconde arcade, située au niveau du charnier des Lingères, correspondait à celle du frère de Charles VI. Il fit réaliser une fresque représentant une danse macabre, appelée aussi *Danse des morts*. Celle-ci fut peinte par le peintre Jean d'Orléans et le poète Jean de Gerson, en mémoire de  Louis 1ᵉʳ d'Orléans, frère du roi, assassiné par un groupe d'hommes de main bourguignons sous la conduite de Raoul d'Anquetonville, le 23 novembre 1407.

Le thème général de la fresque était l'expiation. Elle symbolisait la mort qui frappe, indifférente à la classe sociale du défunt. La danse macabre mettait en scène la Faucheuse et des squelettes accompagnés de nombreux personnages, avançant deux par deux, religieux et laïcs. Le pape se combinait à l'empereur, le cardinal cheminait avec le roi, le légat avec le duc, le patriarche avec le connétable, l'archevêque avec le chevalier, l'évêque et l'écuyer, l'abbé et le bailli, le maître et le bourgeois, le chanoine et le marchand, le maître d'école et le gens d'arme, le chartreux et le sergent, le moine et l'usurier, le médecin et l'amoureux, l'avocat et le ménestrel, le curé et le laboureur, le promeneur et le geôlier, le pèlerin et le berger, le cordelier et l'enfant, l'aventurier et le fou, le clerc et l'ermite, soit 32 personnages s'étalant sur quinze arcades. En dessous de ces peintures, des strophes étaient inscrites et se concluaient par une sentence. Certaines sont même devenues des proverbes ayant bercés notre enfance : « qui trop embrasse mal étreint » ; « petite pluie embrasse grand vent » ; « à toute peine est due salaire » ; « à la sueur de ton front tu mangeras ton pain »... Si cette fresque a aujourd'hui disparu, il est possible d'en admirer une copie dans l'église de la Ferté-Loupière, dans l'Yonne.

En dépit de l'odeur de putréfaction, le cimetière regorgeait de vivants, telle une place publique. En raison de la proximité des Halles, les arcades étaient envahies par les marchands, les écrivains publics, les artistes... Ainsi, merciers, fruitiers, vendeurs en tout genre y proposaient leurs produits malgré les injonctions réitérées de la police de plier leurs étalages au cours du XVIIe siècle. Seul le commerce d'images et de livres de dévotion y était officiellement autorisé à partir du XVIe siècle. Pourtant, les écrivains publics y rédigeaient des lettres d'amour enflammées ou des procès pour 20 sols. Des peintres exposaient leurs œuvres sous les arcades. Le cimetière était également un lieu de prêche. Le frère Richard, un Franciscain, attirait plus de 5 000 personnes à chacune de ses interventions. Ce vaste charnier devint un lieu de dépravation où on se livrait à la prostitution et où rodaient indigents et vagabonds. En septembre 1571, la croix de Gastine fut transférée par pièces aux Saints-Innocents, déplacement qui provoqua des émeutes.

Au début des guerres de Religion, Philippe de Gastine, un riche marchand huguenot qui habitait dans la rue Saint-Denis, fut condamné, ainsi que son fils Richard et son gendre Nicolas Croquet, par le Parlement, « pour avoir contrevenu aux Edits du Roy et avoir faict exercice de leur Prétendue Religion ». Par arrêt de la Cour, les trois hommes sont condamnés à être pendus et étranglés le 30 juin 1569. Il est également ordonné que la maison de Gastine soit détruite au profit des quatre Mendiants (Franciscains, Carmes, Dominicains et Augustins). Les trois hommes sont exécutés deux jours plus tard, en place de Grève. La maison fut démolie et remplacée par un monument expiatoire, appelé « l'Hérésie huguenote », avant de prendre le nom de croix de Gastine. Sur celle-ci, fut accroché un tableau relatant la cause de la mort du marchand. Chaque année, une messe devait être

> célébrée en l'église Sainte-Opportune, à la mémoire des trois condamnés. Le monument était une haute pyramide de pierre, ayant un crucifix doré au sommet. Sur la face, une inscription latine du poète Estienne Jodelle se moquait ouvertement des catholiques et des huguenots. La croix fut transférée en septembre 1571 au cimetière des Innocents. Ce déplacement provoqua des émeutes qui ont préfiguré le massacre de la Saint-Barthélemy.
> À l'occasion de la fermeture du cimetière, la croix de Gastine fut transférée en 1786 à la Tombe-Issoire avant de disparaître pendant la Révolution française.

Dans le climat survolté du massacre de la Saint-Barthélemy, le 24 août 1572, lors des guerres de Religion, un miracle aurait eu lieu d'après le clan de Guise dans le cimetière : une aubépine sèche depuis plusieurs années aurait subitement fleuri, à contresaison, et des gouttes de sang auraient été vue sur les feuilles. Les égorgeurs y virent la preuve que Dieu approuvait leurs actes et les tueries reprirent de plus belle. La profusion de dépouilles entraîna le soulèvement du sol du cimetière sur une hauteur de plus de deux mètres. Les riverains étaient de plus en plus incommodés par les odeurs putrides qui en émanaient. Pourtant, son déménagement ne fut pas envisagé. En 1669, le charnier se trouvant côté sud, fut détruit et remplacé par un immeuble de 120 m de long, séparant le cimetière de la rue de la Ferronnerie. En 1702, un nouveau charnier fut aménagé entre les arcades et l'entresol, appelé passage des Innocents, car il formait une sorte de cloître. Le 7 mai 1780, les murs de la cave d'un restaurant s'effondrèrent sous la poussée des os d'une fosse commune. A la suite de cet incident, le Parlement décréta, le 4 septembre, la fermeture du cimetière. Cette décision signa la fin de ce qui fut pendant près de dix siècles l'aire funéraire la plus vaste de la capitale. Pourtant, les corps continuèrent d'affluer et de s'entasser. Les habitudes sont tenaces. Un arrêté du Conseil d'Etat est promulgué en décembre 1780, fermant définitivement les lieux. Le 9 novembre 1785, sur la suggestion de l'inspecteur général des carrières, Charles-Axel Guillaumot, les restes secs (les ossements) sont transférés dans d'anciennes carrières, situées sous le lieu-dit de la Tombe-Issoire, dans le 14ᵉ arrondissement. C'est ainsi que naquit l'Ossuaire municipal de Paris, plus communément appelé « catacombes », en référence aux Catacombes de Rome. D'autres ossements humains, provenant d'autres cimetières, y furent transférés par la suite. L'exhumation et le transfert des ossements des sépultures, des fosses communes et des charniers des Innocents débutèrent le 7 avril 1786. Ils durèrent quinze mois. À la tombée de la nuit, un cortège de chars funéraires, drapés de voiles noirs, transportaient les défunts vers leur nouvelle demeure. Ouvert au public depuis 1809, les catacombes de Paris, plus grand ossuaire du monde, ne comptent pas moins de six millions d'ossements sur une superficie de 11 000 m². Ce lieu, chargé d'histoire, attire chaque année environ 550 000 visiteurs.

L'église des Saints-Innocents

L'église se situait à l'angle nord-est du cimetière des Innocents, à l'angle de la rue Saint-Denis et de la rue aux Fers, aujourd'hui disparue. Sa façade était tournée vers l'ouest, vers l'intérieur du cimetière. Une entrée secondaire donnait sur la rue Saint-Denis.

L'église était dédiée aux « saints Innocents », les enfants de Judée massacrés sur l'ordre du roi Hérode, pour lesquels le roi Louis VII avait une dévotion particulière.

> Le massacre des Innocents est un épisode relaté dans l'Evangile selon Matthieu, en même temps que la fuite en Egypte. Il s'agit du récit du meurtre de tous les enfants âgés de moins de deux ans, dans la région de Bethléem. Selon le récit évangélique, ce massacre a été commis sur l'ordre d'Hérode, craignant l'avènement d'un roi des Juifs annoncé par ses propres devins, dans la période même de la naissance de Jésus. Cet événement est célébré le 28 décembre en Occident et en Orient catholique, mais le 29 décembre en Orient orthodoxe. L'historicité de ce récit est souvent remise en cause.

> Les historiens, théologiens et autres spécialistes rapprochent cette histoire de celle de Moïse, issue de l'Ancien Testament. Pharaon avait ordonné la mort de tous les nouveau-nés israélites ; Moïse échappa au massacre et revint à l'âge adulte pour libérer le peuple juif.

Histoire

L'origine de l'église reste un mystère. De nombreux textes évoquent sa présence, mais aucun ne relate sa construction. Les historiens envisagent donc plusieurs possibilités. Première version, une petite chapelle située à cet endroit ayant été agrandie en 1130, on peut donc imaginer qu'une précédente chapelle avait été construite, puis détruite lors des invasions normandes du IXe siècle, puis reconstruite. Deuxième version, une chronique indique que cette église fût bâtie, en 1158, à l'occasion d'un enfant nommé Richard, que les Juifs auraient martyrisé à Pontoise, par la suite canonisé sous le nom de Richard de Pontoise. Troisième version, Jaillot indique qu'un historien, Robert Dumont, affirme que le corps de ce martyr aurait été transporté à Paris en l'église des Saints-Innocents en 1171 ou 1179, signifiant que l'église existait déjà. La chapelle fut érigée en église paroissiale au cours du XIIe siècle à la suite du développement du quartier autour du marché des Champeaux.

Toutefois, elle fut rebâtie sous le règne de Philippe Auguste avec l'argent confisqué aux Juifs lors de leur expulsion du domaine royal. Ce qui situe cette reconstruction après 1182. Petit rappel, le 10 mars 1182, un édit du souverain dépouille les Juifs de tous leurs biens et les contraint à quitter le domaine royal. Les synagogues sont rasées ou transformées en églises. Les Juifs émigrent en Champagne ou en Bourgogne. Mais revenons à l'église des Saints-Innocents dans laquelle est enseveli le corps de saint Richard. Les reliques du saint étaient en telle vénération au Moyen Age, en raison des nombreux miracles qui s'accomplissaient sur son tombeau, que les Anglais, lorsqu'ils furent maîtres de Paris entre 1420 et 1435 sous Charles VII, firent exhumer le

corps et le transportèrent dans leur île, ne laissant que la tête de Richard, qui fut conservée dans l'église jusqu'en 1786, date de la destruction de l'édifice. En 1437, le service divin fut interdit dans l'église à la suite d'une rixe qui y avait eu lieu. L'évêque de Paris, Jacques du Chastelier, y vit une profanation. Toutes les cérémonies religieuses furent suspendues pendant 22 jours. Les portes de l'église et du cimetière restèrent closes jusqu'à ce que l'église eût été réconciliée, suivant l'usage du temps. Le 22 février 1446, l'église est dédiée aux Saints-Innocents et à saint Pierre par le patriarche d'Antioche, évêque de Paris, Denis Dumoulin. L'église est démolie en 1786, en même temps que le cimetière et les charniers.

C'était un privilège réservé à certaines personnes que d'être inhumés dans l'église. Le cimetière était pour tous les paroissiens, néanmoins il s'établit une distinction entre ceux qui étaient déposés au milieu du cimetière, et ceux que l'on inhumait dans des charniers ou galeries. Les personnages les plus importants étaient ensevelis dans l'église. Eurent cet hommage : Simon de Perruche, évêque de Chartres, mort le 4 novembre 1297 ; Jean Sanguin, seigneur de Béthencourt, conseiller du roi, maître ordinaire en la chambre des comptes du roi, mort le 15 avril 1425 ; Guillaume Sanguin, échanson de Charles VI et prévôt des marchands de Paris, mort le 14 février 1442 ; Nicolas II Potier de Blancmesnil, seigneur de Groslay, prévôt des marchands de Paris, mort en 1501 ; Bernard Potier de Blanc-Mesnil, mort en 1610. Une des plus belles sépultures était celle d'Alix la Bourgotte, religieuse à l'hôpital Sainte-Catherine dont le monument funéraire en marbre noir fut édifié par Louis XI. Le tombeau était supporté par quatre lions de cuivre : Alix y était représentée couchée, tenant un livre et portant une ceinture semblable à celle des cordelières. On pouvait lire sur le tombeau : « En ce lieu gît sœur Alix la Burgotte / A son vivant recluse très dévotte / Rendue à Dieu femme de bonne vie / En cet hostel voulut estre asservie / Où a régné humblement longtemps / Et demeuré bien quarante et six ans / En servant Dieu augmentée en renom / Le roy Louis, onsiesme de ce nom / Considérant sa très grand parfecture / A fait lever icy sa sépulture / Elle trespassa céans en son séjour / Le dimanche vingt-neuviesme jour / Mois de juin, mil quatre cent soixante et six / Le doux Jesus la mette en paradis / Amen ! » Lors de démolition de l'église, la statue fut transportée à l'hôpital Sainte-Catherine.

Les reclusoirs

Le cimetière des Saints-Innocents possédait deux reclusoirs, le premier entre l'église et la fontaine, le second du côté opposé. Les femmes pouvaient, au XVe siècle, se retirer du monde en entrant au couvent. Les pécheresses étaient plutôt orientées vers les reclusoirs. De quoi s'agit-il ? Le reclusoir est une sorte de cellule de pierre, étroite, ne recevant le jour et l'air que par deux sortes de meurtrières grillagées, dont l'une ouvrait sur la voie publique et permettait à la recluse de recevoir des aliments, l'autre donnait dans l'église même, permettant à la locataire de prendre part aux cérémonies religieuses. Quant à la porte, elle était murée dès la recluse entrée dans sa nouvelle demeure. Bien sûr ces pièces ne disposaient d'aucun sanitaire. Les pécheresses contrites étaient condamnées à une pénitence plus ou moins longue. Un passage d'un testament laissé par une bourgeoise de Paris, morte en 1247, évoque un legs de 20 livres en faveur de quatre recluses des Innocents : « Quatuor inclusis Innocentium XX solidos ». Les archives de l'église nous permettent de savoir qu'une recluse recevait régulièrement en aumône des rois de France une somme de vingt sous par an, entre 1350 et 1421. Ces différents témoignages prouvent que l'église hébergeait plusieurs recluses en même temps. Étudions maintenant le parcours de quatre de ces recluses.

Sur la recommandation du curé de Sainte-Croix de la Cité, une certaine Jeanne la Verrière ou Jeanne la Vodrière obtint l'autorisation de finir ses jours dans une maisonnée édifiée pour elle dans le jardin du cimetière des Innocents. Elle prit possession de son reclusoir le 11 octobre 1422. La cérémonie fut présidée par l'évêque de Paris, Denis Dumoulin, et un grand nombre de curieux.

Alix la Burgotte ou Alix la Bourgeotte se retire à l'hôpital Sainte-Catherine, dans la rue Saint-Denis, où elle devient religieuse. Quelques années plus tard, elle manifeste le souhait d'être cloîtrée. Après avoir éprouvé sa vocation, elle obtient l'autorisation d'exécuter son projet. Le 2 juillet 1424, Jean Nicolas, papetier, bourgeois de Paris, lui cède un terrain entre l'église et la fontaine des Innocents, d'une superficie de 5 toises. Elle mourut dans son reclusoir le 29 juin 1466, soit 48 ans après. À sa mort, le roi Louis XI lui fit élever dans l'église, auprès de laquelle elle s'était sanctifiée, un tombeau évoqué précédemment. Par son testament, elle légua à l'église des Saints-Innocents son reclusoir, ses heures à fermoirs d'argent, sa chapelle garnie de calice, nappe d'autel, missel, chasubles, ses reliques et tous ses biens.

Jeanne Pannoncelle, native de Saumur en Anjou, était veuve de Nicolas Boudet, marchand, et mère de Pierre Boudet, prêtre boursier du collège de Saint-Nicolas-du-Louvre à Paris. On trouve trace de cette recluse en 1496, 1509, 1511 et 1523. Le 15 février 1496, l'official de Paris annule les censures obtenues par Jeanne Pannoncelle contre Jean de Laval et autres marguilliers des Saint-Innocents, à la condition qu'ils feront construire en temps opportun son reclusoir. Ces derniers refusant, ils furent excommuniés jusqu'à ce qu'ils se soumettent à l'injonction. Le 26 septembre 1509, une messe est donnée pour cette recluse dans la chapelle Sainte-Anne. Elle demande une épitaphe dans l'église Sainte-Opportune et à être inscrite au martyrologe après sa mort. Le 5 avril 1511, sœur Jeanne demanda aux notaires Jacques de Launay et Nicolas de Chameray de rédiger un contrat selon lequel une messe serait dite à son intention chaque vendredi, en l'église  Sainte-Opportune, dans la chapelle Sainte-Anne, par un chapelain, voire par son fils dès qu'il sera ordonné prêtre. Le 11 septembre 1523, un nouveau contrat est rédigé par Pierre Boudet, prêtre, afin que sa famille puisse être inhumée dans la chapelle Sainte-Anne de l'église Sainte-Opportune. À cette date, sœur Jeanne est toujours recluse.

Hélas, certaines femmes pouvaient aussi y être enfermées contre leur gré. Ce fut le cas pour Renée de Vendômois, femme du seigneur Jean de Saint-Berthevin, seigneur de Souday. Ayant fait assassiner son mari et s'étant rendue coupable d'adultère, elle fut condamnée par le prévôt de Paris à être brûlée vive sur la place du Marché-aux-Pourceaux. Mais le roi Charles VIII lui fait grâce et commue sa peine en une prison perpétuelle. Renée de Vendômois est condamnée à être emmurée le 20 mars 1485 et prend possession de sa dernière demeure le 20 septembre. Dans l'église de Sainte-Opportune, Agnès du Rocher survécut 80 ans dans son reclusoir, en 1403. Finalement, ces histoires tentent à nous prouver que l'être humain peut survivre dans des conditions effroyables.

Rue Jean-Jacques-Rousseau

La rue commence rue Saint-Honoré et se termine rue Étienne-Marcel et rue Montmartre. Elle mesure 380 mètres de longueur et entre 14 et 15 mètres de largeur.

Odonymie

Jean-Jacques Rousseau est né le 28 juin 1712 à Genève, en Suisse. Il logea dans cette rue de 1770 à 1778.

Sa mère meurt peu après sa naissance, et son père l'abandonne également, le laissant aux soins de ses grands-parents maternels. Ces événements le marquent profondément et influenceront son œuvre future. Rousseau reçoit une éducation à la mode de l'époque, mais il se montre indiscipliné, et peu intéressé par les études classiques. Il quitte Genève à l'âge de 16 ans et entame une vie itinérante, travaillant comme apprenti chez un graveur, puis comme précepteur. En 1742, Rousseau se rend à Paris, où il se lie d'amitié avec Denis Diderot et Voltaire. Il commence à écrire et publie plusieurs essais philosophiques, politiques et littéraires. Son œuvre la plus célèbre, *Du Contrat social*, est publiée en 1762. Il y défend l'idée d'un contrat social entre les citoyens et l'Etat, dont le but est de garantir les droits et les libertés individuelles. Rousseau ne se contente pas de philosopher : il écrit également des romans, dont le plus connu est *Julie ou La Nouvelle Héloïse* (1761). Ses écrits suscitent des controverses et il est banni de Paris en 1762. Les dernières années de la vie de Rousseau sont marquées par l'isolement et la persécution. Il vit en exil en Suisse, en Angleterre et finalement en France. Il meurt le 2 juillet 1778 à Ermenonville. Sa tombe devient un lieu de pèlerinage pour ses admirateurs. Son corps sera transféré au Panthéon en 1794. La vie de Jean-Jacques Rousseau est complexe, marquée par des relations tumultueuses avec ses contemporains et par la recherche constante de la vérité et de la justice. Ses idées ont influencé le mouvement des Lumières et sont toujours étudiées et débattues de nos jours.

Histoire

L'origine de la rue remonte au début du XIIIe siècle.

Le tronçon nord de la voie s'est jadis appelé « rue de Guernelles », « Guarnelle », « Guarnales », « Garnelles », puis « rue de Guernelle-Saint-Honoré » et de « Grenelle-Saint-Honoré ». Henri de Guernelles y habitait au XIIIe siècle. Elle se trouvait alors hors de Paris, et longeait l'enceinte de Philippe Auguste.

Le tronçon sud menait à la plâtrière de Maverse et prit le nom de « Maverse », du nom du propriétaire. Elle devint ensuite la « rue de la Plâtrière » quand on y créa une exploitation de pierre à plâtre. La rue Plâtrière changea de dénomination en 1791 sous l'Assemblée constituante, pour devenir la « rue Jean-Jacques-Rousseau ». La rue de Grenelle-Saint-Honoré lui est adjointe en 1868.

Sous le Second Empire, la construction de la rue du Louvre modifie considérablement la physionomie de la rue. La rue comptait de belles maisons bourgeoises qui consacraient l'ascension sociale de commerçants enrichis et la respectabilité de titulaires de charges. En prévision de la réalisation de ces travaux, plusieurs propriétés disparaissent. Ainsi, en 1880, l'hôtel de Bullion, édifié entre 1630 et 1635, sur les plans de l'architecte Louis Le Vau, est en grande partie détruit lors de l'ouverture de la rue du Louvre et le reste de son terrain absorbé par l'extension de l'hôtel des Postes.

Immobilier

Le Journal de Paris fut édité dans cette rue à partir de 1785.

N°19 : entrée de la galerie Véro-Dodat.

N°20 et 20 bis : ancien hôtel particulier datant du XVIIIe siècle. Il est accolé à des vestiges de l'enceinte de Philippe Auguste, classés au titre des monuments historiques, visibles aux n°11 et 13 de la rue du Louvre. L'ancien hôtel Clérambault fut transformé ultérieurement en hôtel meublé connu sous le nom d'hôtel de l'Empereur durant le Second Empire.

N°21 : emplacement supposé de l'hôtel du Languedoc, habité à partir du printemps 1750 et jusqu'en 1756, par Jean-Jacques Rousseau et Marie-Thérèse Le Vasseur. Cette relation est connue par *les Confessions* et la correspondance du philosophe.

N°22 : cet immeuble d'angle date du XVIIIe siècle. Il s'agit de l'une des deux maisons sauvegardées de l'ancienne rue des Deux-Ecus.

N°52 : Jean-Jacques Rousseau emménagea au 2e étage en 1774. D'ailleurs une plaque commémore sa présence : « Ici, dans cette rue jadis nommée rue Plâtrière, s'élevait la maison qui fut le dernier domicile parisien de Jean-Jacques Rousseau, de 1774 à 1778 ».

N°56 : emplacement de l'ancien hôtel du Saint-Esprit dans lequel Rousseau emménagea le dimanche 24 juin 1770. Observez la façade classique et les deux lions couchés surmontant le linteau du porche.

N°60 : nouvel emménagement de Rousseau, au cinquième étage, toujours durant l'année 1770.

N°62 : vestiges de l'enceinte de Philippe Auguste classés au titre des monuments historiques.

N°68 : hôtel de Charlotte Renée Ladvocat (1650-1737), marquise de Vins d'Agoult de Montauban, épouse de Jean de Garde d'Agoult (1642-1732), chevalier puis marquis de Vins. La marquise était la belle-sœur du ministre Simon Arnauld de Pomponne (1618-1699), la cousine de

Marie-Madeleine de Castille, seconde épouse du surintendant Nicolas Fouquet, et une amie très proche de Madame de Sévigné (1626-1696). Veuve en 1732, la marquise de Vins d'Agoult vendit l'hôtel à Marc Antoine Bouret, receveur général des finances, en 1738. L'édifice fut loué en 1741 par le secrétaire du Roi et fermier général Dupin, et son épouse Louise, née de Fontaine, les propriétaires du château de Chenonceau, du marquisat du Blanc et de l'hôtel Lambert. Le couple acheta l'édifice le 22 février 1758 pour la somme de 190 000 livres. Mme Dupin tenait dans cet hôtel un des salons littéraire et scientifique les plus brillants. Ce salon était fréquenté par Voltaire, l'abbé de Saint-Pierre, Fontenelle, Marivaux, Montesquieu, Buffon, Marmontel, Mably, Condillac, Grimm, Bernis… Jean-Jacques Rousseau se présenta à Mme Dupin en mars 1743 par une lettre de recommandation, afin de lui proposer une comédie intitulée *Narcisse* et une notation musicale. Cette dernière l'embaucha de manière passagère comme précepteur pour son fils Jacques-Armand (1727-1767) et comme secrétaire de 1745 à 1751. Rousseau écrivit au sujet de sa patronne : « Mme Dupin était encore, quand je la vis pour la première fois, une des plus belles femmes de Paris. Elle me reçut à sa toilette. Elle avait les bras nus, les cheveux épars, son peignoir mal arrangé. Cet abord m'était très nouveau. Ma pauvre tête n'y tint pas. Je me trouble. Je m'égare. Et bref, me voilà épris de Madame Dupin. Mon trouble ne parut pas me nuire auprès d'elle, elle ne s'en aperçut point. Elle accueillit le livre et l'auteur, me parla de mon projet en personne instruite, chanta, s'accompagna au clavecin, me retint à dîner, me fit mettre à table à côté d'elle. Il n'en fallait pas tant pour me rendre fou. Je le devins ». Claude Dupin meurt dans son

hôtel le 25 février 1769. L'hôtel de Vins devait revenir à son fils aîné, Louis Claude Dupin de Francueil, mais il meurt avant sa belle-mère, le 6 juin 1786. La propriété revint donc à sa fille, Suzanne Madeleine Dupin de Francueil, lors de la succession de Mme Dupin en 1799.

L'édifice actuel avec sa belle porte cochère à motifs sculptés, date du XVIIIe siècle. Sa façade est couronnée de lucarnes de grenier à foin. Les appuis de fenêtre en fer forgé sont d'époque Louis XV. Dans la cour, la façade du fond comporte des pilastres et les fenêtres sont décorées de masques, de cartouches et d'appuis en ferronnerie. Un cadran solaire est peint sur la façade ouest. Sur le côté nord, s'ouvre la cage d'un très bel escalier à rampe en fer forgé. L'immeuble est inscrit aux monuments historiques depuis le 16 août 1994.

N°70 : immeuble ayant également une entrée 21-23 rue du Jour.

Emplacement de la caserne des sapeurs-pompiers de Paris. L'édifice, construit en 1895 par l'architecte Edouard Perronne, s'élève à l'emplacement d'une caserne datant de 1875. Celle-ci avait été aménagée dans une maison communale, transformée pour répondre aux exigences de ses nouvelles fonctions. Quelques années plus tard, la caserne est agrandie par l'acquisition de deux parcelles mitoyennes. Les sous-sols conservent des vestiges de l'enceinte de Philippe Auguste.

N°74 : l'immeuble fut construit en 1884 par l'architecte Julien Bayard qui hiérarchisa les étages par l'emploi de matériaux différents. L'entresol réservé à l'usage commercial est en fer. Les étages d'habitations sont en pierre, et entre les deux, existe un espace en fonte.

Avec beaucoup d'humour, l'architecte donna aux ancrages du 2ᵉ étage la forme des chiffres 1, 8, 8, 4, afin d'immortaliser la date de la construction.

Cadran solaire

L'hôtel de la marquise de Vins d'Agoult de Montauban est orné d'un cadran solaire. Ce dernier est peint sur la façade méridionale de la cour entre deux fenêtres du deuxième étage, à environ 9 mètres de hauteur ; il doit dater de la construction de l'immeuble.

Le cadran a une forme rectangulaire de 2,20 mètres sur 2,50 mètres environ. Il est arrondi dans le bas et bordé d'un drapé peint. Laprade a dessiné et décrit les couleurs du cadran, « les chiffres sont en noir, le revers du drapé en ocre ; le droit du drapé en jaune paille ; la frange du drapé en vert foncé ; la frange est dorée. »

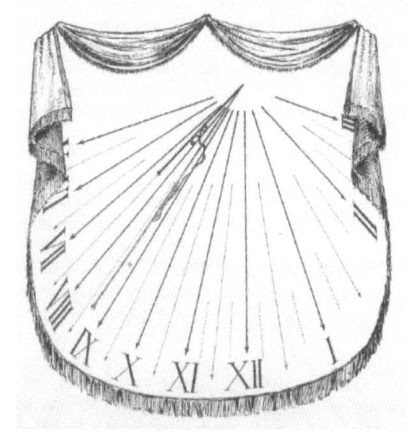

Les lignes horaires en traits pleins partent d'un arc de cercle non dessiné autour du centre et sont terminées par des flèches. Les lignes des demi-heures, en traits pleins plus fins, partent plus loin du centre que les lignes horaires, les dépassent entre les chiffres et sont terminées par des flèches. Les lignes des quarts d'heure, en pointillé sont dans le bas du cadran. Le style polaire se termine par une boule avec un pied en fer forgé. Il semble légèrement bombé. Le bâtiment de gauche, sans doute construit après le cadran, lui fait de l'ombre. Le cadran est seulement visible depuis la cour de l'immeuble.

Les goguettes

En 1818, le goguettier Emile Debraux écrivit la chanson *La Colonne*, en hommage à la colonne Vendôme et à la gloire de l'empereur Napoléon 1er. Elle fut écrite dans la goguette des Gais Lurons, réunie à l'estaminet Sainte-Agnès. La chanson remporta un immense succès et assura la célébrité à son auteur. La chanson *Le Visiteur des Enfants de la Goguette*, œuvre du goguettier Jean-Baptiste Grange, publiée en 1824, indiquait que la goguette des Enfants de la Goguette tenait ses séances chaque jour de la semaine dans divers quartiers de Paris et sous différents noms. Chaque couplet de la chanson précisait le nom de la goguette et son adresse. Le vendredi, les fêtards se réunissaient aux Lurons, au n°20 de la rue Jean-Jacques-Rousseau. Les deux chansons évoquent peut-être le même lieu, car si nous observons les noms, Lurons et Gais Lurons sont très proches.

Galerie Véro-Dodat

La galerie Véro-Dodat est un passage couvert situé entre la rue Jean-Jacques-Rousseau et la rue du Bouloi. La réalisation de ce passage est caractéristique des opérations immobilières spéculatives de la Restauration. Il fait l'objet d'une inscription au titre des monuments historiques depuis le 9 juin 1965.

Histoire

Dreux d'Aubray fait construire à l'emplacement actuel du passage, son hôtel Quatremer. Conseiller du roi, lieutenant civil de Paris, prévôt et vicomte sous la régence d'Anne d'Autriche, Dreux d'Aubray est empoisonné en 1666 (ainsi que ses deux fils en 1670) par sa fille, la célèbre marquise de Brinvilliers. L'hôtel est vendu en 1671 au trésorier Jean Dalliez qui le revend à son tour en 1675 au secrétaire du roi Antoine

Pélissier. Après la mort de celui-ci en 1696, le bâtiment entre en possession de la femme du trafiquant Paul Poisson. L'hôtel changea plusieurs fois de propriétaires : Piager de La Brosse en 1709, son petit-fils le marquis de Vérac en 1750, le fermier général du Haudry en 1755, le notaire de Quatremer en 1774 et sa fille en 1780.

Le charcutier Benoît Véro, installé rue Montesquieu, achète l'hôtel en 1823. Il le fait raser et fait édifier avec son associé Dodat, charcutier de la rue du faubourg Saint-Denis, le passage actuel en 1826, reliant le Palais-Royal et les Halles. Ce passage offrait un raccourci entre ces deux lieux très fréquentés et devint rapidement un lieu prisé du public. Raccourci qui perdit tout son sens lors du percement de la rue du Colonel-Driant en 1915. De style néoclassique, la galerie doit sa fréquentation en partie à la présence des Messageries Laffitte et Gaillard, situées à l'entrée du passage rue Jean-Jacques-Rousseau. Les voyageurs attendant la diligence pouvaient ainsi flâner dans les boutiques à la mode. Parmi elles, la boutique de monsieur Bontoux, traiteur parisien, dont la renommée se fit dans le passage grâce à la beauté de sa caissière. Le marchand d'estampes Aubert, éditeur du *Charivari* et de *La Caricature*, s'y installa et y exposa les plus célèbres caricatures de l'époque. Les dessins de Daumier, Gavarni, Cham ou Grandville attiraient les curieux, surtout pendant les premiers moments du gouvernement de 1830. À l'entrée de la galerie, se trouvait le *Café de l'Epoque*, fréquenté jusqu'en 1855 par le poète Gérard de Nerval. La jeune tragédienne Rachel, maîtresse d'Alfred de Musset, y occupa un appartement au 2e étage, de 1836 à 1842 (n°23).

Le percement de la rue du Louvre en 1854 et la disparition des Messageries en 1880 (due à l'apparition du chemin de fer puis de l'automobile) entraînent le déclin de la galerie. L'imprimeur Aubert disparut et fut remplacé par un marchand de malle. Boudée du public, la galerie fut entièrement restaurée en 1997. Aujourd'hui, elle abrite des antiquaires, des boutiques de décoration ou d'ameublement, des galeries d'art contemporain, des éditeurs, une lutherie, un restaurant. À voir le restaurant *Le Véro-Dodat* (n°19) qui propose une cuisine d'excellente qualité, la boutique de poupées anciennes de Robert Capia (n°23), la brasserie (n°35) ou l'atelier de Christian Louboutin (n°36).

Architecture

La galerie mesure 80 mètres de longueur pour 4 mètres de largeur. Le passage est aménagé de façon à donner une illusion de profondeur, par la trame diagonale du carrelage au sol en marbre noir et blanc, la faible hauteur du plafond orné de paysages (là où il n'est pas vitré), et par l'alignement des boutiques. L'éclairage est en grande partie, et surtout la journée, assuré par des verrières zénithales.

Les deux entrées, fermées par des grilles, sont marquées par un portail en plein cintre, encadré de deux pilastres ioniques, surmonté d'un balcon en fonte ouvragée. Le nom de la galerie est inscrit en lettres de fer (autrefois dorées), comme sur l'autre entrée. La façade de la rue du Bouloi est décorée de deux statues dans des niches. À gauche, Mercure, le dieu du Commerce, coiffé du pétase ou casque ailé. Il tient dans sa main droite son caducée et dans l'autre main, une bourse d'argent. À droite, se trouve un satyre, une copie du *Satyre au repos* de Praxitèle.

À l'intérieur, les matériaux choisis donnent une impression de luxe au lieu : cuivre pour les menuiseries des boutiques, dans un dessin assez proche de celui des boutiques du Palais-Royal, bois imitant l'acajou pour leurs devantures (peintes en rouge et en noir), colonnettes peintes en faux onyx… Des reliefs en fonte représentent des lyres, des génies ou des miroirs. Des globes de cristal alimentés en gaz éclairaient autrefois le passage ; les survivants sont aujourd'hui alimentés à l'électricité. Cette galerie fut l'un des premiers endroits de la capitale éclairé au gaz. À l'étage, une frise de palmettes et de caducées décore le haut des murs. Au plafond, des trompe-l'œil, colorés en toiles marouflées, sont entourés de gros cordons de feuilles et de fruits de laurier peints en blanc, liés de rubans dorés et piqués de rosaces également dorées. Y sont représentés quatre dieux gréco-romains.

Mercure se promène sur une plage. À sa gauche, un bateau aux voiles repliées, dont l'ancre est jetée sur le pont. À sa droite, des colis symbolisent le commerce. Le dieu est coiffé du pétase et tient le caducée dans la main gauche. Déméter, la déesse de la terre cultivée et fertile, se tient en toute logique au  milieu d'un champ de blé. Elle est entourée de divers outils agricoles. Elle tient dans sa main un épi de blé et une corne d'abondance. Apollon est le dieu de la Médecine, de la Musique et de la Divination. Il est également l'archer divin, le protecteur des troupeaux, le dieu de la lumière et non du soleil. À ses pieds, reposent une harpe, une palette de peinture et un buste sculpté. Le dieu tient une couronne de laurier, ainsi qu'une lyre. À l'arrière-plan, sur une montagne, se dresse Pégase, le cheval ailé. La déesse de la Guerre, Minerve, est assise sur un siège, au bord de la mer. À sa droite, sont visibles une cuirasse et des drapeaux pris aux vaincus. Des armes reposent à ses pieds. De sa main gauche, la déesse repousse un orage menaçant. À sa gauche, sont visibles les symboles des autres dieux : le caducée de Mercure, la lyre d'Apollon et la corne d'abondance de Déméter. Dans les autres médaillons, des enfants jouent de la mandoline ou de la flûte de Pan, peignent ou étudient la géographie sur un globe terrestre.

Rue Jean-Tison

La rue commence rue de Rivoli et se termine rue Bailleul. Elle mesure 16 mètres de longueur et 10 mètres de largeur.

Odonymie

La rue doit son nom à un membre de la famille Tison, une vieille famille bourgeoise qui habitait la rue.

Histoire

Le nom de la rue apparaît pour la première fois dans les textes en 1205 ; elle s'écrivait à l'époque « rue Jehan-Tison ». La rue a été considérablement raccourcie lors de l'ouverture de la rue de Rivoli en 1854, passant d'une longueur de 110 mètres à seulement 6 mètres.

Immobilier

<u>Ex n°12</u> : au coin de la rue Bailleul, il y avait une maison décorée d'une architecture ancienne et qui avait été habitée par Jean de Morvilliers, chancelier de France du temps de la Ligue, puis par Gaspard de Schomberg.

L'hôtel, voisin de celui de la famille d'Aligre, fut détruit au XVIIe siècle, coupé par un passage, et il en demeurait des restes encore visibles en 1850, comme cette échauguette.

Place Joachim-du-Bellay

La place dessert les rues Berger, Saint-Denis et des Innocents. Elle mesure 80 mètres de longueur par 53 mètres de largeur.

Odonymie

Poète de la Renaissance, Joachim du Bellay est né le 2 janvier 1522, au château de la Turmelière, près de Liré, en Anjou, dans l'actuel département de Maine-et-Loire. Il était issu d'une famille noble et cultivée.

De santé fragile, Joachim part en 1546, faire ses études de droit à l'université de Poitiers où il rencontre Salmon Macrin. L'année suivante, il fait la connaissance de Jacques Peletier du Mans et de Pierre de Ronsard, qu'il rejoint au collège de Coqueret à Paris. Sous l'influence de leur professeur de grec, Jean Dorat, les deux hommes créent *la Brigade*, une association de poètes. Avec l'arrivée de quatre nouveaux membres, la Brigade devient *la Pléiade*. En 1553, du Bellay quitte la France pour accompagner le cardinal Jean du Bellay, cousin germain de son père, à la cour pontificale de Rome. Il est impatient d'étudier les textes des grands poètes latins, mais en revient déçu. Il publie son recueil de poésie le plus célèbre, *Les Regrets*, dans lequel il critique la vie romaine et exprime son

envie de rejoindre son Anjou natal. En 1557, Joachim tombe malade et souffre de surdité. Il est contraint de rentrer en France. Joachim du Bellay décède le 1er janvier 1560, rue Massillon, à Paris, à l'âge de 37 ans. Il est inhumé en la chapelle Saint-Crépin, au sein de la cathédrale Notre-Dame.

Histoire

La place occupe l'emplacement de l'ancien cimetière des Innocents. En 1787, l'église, les charniers et les monuments funéraires sont rasés. L'espace dégagé devient un marché aux fruits et aux légumes. La Constitution du 14 septembre 1791, instituant la monarchie constitutionnelle, est proclamée le 18 septembre. À cette occasion, un arbre de la Liberté est planté dans le marché. En 1811, des galeries de bois sont construites autour de la place pour abriter les étals des marchands. Des ossements sont retrouvés et envoyés aux catacombes. Le marché s'étend dans les rues avoisinantes. À l'image des Halles voisines, la vente va se réglementer sur le marché des Innocents. Les matins sont consacrés à la vente en gros, les après-midis à la vente au détail. Lors de la Révolution de 1830, le marché est le théâtre des combats du 28 juillet entre deux bataillons du 3e régiment d'infanterie, commandés par le général Emmanuel-Victor Pourroy de l'Auberivière de Quinsonas et les insurgés. Au cours d'une des actions de cette

révolution, les troupes de l'armée de Charles X sont bloquées par des barricades. La construction des nouveaux pavillons des Halles par Victor Baltard en 1856, surtout celui des fruits et légumes, rend le marché des Innocents inutile. Il est fermé cette même année et remplacé par un square établi sur sa moitié est, ouvert en 1860.

L'autre partie étant réservée à la construction de logements. Lors de ces travaux d'aménagement, des ossements sont de nouveau exhumés. La fontaine est déplacée pour être recentrée dans l'espace du square. Ce dernier est supprimé en 1973 lors du réaménagement des abords des anciennes Halles transférées à Rungis, puis remplacé par la place Joachim-du-Bellay.

La fontaine

La fontaine des Innocents, nommée dans un premier temps « fontaine des Nymphes », se situe au centre de la place Joachim-du-Bellay. De style Renaissance, elle a connu diverses modifications et fut classée aux monuments historiques en 1862. La première fontaine des Innocents était adossée contre l'église des Saints-Innocents, à l'angle des rues Saint-Denis et aux Fers (actuelle rue Berger). Elle fut construite sous Philippe Auguste, vers 1260, afin de dispenser de l'eau aux habitants du quartier des Halles, quartier en pleine  expansion. Elle était alimentée par une conduite en terre cuite amenant les eaux des sources du Pré-Saint-Gervais. Cette source desservait également le prieuré Saint-Lazare, le couvent des Filles-Dieu et la fontaine du Ponceau. Vétuste, elle fut reconstruite entre 1547 et 1549, sous le règne d'Henri II, par l'architecte Pierre Lescot. La décoration fut confiée au sculpteur Jean Goujon et devait célébrer l'entrée du roi dans Paris au retour du sacre de Reims, notamment celles de Jean le Bon, de Charles V, de Charles VI, de Charles VII le 12 novembre 1437 et de Charles VIII le 5 juillet 1484. Elle était une des étapes du parcours de la basilique Saint-Denis au palais de la Cité ou à la cathédrale Notre-

Dame. Ornée de figures et de cinq naïades en ronde-bosse, la fontaine,  de forme rectangulaire, comprenait trois arcades formant des loggias. Deux naïades décoraient l'arcade de la rue Saint-Denis, les trois autres ornaient les deux arcades en retour sur la rue aux Fers. Lors des grandes entrées royales, ces loggias servaient d'observatoire. Sur chaque pilier, entre deux pilastres corinthiens cannelés, était sculptée une nymphe porteuse d'une urne d'où l'eau semblait s'écouler en abondance. En réalité, l'eau provenait de simples robinets, placés en aplomb des arcades, laissant couler un mince filet d'eau. Chaque arcade était coiffée d'une frise et d'un attique à fronton triangulaire. L'église et le cimetière sont détruits en 1786 et les ossements sont transportés aux Catacombes. Privée de son mur d'appui, la fontaine faillit bien disparaître. Elle est démontée  et déplacée d'une quarantaine de mètres pour orner le centre du nouveau marché des Innocents. Son démontage est confié à l'ingénieur Six, pendant que les architectes Poyet, Legrand et Molinos conçoivent les plans pour sa réédification. Ils décident de lui donner une forme carrée, nécessitant la construction d'une quatrième face. Ce travail est confié au sculpteur Augustin Pajou en 1788, qui par bonheur, imite le style de son prédécesseur. Il sculpte donc trois naïades pour compléter les cinq de Goujon : les deux de la face méridionale et celle de la face occidentale.

Les autres ornements sont confiés à Lhuillier, Mézières et Danjon. Quatre lions sont disposés à chaque angle.

Un premier projet prévoyait un soubassement haut en pierre, percé par un caniveau d'où s'écoulerait l'eau de la fontaine, eau récupérée dans des bassins semi-cylindriques. Finalement, la fontaine repose sur une suite de bassins superposés, destinés à recueillir l'eau jaillissant d'une vasque en bronze, placée au centre du pavillon. Sinon la fontaine est coiffée d'une petite coupole constituée de feuilles de métal imitant les écailles d'un poisson. Sous l'Empire, l'amélioration de l'alimentation en eau permit de faire jaillir l'eau en cascades. C'est pourquoi, en 1810, on retira les bas-reliefs des soubassements pour les préserver du ruissellement avant de les faire entrer au musée du Louvre en 1824. La fontaine, qui n'était plus en eau, est remise en service en 1812 avec une alimentation en eau provenant du canal de l'Ourcq ouvert à cette date. Les bas-reliefs représentent des nymphes couchées en compagnie de tritons et de petits génies, entourés de créatures mythologiques. Ces

figures nues et allongées de néréides s'inspirent des triomphes marins sculptés sur les sarcophages antiques. Goujon s'est également inspiré des artistes italiens appelés par François 1er pour travailler au château de Fontainebleau.

Des naïades, au corps voilé, s'insèrent entre les pilastres. Jean Goujon révolutionne ici le bas-relief. Bien que placées dans des espaces réduits, ces femmes ne semblent en aucun cas écrasées ou étriquées. Elles s'adaptent à leur cadre. À travers les siècles, les connaisseurs admirèrent leur grâce, leur souplesse, leur fluidité, apportant ainsi la célébrité à leur concepteur. Il est évident que Jean Goujon s'inspira de la sculpture hellénistique dans le traitement des drapés. Les plis sont légers, transparents et mouillés afin de mettre les courbes féminines en valeur. L'eau ruisselant des urnes semblent s'être répandue sur leur tunique.

Les attiques sont décorés de scènes mythologiques relatives aux sources et fontaines. Lors de la conception de la quatrième face, Pajou s'inspira de la statue de la Paix, sculptée par Goujon et visible au musée du Louvre. Le traitement décoratif de la surface (coquillages, vaguelettes, écailles) et l'expression espiègle des Amours animent l'œuvre d'une gaieté insouciante.

Le square

Lors de la démolition du marché en 1858, la fontaine est déplacée de soixante mètres pour prendre place au centre du nouveau jardin public en 1860. La transformation est confiée à l'architecte Gabriel Davioud. La fontaine est surélevée par un soubassement de forme pyramidale, lui-même étagé de six vasques en demi-cercles, elles-mêmes placées dans l'alignement des arcades. Le tout repose au milieu d'un bassin circulaire. Aujourd'hui, le square a disparu (1973). Il fut remplacé par une vaste place, la place Joachim-du-Bellay, entourée de commerces et d'immeubles d'habitations.

La fontaine des Innocents s'est dégradée au fil des années. Les nymphes et les blasons de la ville tendaient à disparaître. Les bassins se fissuraient. Les pierres des arcades se désagrégeaient. En novembre 2014, un budget de quatre millions d'euros est voté au Conseil de Paris afin de restaurer ce chef-d'œuvre de la Renaissance. Devant l'état de délabrement de l'édifice, en 2017, l'eau cesse de couler et les bassins deviennent ainsi un dépotoir où les riverains ramassent quotidiennement bouteilles et autres déchets. Des jeunes gens grimpent dans les arcades pour réaliser des selfies, voire pour taguer la pierre jaunie par la pollution. En 2019, les travaux n'ont toujours pas commencé et les riverains s'impatientent et s'inquiètent. Où est passé l'argent du budget voté ? Pourquoi la fontaine a-t-elle été oubliée lors des travaux de rénovation du quartier des Halles ? La maire de Paris, Anne Hidalgo, explique que des études sont en cours afin d'évaluer les travaux, leurs coûts et leur durée. Jean-François Legaret, maire du 1er arrondissement, grimace. Trois hommes, passionnés d'art et habitants dans le quartier, décident d'alerter l'opinion publique en mettant en ligne une pétition. Ces hommes se nomment Jacques Chavonnet, Philippe Desbois et Jean-François Frier. L'Association pour la Défense des Riverains et l'Animation du quartier des Halles a réuni ses signatures et comptent bien obtenir gain de cause. En juillet 2019, Karen Taïeb, adjointe à la maire de Paris et chargée du patrimoine, annonce l'ouverture du chantier de la fontaine des Innocents. Les travaux devaient commencer à la fin de l'année 2021 et s'étendre en 2022, pour un coût de cinq millions d'euros. Fin 2023, des échafaudages sont dressés autour de la fontaine. Aujourd'hui, l'édifice est entièrement rénové pour le plaisir des riverains et des touristes.

Rue du Jour

La rue commence rue Coquillière et rue Rambuteau, et se termine rue Montmartre. Elle mesure 127 mètres de longueur et 12 mètres de largeur au minimum.

Odonymie

La rue se nommait au XIIIe siècle « rue Raoul-Roissolle ». Un pâtissier de ce nom y vendait de petits gâteaux baptisés « roissoles ». Elle devint ensuite la rue Jean-le-Mire, du nom du chauffe-cire du chancelier de France (sa tâche consistait à faire fondre la cire pour les sceaux). Vers 1370, Charles V fait construire, de la rue Montmartre à la rue

Coquillière, un manège, des écuries et d'autres bâtiments nommés le « séjour du roi ». Cette voie prend ensuite le nom de « rue du Séjour » qui fut, par la suite, déformé par la population en « rue du Jour » au XVIIe siècle.

Histoire

La rue suit le tracé de l'ancien chemin de ronde intérieur de l'enceinte de Philippe Auguste qui passait entre la rue du Jour et la rue Jean-Jacques-Rousseau actuelle. Cette partie de l'enceinte, ainsi que la porte Montmartre toute proche, ont été détruites entre 1529 et 1535. Au centre du carrefour, formé par les rues actuelles du Jour, Rambuteau et Coquillière, se dressait une grande croix. Vestige peut-être du premier cimetière qui se situait devant la façade ouest actuelle de l'église. Les maisons de 1 à 15 ont été supprimées afin de former une place devant l'église Saint-Eustache.

Immobilier

N°2 : emplacement de l'église Saint-Eustache.

N°3 : maison dans laquelle vécut le peintre Henry Coeylas en 1885.

N°4 : emplacement de l'hôtel de Royaumont. En 1316, l'abbaye de Royaumont acquit une maison. En 1612, l'abbé de Royaumont, Philippe Hurault de Cheverny fit raser la bâtisse et construire un hôtel majestueux, détruit à son tour en 1950. Demeurent les caves, les soubassements des murs et **le porche d'entrée**. Dans la seconde moitié du XXe siècle, un nouvel hôtel se dresse à sa place, imitant l'architecture de son prédécesseur et intégrant les quelques vestiges. Bien que prévu pour héberger les abbés de l'abbaye, l'hôtel fut loué en 1625 par l'abbé François de Sourdis au comte François de Montmorency-Bouteville.

Duelliste qui y mourut le 22 juin 1627 pour avoir enfreint les édits sur le duel. Il devint un cabinet littéraire avant d'être vendu comme bien national sous la Révolution.

> En 1670, une sculpture est découverte dans le jardin de l'hôtel de Royaumont dont l'origine suscite encore des doutes. La tête de femme en bronze, surmontée d'une tourelle, est aujourd'hui conservée au Cabinet des médailles de la Bibliothèque nationale. D'une hauteur de 75 cm, cette effigie, semble-t-il de facture romaine, est d'abord assimilée à la déesse Isis, puis à Lutèce. Ces suppositions sont remises en cause au XIXe siècle. Comment une tête romaine aurait-elle pu atterrir dans un quartier inexistant à l'époque gallo-romaine ? Les experts y virent des traits modernes afin de remettre en cause son authenticité. Pourtant la tour très élevée qui prolonge la tête est typique de l'époque des Antonins. En 1960, Jean Charbonneux, leva une partie du mystère. La tête est bien romaine. Une patine noire recouvrait en effet une patine verte beaucoup plus ancienne. Reste à comprendre comment cette déesse italienne s'est retrouvée enfouie dans un tas de gravats.

N°7-9 : vestiges de l'enceinte de Philippe Auguste classés aux monuments historiques.

N°21-23 : vestiges de l'enceinte de Philippe Auguste classés aux monuments historiques.

N°25-27 : l'hôtel de La Porte a été édifié au XVIe siècle sur une partie de l'emplacement qu'occupait depuis 1370 le « séjour du roi », pied-à-terre champêtre de Charles VI. Vers 1641-1642, l'hôtel est acheté par Antoine de La Porte, échevin de Paris, marchand de poisson frais, sec et salé. Il fait entièrement reconstruire l'hôtel qui appartenait alors à un ensemble donnant d'une part sur la rue du Jour, de l'autre sur la rue Montmartre. Les éléments de décor affirment la richesse de ce bourgeois gentilhomme. Sans faire partie des plus grands hôtels de son époque, il se distingue par un parti-pris de décoration très soigné, y compris sur la cour, avec ses baies moulurées, ses corniches raffinées et son superbe fronton où des guirlandes de fleurs de chêne et d'acanthes s'enroulent autour d'un écusson. La porte Renaissance, ornée de rinceaux est surmontée d'un fronton à l'italienne. L'imposte est munie de riches éléments de ferronnerie où l'on peut encore voir les initiales ADP. Deux consoles portant des têtes sculptées encadrent l'entrée. Cette porte donne accès à un escalier ovale à rampe faite d'entrelacs de pierre, puis de balustrades de bois carrées. Le plafond était décoré d'un médaillon central représentant une femme et des enfants. Les portes sont surmontées de cartouches ornés d'enfants. Au XVIIIe siècle, l'hôtel entre en possession de la famille Anjorant, puis sert de presbytère à l'église Saint-Eustache. En 1983, la CARPA (Caisse Autonome des Règlements Pécuniaires des Avocats) rachète l'immeuble en piteux état et charge l'architecte Jean-Jacques Fernier de le restaurer. Aujourd'hui l'hôtel abrite le musée du Barreau de Paris. L'immeuble est inscrit aux monuments historiques depuis le 9 janvier 1926.

L'église Saint-Eustache

Peu remaniée au fil du temps, l'église Saint-Eustache conserve son caractère du XVIe siècle. Ses dimensions peuvent paraître extraordinaires pour l'époque. Elles témoignent de la reprise économique et de la progression démographique après 1500.

Histoire

Selon une légende, un bourgeois parisien, nommé Jean Alais, accorda un prêt à Philippe Auguste. Hélas, ce dernier fut dans l'incapacité de le rembourser. Afin de le dédommager, le roi autorisa son créancier à prélever un denier sur chaque panier de poissons vendu aux halles. Cette taxe rapporta à Jean Alais des sommes si considérables que, pris de remords, il finança à ses frais la construction d'une église dédiée à sainte Agnès près du marché. Bien sûr les historiens retiennent une autre version des faits. Pourtant, une chapelle portant ce nom est construite vers 1200-1210, dans la rue Montmartre. Sa crypte existe toujours et se situe sous la chapelle de la Vierge actuelle. L'entrée de celle-ci était facilement identifiable, grâce à l'écu accroché au-dessus de sa porte (un poisson tentant de se mordre la queue). Le poisson a été décroché. Dès 1223, la chapelle Sainte-Agnès est agrandie et érigée en église paroissiale sous le vocable de Saint-Eustache, suite au transfert des reliques du martyr depuis l'abbaye de Saint-Denis.

Saint Eustache, Placidus de son vrai nom, était un général romain, né à Mâcon vers le IIIe siècle. Passionné de chasse, il se serait converti au christianisme après avoir vu apparaître un crucifix entre les bois d'un cerf qu'il poursuivait. Les symboles du saint sont omniprésents dans et sur l'église, soit les lettres S et E, des cors de chasse et des bois de cerf. D'autres extensions suivirent en 1432, 1466 et 1495.

Au XVIe siècle, le quartier des Halles devint de plus en plus actif, entraînant avec lui un accroissement démographique sans précédent. Toutes les classes sociales s'y côtoyaient. L'église devint le siège de nombreuses confréries, tandis que ses abords assistaient aux tractations des banquiers. Sous l'impulsion de François 1er, il fut décidé de construire une église plus ambitieuse. Celle-ci devait être comparable à Notre-Dame et permettre au roi de rivaliser avec ses illustres prédécesseurs capétiens. De nombreux projets virent le jour, plus audacieux les uns que les autres. La première pierre est posée le 19 août 1532 par Jean de La Barre, prévôt des marchands. Les travaux, d'une extrême lenteur, s'échelonnèrent sur plus d'un siècle. Commencée par les chapelles nord, la construction se poursuit dans les années 1540 par la façade sud. Les travaux seront successivement confiés à Boccador, le papa de l'Hôtel de Ville de Paris, Nicolas Lemercier et Charles David, gendre du précédent. L'église présente un caractère de par son mélange de style, peut-être en raison de la multiplication des architectes ou la lenteur des travaux. Bâtie dans un style gothique en pleine Renaissance, des colonnes grecques et romaines côtoient des lignes très moyenâgeuses. En 1578, René Benoist, curé de l'église Saint-Eustache, fit imprimer une requête

afin d'obtenir des secours financiers pour l'achèvement de son église. La lettre obtient sans doute quelques sommes d'argent, car on construisit à cette époque plusieurs piliers de la nef et plusieurs fenêtres. L'église est achevée en 1633. Elle est consacrée le 26 avril 1637 par Monseigneur de Gondi, archevêque de Paris. Les travaux de décoration intérieure prirent fin trois ans plus tard. En 1665, Colbert fit construire deux chapelles à l'intérieur de la nef, en tant que paroissien et premier marguillier de Saint-Eustache. La décoration est confiée à Charles de la Fosse pour la chapelle des Mariages (*Adam et Eve* ou *Le mariage de la Vierge*) et à Pierre Mignard pour la chapelle du Baptême. Or, l'édification des chapelles fragilisa la façade occidentale. Un affaissement de terrain en 1688 finit le travail et la réduisit en ruines. Se sentant coupable, Colbert commanda un projet de façade à l'architecte Louis Le Vau. Le projet comprenait également la reconstruction de la première travée de la nef et des bas-côtés. Pourtant, il fallut attendre le 22 mai 1754 pour assister à la pose de la première pierre par le duc de

Chartres. Les travaux furent confiés à l'architecte Jean Hardouin-Mansart de Jouy, petit-fils de Jules Hardouin-Mansart, qui modifia le projet, s'inspirant du portail de l'église Saint-Sulpice. Faute d'argent, le chantier traîna en longueur. Le projet initial prévoyait deux tours à deux étages, reliées entre elles par une galerie, ainsi qu'une riche décoration sculptée. En 1772, l'architecte Louis-Pierre Moreau-Desproux opta pour des tours à un seul étage, celle du côté sud restera inachevée. À la même période, les marguilliers de Saint-Eustache commandèrent la construction de deux sacristies superposées dans l'espace triangulaire accolé au chœur de l'édifice, du côté sud, afin de remplacer une sacristie devenue trop étroite. Le projet, mis en œuvre à partir de 1779, se dût d'intégrer le corps de garde du carrefour dont l'emplacement était dicté par son rôle de surveillance et d'assistance publique. Pour relier le nouvel édifice à l'église, l'architecte ouvrit une nouvelle porte dans le mur sud. Elle est disposée dans un renfoncement semi-circulaire et elle est divisée en deux vantaux symétriques, en bois à gauche et en pierre à droite. La nouvelle porte est encadrée par deux colonnes engagées d'ordre dorique et d'une frise alternant triglyphes et métopes.

À la Révolution, l'église fut entièrement vidée de son mobilier, avant d'être pillée, saccagée et transformée en temple de l'Agriculture en 1795. En 1844, un grave incendie détruisit l'orgue et une partie de l'église, entraînant avec eux le peu de mobilier et d'œuvres d'art rachetés par les marguilliers de Saint-Eustache. L'architecte Victor Baltard, le papa des pavillons des Halles, est chargé des rénovations. Il fit retirer le badigeon blanc qui recouvrait les murs et découvrit avec joie d'anciennes peintures murales datant du

XVIIᵉ siècle. Parallèlement à cette restauration, la préfecture de la Seine commanda un décor monumental pour l'église, après avoir fait bénéficier d'autres édifices religieux de sa générosité. L'église est classée aux monuments historiques en 1862 et ne connut pas de grande modification par la suite. Pendant la Commune de Paris, un incendie débuta dans le campanile dominant la chapelle de la Sainte-Vierge, provoqué par un obus à pétrole. En 1922, la paroisse est confiée à une congrégation religieuse masculine, la Société de l'Oratoire de Jésus et de Marie. Dans les années 1980, a lieu la restauration du grand comble, soit la toiture au-dessus de la nef. En 2000, c'est au tour de la façade sud d'être entièrement restaurée. Afin de faciliter l'accès de l'église aux personnes à mobilité réduite, la paroisse fait restaurer le transept sud et mécaniser la porte. Cette dernière devient ainsi l'entrée principale. Les travaux vont durer 18 mois et coûtés 2,7 millions d'euros, somme apportée par la ville de Paris et l'Etat, ainsi que la publicité (les bâches des échafaudages installées par la société JCDecaux servaient de support publicitaire chaque mois à une entreprise différente).

Architecture extérieure

La **façade ouest** de l'église se compose de trois travées, celle centrale est plus large que les deux autres. Au premier niveau, la porte centrale est dissimulée derrière un porche composé de deux colonnes doriques.

La porte en plein cintre est encadrée par deux pilastres doriques. À chaque extrémité, se trouve une porte encadrée par des colonnes jumelées à chapiteaux doriques. Les tympans en plein cintre sont dépourvus de décoration. Une frise, composée d'une alternance de triglyphes et de métopes, supporte un entablement à modillons. Celui-ci supporte les trois fenêtres rectangulaires du 2ᵉ niveau. Ici les colonnes sont coiffées d'un chapiteau ionique et supportent un fronton triangulaire dépourvu de décor. La tour sud est percée d'abat-son en plein cintre, coiffés de fronton curviligne. Les fenêtres sont encadrées par des colonnes cannelées à chapiteaux corinthiens. La tour nord est restée inachevée.

La **façade du transept nord** se situe dans une impasse, ce qui la rend peu visible. La porte est encadrée par des pilastres ornés de chapiteaux corinthiens. Au XIXᵉ siècle, les piédroits se dotèrent des statues de sainte Geneviève et de saint Denis. Le trumeau porte une statue de saint Eustache vêtu d'une cuirasse romaine.

La **façade du transept sud** est souvent photographiée, car elle est accessible depuis le jardin des Halles et elle est visible dans toute sa hauteur. Le portail date de 1539-1540. La présence d'une large voussure en plein cintre et de grands pilastres composites, au-dessus et autour des portes géminées, marquent l'évolution vers le classicisme. Ici aussi, les sculptures détruites lors de la Révolution, ont été remplacées au XIXᵉ siècle ; il s'agit de sainte Anne et de saint Joachim. Le trumeau porte une  Vierge à l'enfant. Sinon la façade se compose de trois niveaux en retrait, fortement marqués par des balustrades.

> La façade du transept méridional comporte deux cadrans ; en haut, un cadran solaire sur le tympan et, en bas, une méridienne au-dessus du portail.

La façade sud du transept est surmontée d'un tympan en forme de triangle. Ce tympan, orné d'une rose, est encadré de deux lanternons couronnant les tours d'escalier et  sommé à sa pointe d'une tête de cerf entre les bois de laquelle est une croix.

La rose du tympan qui surmonte la façade, à plus de 30 m de haut, comporte, rayonnant dans le bas, un grand cadran solaire qui doit dater de la construction du transept. Peint sur la pierre, il s'inscrit près de la base du triangle curviligne qui épouse la forme du tympan et doit mesurer 6,40 mètres sur environ 2,40 mètres. Le centre du cadran est vers le bas de la rose, à peu près au tiers de sa hauteur. Les 12 lignes horaires vont de la rose à la base du tympan. Les 11 lignes des demi-heures sont semblables aux lignes des heures. Le style polaire est terminé par une flèche.

L'astronome Le Monnier a utilisé ce cadran pour régler sa lunette. Dans une note 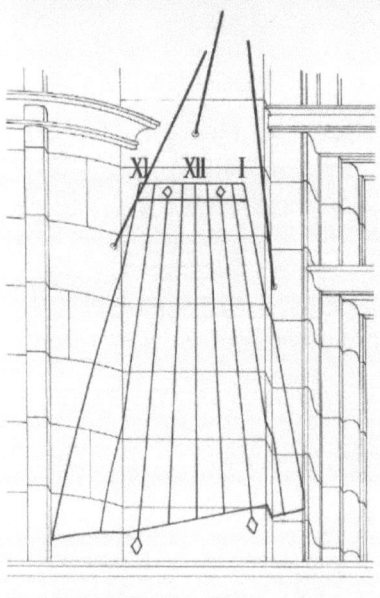 manuscrite de décembre 1734, il écrit que, lorsqu'il était professeur de physique au collège d'Harcourt, l'actuel lycée Saint-Louis, il réglait ses observations sur le cadran de Saint-Eustache : « Etant donc monté au grenier du collège qui se trouve au-dessus du réfectoire, je posais toujours l'objectif de ma lunette sur la fenêtre Est, la 3e à compter depuis la porte du grenier. Les opérations ont été faites fort exactement et un grand nombre de fois. Les deux points dont je me suis servi sont VII ½ et VI ½ ; je jugeais la face du cadran assez perpendiculaire à la direction de ma lunette. Une partie de plus ou moins dont on fait

> avancer l'index du micromètre à filets devient sensible. Les points sont quarrés et assez grands. »
>
> Sur le contrefort au-dessus et à gauche du portail méridional, à 10 mètres de haut environ, se trouve, plus bas que le cadran solaire, une méridienne. Gravée dans la pierre de la façade, elle mesure 3 mètres sur 1,75 mètre et elle est délimitée, en haut, par deux lignes horizontales, en bas, par l'équatoriale, et, de chaque côté, par les lignes XI et I. Ces lignes suivent le relief de l'architecture avoisinante, elles convergent vers un point qui est ici, inaccessible. Les trois lignes horaires en traits pleins vont du trait supérieur du cadran au trait oblique du bas, qui représente l'équatoriale. Les deux lignes des demi-heures en traits pleins partent d'un petit losange et arrivent à un autre losange. Les quatre lignes des quarts d'heure sont semblables aux lignes des heures. Le style était un disque soutenu par un trépied s'appuyant à l'extérieur du cadran, un pied au-dessus, un pied de chaque côté. Le trépied existe toujours, le disque a disparu.

Seules trois églises parisiennes disposent d'un cadran solaire : Saint-Gervais-Saint-Protais dans le 4e arrondissement et Saint-Germain-de-Charonne dans le 20e.

La **chapelle de la Vierge** comporte sur ses murs, à l'extérieur, un baromètre hors d'usage et une horloge. La toiture est surmontée d'un clocheton en bois.

Architecture intérieure

Le **plan**, comme dans l'église voisine de Saint-Merry, reproduit celui de la cathédrale Notre-Dame : une nef à cinq travées et un transept non-saillant. On y observe ainsi un redoublement des collatéraux et du déambulatoire. Les 25 chapelles latérales sont toutes non saillantes. Celles du bas-côté sud présentent la particularité d'avoir une profondeur croissante afin de respecter le tracé de l'ancienne rue Trainée, aujourd'hui place René-Cassin. Les dimensions de l'église sont également proches de celles la cathédrale de Paris : 105 mètres de long, 43,5 mètres de large et 33,46 mètres de hauteur.

La **nef** se divise en cinq vaisseaux et elle est bordée de doubles collatéraux. La triple élévation se compose de grandes arcades en plein cintre au rez-de-chaussée, d'un triforium au deuxième niveau et de grandes baies à quatre lancettes au troisième niveau. Les piliers sont flanqués de pilastres au niveau des grandes arcades dont les tailloirs sont ornés de petites têtes. Les pilastres supportent à leur tour des colonnes à chapiteaux corinthiens. Quant aux voûtes, elles sont d'ogives à clefs pendantes. La hauteur des voûtes, ainsi que leur décoration, s'inscrivent dans la tradition gothique, alors que les colonnes et la décoration des chapiteaux se réfèrent davantage à la Renaissance.

Dans le **vestibule**, se trouvent cinq peintures. À gauche : *l'Adoration des bergers* par François-Guillaume Ménageot (XVIIIe siècle). À l'origine, il fut peint pour le couvent des Filles-de-Saint-Chaumond. *Le Martyre de saint Eustache* par Simon Vouet (vers 1635).

Commandé à l'artiste par le cardinal de Richelieu, pour le maître-autel de l'église, le tableau était complété à sa partie haute par une toile représentant *l'Apothéose de saint Eustache*. Le premier maître-autel est détruit au XVIIIe siècle. Les deux tableaux sont réinsérés dans le nouveau, mais doivent être retaillés. Le martyre prend alors une forme cintrée. Les deux œuvres entrent au dépôt des Petits-Augustins le 14 mars 1794. En 1809, l'Apothéose est envoyée au musée de Nantes, tandis que le Martyre rentre dans la collection privée du cardinal Fesch. Celui-ci est finalement vendu à M. Morel qui le cède au préfet de la Seine, en 1855, afin qu'il retourne dans l'église Saint-Eustache. Le tableau illustre saint

Eustache, ancien général romain, détournant les yeux du dieu païen que l'empereur Trajan lui demande d'adorer. L'empereur le condamne à être brûlé vif dans un taureau d'airain avec sa femme et ses deux enfants, visibles au milieu des fumées dégagées par le brasier. Des angelots porteurs de couronnes de lauriers manifestent la reconnaissance divine et anticipent l'accueil d'Eustache et de sa famille auprès de Dieu. *Saint Jean-Baptiste* par François Lemoyne (1726). L'œuvre fut commandée par la famille de Norville pour orner sa chapelle. Le tableau fut rendu à l'église Saint-Eustache en 1812. *Moïse frappant le rocher* par Nicolas-René Jollain (1783). *Le Martyre de sainte Agnès* par Alexandre-François Caminade (1808). L'artiste a copié le tableau du Dominiquin. Ce dernier avait été peint vers 1620 pour le couvent Sainte-Agnès de Bologne. Le tableau fut saisi lors de la campagne d'Italie et exposé au musée du Louvre, avant d'être restitué à la chute de l'Empire. Il est visible actuellement à la pinacothèque de Bologne.

Au niveau de la 4ᵉ travée, se trouve le **banc d'œuvre**. Il date de 1720. En forme de portique grec, il fut exécuté par Pierre Lepautre, sur des dessins de Jean-Sylvain Cartaud. Il est un des rares bancs d'œuvre, datant de l'Ancien Régime, encore visible à Paris. Au centre de l'arcade, un médaillon est suspendu représentant la Crucifixion. Il est tenu par des anges. Quatre colonnes cannelées à chapiteaux ioniques portent une voûte. Celle-ci est coiffée du Triomphe de sainte Agnès. L'ange de gauche présente la  palme du martyre à la sainte, tandis que celui de droite tente de la couronner. En face, on peut admirer la **chaire à prêcher.** Elle a été sculptée par Victor Pyanet au XIXᵉ siècle, sur des dessins de Victor Baltard. Sa cuve est ornée de bas-reliefs en médaillons représentant les vertus théologales : la Foi, l'Espérance et la Charité.

Le **bas-côté nord** (à gauche en entrant) comporte cinq chapelles latérales. La chapelle de la Rédemption comporte un décor monumental réalisé par Auguste-Barthélémy Glaize (XIXᵉ siècle) : la naissance du Christ, la mort de Jésus-Christ, Adam et Eve chassés du paradis et la captivité de Babylone. La chapelle des Fonts baptismaux, nommée également chapelle Saint-Jean-Baptiste, comporte une copie de l'œuvre de Rubens, *L'Adoration des Mages*. L'œuvre originale se trouve au musée de Lyon. Les peintures murales de la chapelle Notre-Dame-des-Sept-Douleurs sont l'œuvre de Léon Riesener et furent exécutées entre 1854 et 1857 : la présentation au temple, le repos en Égypte, la montée au calvaire et la crucifixion. Une Pietà en plâtre, datant du XIXᵉ siècle, est visible dans la chapelle. Un retable réalisé par Raymond Mason, en 1971, illustre *Les Marchands des Halles quittant Paris le 28 février 1969*. Il est actuellement en cours de restauration. La chapelle Saint-Joseph fut décorée au XVIIᵉ siècle par Simon Vouet : la résurrection, gardes assoupis près du tombeau du Christ, l'assomption, l'apparition à Madeleine, l'apparition aux saintes femmes et l'apparition aux disciples d'Emmaüs. Les peintures furent restaurées en 1850 par Louis Basset (badigeon blanc) et en 2022. La décoration de la chapelle Saint-Eustache fut confiée à Alphonse Le Hénaff (1855) : la vocation de saint Eustache, le baptême de saint Eustache, l'exil de saint Eustache et le martyre de saint Eustache.

Le **bas-côté sud** comporte cinq chapelles de taille décroissante. La chapelle des Âmes du Purgatoire fut décorée en 1855 par Albert Magimel : La transfiguration. Sur le mur de gauche, se trouve un *Ecce Homo* en pierre, par Antoine Etex (1857). En face, *la Résignation* par Émile-François Chatrousse (1858). Dans ses deux sculptures d'esprit romantique, les artistes manifestent leur rejet des expressions passionnées et leur préférence pour les sentiments mélancoliques. La chapelle est aujourd'hui dédiée aux soldats tombés pendant la Première Guerre mondiale. La chapelle des Saints-Innocents comporte un haut-relief en pierre, *Le Mariage de la Vierge* par Henri-Joseph de Triqueti (1859). L'œuvre utilise les rythmes et la profondeur des draperies pour animer une composition simple. Le style de ce relief évoque la sculpture italienne du XVe siècle. Sur le mur de droite, le songe de Joseph. Les peintures de la chapelle Sainte-Cécile représentent sainte Cécile et saint Léonard. Le tableau de Léon Brunel-Roque, *Le Mariage de la Vierge*, date de 1858. Une plaque commémore l'inhumation de la mère de Mozart qui eut lieu à Saint-Eustache en 1778. La chapelle contient également le buste de Jean-Philippe Rameau. La chapelle du Calvaire ou chapelle de la Crucifixion contient un groupe sculpté en carton-pâte, impressionnant et coloré. Aux pieds du Christ, se trouvent deux anges agenouillés, ainsi que les statues de saint Antoine de Padoue et de saint François d'Assise. La chapelle de la Ville de Paris contient une statue de Jeanne d'Arc et la plaque funéraire de François de Chevert.

Le **transept sud** possède un décor riche. Les peintures murales sont l'œuvre d'Émile Signol et datent du XIXe siècle : la Vierge sur le chemin du calvaire, le Christ sur la croix, les évangélistes Luc et Mathieu et deux vertus cardinales (la Force et la Prudence). Au trumeau de la porte, une statue de sainte Agnès. Sur les murs, deux hauts-reliefs en terre cuite émaillée, datant de 1858, réalisés par Giuseppe Devers : sainte Cécile et le roi David. Ils sont surmontés des statues en plâtre de six apôtres, réalisées par Gustave Crauk et Jean-Aristide Husson. Le premier vitrail illustre l'Annonciation. Il est surmonté par cinq vitraux : la Trinité et les quatre évangélistes. La rose représente des scènes de la vie de la Vierge et de l'enfance du Christ. Enfin, un bénitier en plâtre, œuvre de Louis-Eugène Bion, date de 1834. Il figure le pape Alexandre II instituant l'usage de l'eau bénite. Il est escorté par deux anges qui foulent aux pieds le démon. Le bénitier fut donné par l'Etat en 1834.

Le **transept nord** fut également décoré par Émile Signol : l'ensevelissement du Christ, la résurrection du Christ, les évangélistes Marc et Jean, ainsi que les deux dernières vertus cardinales (la Tempérance et la Justice). Au trumeau de la porte, une statue de saint Jean l'Evangéliste. Sur les murs, deux hauts-reliefs en terre cuite émaillée, datant de 1858, réalisés aussi par Giuseppe Devers : saint Ambroise et saint Grégoire le Grand. Les deux saints ont un lien avec la musique. Saint Ambroise a inventé le chant hymnique latin afin d'éviter à ses fidèles de s'ennuyer pendant l'office. Saint Grégoire composa de nombreux chants grégoriens. Ces hauts-reliefs sont surmontés des statues en plâtre des six derniers apôtres, réalisées par Jean-Baptiste Debay. Le grand vitrail illustre la Nativité. Il est surmonté par cinq vitraux : les rois de l'Ancien Testament (Salomon et David). La rose se compose de motifs géométriques.

Le chœur se caractérise par son décor gothique flamboyant et sa clef pendante. L'art de la Renaissance n'est pas en reste et s'inscrit surtout sur les piliers. Les vitraux du chœur (1631) sont un rare témoignage d'un art en perdition. Antoine Soulignac a représenté les quatre Pères de l'Eglise, les apôtres entourant le Christ ressuscité, sainte Agnès et saint Eustache. La diversité des canons comme des gestes permet de supposer que l'artiste utilisa des cartons provenant de différents auteurs, dont Philippe de Champaigne. Les 11 scènes se divisent ainsi : saint Grégoire et saint Augustin ; Saint Barthélémy et saint Mathias ; Saint Jean et saint Jacques le Mineur ; saint André ; saint Pierre ; saint

Eustache, sainte Agnès et le Christ ; saint Paul ; saint Jacques le Majeur ; Saint Thomas et saint Philippe ; saint Simon et saint Jude ; saint Germain et saint Mathieu. Les vitraux ont été fort endommagés, notamment lors de la pompe funèbre de Mirabeau où l'on eut l'idée de renforcer l'émotion dramatique par des tirs de mousqueterie, ainsi que pendant l'insurrection de la Commune. Les vitraux furent restaurés entre 1871-1872 par Prosper Lafaye. Lors de sa

construction, le chœur de l'église est doté d'un maître-autel architecturé (c'est l'un des plus grands de Paris), financé par Claude de Bullion, surintendant des Finances. Deux tableaux sont commandés à Simon Vouet pour décorer sa partie centrale : le *Martyre de saint Eustache* et *l'Apothéose de saint Eustache*. Le maître-autel est reconstruit en 1842 selon des dessins de Victor Baltard. L'architecte dessina également les stalles en bois.

Les sept **chapelles du déambulatoire nord** possèdent des œuvres remarquables. La chapelle des Ménardeau est assez anodine. La chapelle Saint-Louis fut décorée par Félix-Joseph Barrias : la consécration de la Sainte-Chapelle par Saint Louis, Saint Louis secourant les pestiférés, Saint Louis en prière devant la croix, la glorification de Saint-Louis et la mort de Saint Louis. Le vitrail illustre l'éducation de Louis IX. La chapelle Sainte-Geneviève fut ornée par Auguste Pichon, entre 1851 et 1855 : sainte Geneviève guérit sa mère

aveugle, saint Germain d'Auxerre et saint Loup prédisent aux parents de sainte Geneviève la destinée de leur fille. Est visible une statue du Bon Pasteur en terre cuite. *Le Tobie et l'Ange*, par Santi di Tito, date de 1575. À l'origine, ce tableau ornait la sacristie de la Basilique San Marco de Florence, en Italie. Envoyé à Vienne lors d'un échange de tableaux entre l'empereur d'Autriche et le Grand-duc de Toscane, en 1792-1793, il fit partie des œuvres d'art saisies en 1809 en Autriche par Vivant Denon, directeur du musée du Louvre, et fut finalement déposé à Saint-Eustache en 1811. La chapelle fut dédiée à Saint-Vincent-de-Paul en 1803, en souvenir du séjour du saint sur le territoire de la paroisse de 1613 à 1623, alors qu'il était précepteur de la famille de Gondi. Les peintures de la chapelle représentent des scènes de la jeunesse de la Vierge : saint Joachim, la présentation de la Vierge, saint Jean écrivant l'Apocalypse, sainte Marguerite, Saint Louis, saint Jean-Baptiste, la naissance de la Vierge. Au plafond, des anges portant les instruments de la Passion. Ces peintures sont datées de 1634 et sont attribuées à l'atelier de Simon Vouet. La chapelle présente, en dépôt de la ville de

Paris, une œuvre d'art contemporain de Keith Haring, *la Vie du Christ*, réalisée en 1990. L'œuvre appartenait à la fondation Spirit, fondée par John Lennon et sa femme Yoko Ono à New York en 1978. Keith Haring avait demandé à ce qu'une de ses œuvres soit exposée à Paris. Saint-Eustache reçut ce triptyque en bronze, recouvert d'une patine d'or blanc, en remerciement de ses actions pour aider les malades du sida, maladie qui emporta l'artiste en 1990. Les huit autres exemplaires sont exposés au Whitney Museum de New York, dans la cathédrale Saint-Jean le Divin de New York, au musée de Denver dans le Colorado, dans la cathédrale de San Francisco en Californie, au musée d'art contemporain d'Hiroshima et au musée des Amis américains d'Israël à Jérusalem. La chapelle Sainte-Madeleine contient un tableau exceptionnel, réalisé par Rutilio Manetti, *l'Extase de sainte Madeleine*, en 1627. Il est entré à Saint-Eustache en 1933. La composition du tableau s'inspire de la *Madeleine soutenue par deux anges* de Simon Vouet et la *Mort de Marie-Madeleine* par Francesco Rustici, visible au Palazzo Pitti à Florence. Les peintures murales illustrent bien sûr des scènes de la vie de Marie-Madeleine et des anges portant des instruments de musique. La chapelle Saint-Pierre l'Exorciste a été décorée par Pierre-Claude Delorme. Pendant des années, le tableau *Les Pèlerins d'Emmaüs* fut considéré comme une copie de l'œuvre de Pierre-Paul Rubens (1627). Depuis sa restauration en 2019 par la COARC (Conservation des œuvres d'art religieuses et civiles de la ville de Paris), le tableau est identifié comme étant du grand maître. La chapelle Saint-Louis-de-Gonzague contient le monument funéraire incomplet de Jean-Baptiste Colbert. À sa mort en 1683, le ministre est inhumé dans

l'église de Saint-Eustache. Deux ans après, sa veuve, Marie Charron, commande aux sculpteurs Antoine Coysevox et Jean-Baptiste Tuby l'exécution d'un tombeau dont le dessin est fourni par Charles Le Brun (1685-1687). D'une esthétique représentative de l'art baroque, le tombeau prenait place sous une arcade donnant sur la chapelle de la Vierge. Une statue de Colbert en orant, à genoux, les mains jointes, revêtu du manteau de chevalier de l'ordre du Saint-Esprit, repose sur un sarcophage de marbre noir. Le sarcophage est supporté par deux hautes consoles posées sur un grand soubassement flanqué par les allégories de la Fidélité (Coysevox) et de la Foi (Tuby). La Fidélité est

assise sur un chien et tient dans ses mains les clés de Rome et des fleurs de lys, tandis que la Foi est coiffée de la flamme de la Pentecôte. Sur ses genoux, repose un bouquet de fleurs. Le dessin de Le Brun prévoyait un ange descendant de l'arcade en tenant une Bible ouverte que lisait Colbert. À la Révolution, le tombeau est démantelé et ses principaux éléments sont confisqués, avant d'être exposés au musée des Monuments Français. Il fut partiellement remonté en 1817 dans la chapelle. Les peintures murales sont l'œuvre de Jean-Louis Bézard : la Première communion de saint Louis de Gonzague, saint Louis de Gonzague secourant les malades et saint Louis de Gonzague renonçant à sa famille et à ses biens. Au plafond, des anges tiennent des phylactères.

Le **déambulatoire sud** comporte sept chapelles. La chapelle des Catéchismes est décorée de peintures d'Émile Signol. Elles montrent le goût de l'artiste pour le symbolisme et les allégories. La chapelle de la Miséricorde est percée d'une porte donnant sur la rue Rambuteau. Cette chapelle servait depuis le XIVe siècle de lieu de réunion aux marchands fruitiers et orangers des Halles. Devenue plus tard, la chapelle du cardinal de Richelieu, elle renfermait un caveau dans lequel on découvrit, en 1848, les membres de la famille Phélyppeaux de la Vrillière. Les peintures murales sont consacrées aux œuvres de la Miséricorde : la distribution du pain, la visite aux prisonniers, la visite aux malades et l'accueil du voyageur. La chapelle Saint-André ou chapelle des Charcutiers fut peinte par Isidore Pils en 1854, dont le martyre de saint André. Le vitrail, datant de 1945, fut posé en souvenir de la Société de la charcuterie française, fondée en 1809. En haut, les blasons de la ville de Paris et de la corporation. Au centre, saint André et saint Antoine, avec une représentation de leur vie à chaque extrémité. En bas, à gauche, les travaux du mois de décembre. Une messe est célébrée chaque année en l'honneur de la corporation. Deux tableaux de John Armleder, datant de 2000, sont accrochés sur les murs. Les peintures murales de la chapelle des Saints-Anges

datent du XVIIe siècle. Cette chapelle fit l'objet en 1633 d'un marché de décoration passé entre la famille des Du Val et le peintre Antoine Ricard. Les membres de la famille Du Val, Charles Du Val, son épouse Lucrèce de Montivilliers, son fils Claude, en ecclésiastique, ainsi que ses gendres, figurent sur la grande fresque de cette chapelle. Une inscription rappelle que les peintures ont été recouvertes d'un badigeon pendant la Révolution, puis restaurées sous la conduite de Baltard en 1850. Y sont aussi représentés un Christ de gloire, et sainte Radegonde et sainte Lucrèce ; elles font face à la chute des anges rebelles. Un tableau d'Armand Cambon, *Les Saints Anges portant à Dieu les prières des hommes*, est visible dans la chapelle. Il fut exposé au Salon de 1866. La décoration de la chapelle Sainte-Anne est due à Hippolyte Lazerges. L'autel est surmonté d'un tableau illustrant *l'Education de la Vierge*. Sur le côté droit, un haut-relief sculpté en marbre blanc par Tuby, vestige d'un mausolée du XVIIe siècle. Ce relief montre l'allégorie de l'Immortalité présentant le portrait de Marin Cureau de la Chambre, médecin ordinaire du roi Louis XIV. À l'origine, il se détachait sur un fond de marbre noir dans un cadre surmonté de deux vases fumants et d'une urne d'où partaient des guirlandes de cyprès. La chapelle Sainte-

Agnès est l'œuvre de Théophile Vauchelet : la vocation de sainte Agnès et le martyre de sainte Agnès. Outre les reliques de la sainte, la chapelle possède un tableau de Luca Giordano, la *Déposition du Christ*. L'original est conservé au musée de l'Ermitage. La chapelle du Sacré-Cœur est l'œuvre de Charles-Philippe Larivière.

La **chapelle de la Vierge** fut construite en 1640. La décoration d'origine, composée de marbres, de boiseries et de tableaux, a disparu, saccagée sous la Révolution. Restaurée de 1801 à 1804, la chapelle fut inaugurée par Pie VII, le 22 décembre 1804, lors du séjour de celui-ci. Il était venu à Paris pour le couronnement de Napoléon 1er. Progressivement embellie, cette chapelle absidiale, avec une voûte nervurée en cul-de-four, possède désormais en son centre une sculpture de la *Vierge à l'enfant* de Jean-Baptiste Pigalle. La statue, exposée au salon de 1745, avait été commandée par le comte d'Argenson pour décorer l'autel de la chapelle de la Vierge du dôme des Invalides. Le peintre Thomas Couture a mis en valeur la sculpture grâce à trois grandes fresques sur le thème de la Vierge (1851) : la Vierge étoile des marins, la Vierge triomphante adorée des anges et la Vierge consolatrice des affligés. Les vitraux illustrent l'Annonciation, au centre, puis des saints et des saintes.

L'orgue principal

Saint-Eustache possède un orgue depuis le XVIe siècle, bien qu'on ne dispose que très peu d'informations sur sa composition d'origine.

L'orgue de facture classique de Saint-Germain-des-Prés lui est ensuite attribué. Remanié en 1844 par les facteurs André-Marie Daublaine et Louis Callinet, il est détruit un incendie peu de temps après. Il est reconstruit de 1849 à 1854 par Charles Spackmann Barker et Charles Verschneider. L'instrument, ayant beaucoup souffert des événements de la Commune, est reconstruit en 1879 par Joseph Merklin, puis modifié à la demande de l'organiste Joseph Bonnet dans les années 1920 et 1930 par le facteur Victor Gonzales. Les orgues de Saint-Eustache sont intégralement reconstruits par le facteur hollandais Van Den Heuvel en 1989, à l'exception du buffet. Inauguré par Jacques Chirac, alors maire de Paris, l'instrument reçut la visite de la reine Élisabeth II d'Angleterre. Avec ses 8 000 tuyaux, l'orgue de Saint-Eustache est un des plus grands orgues de France, avec les instruments historiques de Notre-Dame de Paris (115 jeux et 8 000 tuyaux) et de Saint-Sulpice (102 jeux et 7 500 tuyaux).

Perception

L'architecture hybride de l'église Saint-Eustache fut assez vite critiquée. Germain Brice, *Nouvelle description de la ville de Paris*, 1706 : « L'architecte y a fait paraître une horrible confusion du Gothique et de l'Antique et a tellement corrompu et massacré l'un et l'autre, pour ainsi dire, que l'on n'y peut rien distinguer de régulier et de supportable ; ce qui fait que l'on doit plaindre avec raison la grande dépense que l'on a faite dans cette Fabrique, sous la conduite du misérable maçon qui en a donné les dessins ». Viollet-le-Duc, *Dictionnaire raisonné de l'architecture française du XIe au XVIe siècle*, 1854-1868 : « On voulait appliquer les formes de l'architecture romaine antique, que l'on connaissait mal, au système de construction des églises ogivales, que l'on méprisait sans les comprendre. C'est sous cette inspiration indécise que fut commencée et achevée la grande église de Saint-Eustache de Paris, monument mal conçu, mal construit, amas confus de débris empruntés de tous côtés, sans liaison et sans harmonie ; sorte de squelette gothique revêtu de haillons romains cousus ensemble comme les pièces d'un habit d'arlequin ».

Potins mondains

L'église Saint-Eustache connut de nombreux événements historiques et accueillit de grandes personnalités. Richelieu (1585), Molière (1622), Jean-François Regnard (1655), le prince Eugène de Savoie-Carignan (1668), Louis-Armand de Brichanteau (1683) et Madame de Pompadour (1721) y furent baptisés. Louis XIV y fit sa première communion en 1649. S'y sont mariés Sully avec Anne de Courtenay (1583), Pomponne avec Catherine Ladvocat (1660) et Lully avec Madeleine Lambertet (1662). Le corps de Mirabeau est déposé dans l'église le lendemain de sa mort, le 3 avril 1791, où Joseph-Antoine Cerutti prononce son oraison funèbre, avant qu'il ne soit transféré au Panthéon. Y sont inhumés le poète Vincent Voiture (1648), le grammairien Claude Favre de Vaugelas (1650), Mgr Pierre Fenouillet (1652), Colbert (1683), Scaramouche (1694), l'amiral de Tourville (1701), Madame de Tencin (1749), Marivaux (1763), Rameau (1764) et François de Chevert (1769). Y sont célébrés les obsèques de Jean de La Fontaine (1695), du musicien Jean-Philippe Rameau (1764), d'Anna Maria Pertl, mère de Mozart (1778), de Mirabeau (1791), de la chanteuse Marie Laforêt le 7 novembre 2019, de l'acteur Gaspard Ulliel le 27 janvier 2022 et de Michel Blanc le 10 octobre 2024. L'oraison funèbre de Turenne y fut prononcée en 1676 par Fléchier. L'église Saint-Eustache servit également de temple aux musiciens. Le 30 avril 1855, Berlioz y dirigea la première exécution de son *Te Deum*, et Liszt, celle de sa *Messe solennelle*, le 15 mars 1896. Le 18 décembre 2012, Laurent Voulzy y donna un concert unique, dans le cadre de sa tournée *Lys & Love Tour*.

Légende du moine Jacob

Après avoir accompli un long périple en France, un moine de l'ordre de Cîteaux, nommé Jacob, quitta Amiens et envahit la Halle en 1520 à la tête d'une troupe de 100 000 hommes armés. Le moine, qui se faisait appeler le maître de Hongrie, prétendait avoir vu des anges et avoir reçu de la Vierge Marie une mission : prêcher une nouvelle croisade. Comme tout prêcheur, il lui fallait un fief. Lui et ses pastoureaux choisirent l'église de Saint-Eustache, n'hésitant pas à chasser les prêtres et à tuer les récalcitrants. Vêtu en évêque, il confessait les pénitents, dénouait les mariages, séduisait les femmes, kidnappait les jeunes filles pour les offrir à ses soldats, prélevait des aumônes et pillait les maisons. Une fois sa fortune faite, Jacob et ses hommes quittèrent la capitale pour rejoindre la ville d'Orléans. La vie reprit son cours tranquillement ; et par mesure de précaution, le clergé attendit quelques années avant d'excommunier le moine et ses amis.

Jean de Pontalais

À la fin du XVIe siècle, le clergé de Saint-Eustache et les acteurs du théâtre de Bourgogne avaient conclu un accord. Les vêpres se terminaient à 15 heures afin de permettre aux fidèles de rejoindre ensuite le théâtre, sans manquer le début du spectacle. Hélas, un dimanche, l'homélie du curé s'éternisa et fut brutalement interrompue par des roulements de tambour. À l'extérieur, Jean de Pontalais, comédien, annonçait le début de la séance. Courroucé, le prêtre descendit de sa chaire et sortit de l'église : « Qui donc te permet de battre tambour pendant mon prêche ? ». Flegmatique, le comédien rétorqua : « Qui

donc te permet de prêcher pendant que je tambourine ? ». Les fidèles, hilares, entouraient les deux adversaires. Le prêtre tira un couteau de sa poche et creva la peau d'âne du tambour. Empoignant l'instrument, Pontalais en coiffa le prêtre. Quand ce dernier parvint enfin à se libérer de son carcan, ses ouailles avaient disparu.

Régine de Marny

La marquise Régine de Marny était une des plus belles femmes fréquentant la cour royale de Louis XIII. Elle collectionnait les amants (Charles de l'Aubespine, le baron Harcourt et le chevalier du Mesnil-Guillaume). Parmi ses soupirants, se trouvait un évêque, Paul de Gondi. Un jour où la marquise lui refusa l'entrée de son hôtel, il décida de se venger. Certainement dans le but de se confesser ou d'obtenir une quelconque absolution, Régine de Marny se rendait régulièrement à Saint-Eustache pour prier près du tombeau de la fille de Montaigne, qui avait été son amie. Un soir, plongée dans la méditation, la marquise perçut une présence près d'elle. Pourtant, elle ne vit personne. Soudain une voix retentit de la pénombre : « C'est ici que le fidèle dort ! Après le crime et le désordre, vient l'expiation ! C'est ici que la prière continuelle rachète les fautes ! ». Terrifiée, Régine de Marny courut chez elle et se jeta aux pieds de son époux pour lui confesser ses fautes. Elle le supplia de la pardonner, de lui permettre de vivre en recluse dans leur château du Dauphiné et de se faire construire une tombe à Saint-Eustache. L'homme acquiesça à toutes ses demandes. La marquise entreprit les démarches nécessaires pour l'achat d'une concession et vit chaque jour ses demandes rejetées sur ordre de Gondi. Enfin, un soir, elle obtint un rendez-vous dans un appartement du presbytère. Le prélat lui proposa un chantage machiavélique : ses faveurs contre l'acte de propriété. La belle marquise accepta et s'offrit à l'évêque. Peu de temps après, elle tomba malade et mourut. Comme son époux venait d'être tué au siège de Lérida (1647), aucune épitaphe ne fut gravée sur la tombe de la marquise. Quelques années après (1652), l'évêque devint le cardinal de Retz.

Rue de La Reynie

La rue commence rue Quincampoix et se termine rue Saint-Denis. Elle mesure 174 mètres de longueur et 16 mètres de largeur. Elle parcourt le 1er (n°21 à fin et n°24 à fin) et le 4e (n°1 à 19 et n°2 à 11) arrondissement.

Odonymie

Gabriel Nicolas de La Reynie est né le 9 décembre 1625 à Limoges. 1709),

> Gabriel a été élevé dans une famille bourgeoise et a étudié le droit avant de se lancer dans une carrière d'officier de police. En 1667, Louis XIV créé la charge de lieutenant général de police de Paris et confie ce poste à Gabriel Nicolas de La Reynie. Ce dernier devient ainsi le premier chef de police de la capitale et le précurseur de l'organisation de la police moderne en France. La Reynie met en place de nombreuses réformes pour améliorer la sécurité de la ville. Il crée une force de police permanente, les « gardiens de la paix », chargés de patrouiller dans les rues et de prévenir les crimes et les désordres. Il fait patrouiller des archers la nuit et améliore le nettoyage des rues. Il installe des lanternes qui sont allumées de novembre à janvier (ce qui valut à Paris le surnom de ville lumière). Il développe également un réseau de mouchards chargés de collecter des informations sur les activités criminelles. Durant son mandat, La Reynie mène de nombreuses enquêtes et démantèle plusieurs réseaux criminels. Il lutte notamment contre le libertinage, les jeux d'argent clandestins et la prostitution. Il préside la Chambre ardente et juge l'affaire des poisons. En plus de ses activités professionnelles, La Reynie joue un rôle important dans la vie intellectuelle de son époque. Il est membre de l'Académie royale des sciences et soutient de nombreux

> savants, notamment le mathématicien Blaise Pascal. Gabriel Nicolas de la Reynie reste en poste jusqu'en 1697, pendant près de 36 ans. Il meurt le 14 juin 1709 à l'âge de 83 ans.

Histoire

Jusqu'en 1822, la rue est connue sous le nom de « rue Trousse-Vache » ou « rue Troussevache ». L'origine de ce nom est sujette à discussion. Pour certains historiens, il s'agirait du nom d'une famille qui habitait là (Eudes Troussevache est cité dans le cartulaire de Saint-Magloire de 1257). Pour d'autres, le nom ne serait qu'une édulcoration de « trousse-catin », car beaucoup de prostituées fréquentaient la rue. Voire une enseigne de la *Vache troussée*, soit à la queue relevée. L'actuelle rue de La Reynie est formée par décret ministériel du 18 février 1851 de la réunion de la rue de La Reynie, de la rue Ogniard et de la rue Saint-Martin.

Immobilier

N°27 : emplacement des anciens magasins *Au Chat Noir* qui vendaient des soieries, puis des confiseries.

Rue des Lavandières-Sainte-Opportune

La rue commence avenue Victoria et rue Saint-Germain-l'Auxerrois, et se termine rue des Halles. Elle mesure 178 mètres de longueur et entre 12 et 15 mètres de largeur.

Odonymie

Les blanchisseuses ou lavandières habitaient cette rue pour être plus proche de la Seine. Elles lui donnèrent son nom. L'épithète du couvent

Sainte-Opportune fut rajoutée postérieurement afin de distinguer la rue de celle des Lavandières place Maubert dans le 5e arrondissement (aujourd'hui disparue). Le tronçon compris entre le quai de la Mégisserie et l'avenue Victoria fut rebaptisé rue Édouard Colonne, selon un arrêté du 16 juillet 1912.

Histoire

En 1816, cette rue commençait aux n°36-38 rue Saint-Germain-l'Auxerrois et finissait aux n°1-2 rue des Fourreurs. La rue faisait alors partie de trois quartiers : n°1-27 et n°2-162 (quartier du Louvre), n°29-593 (quartier Saint-Honoré) et n°18-304 (quartier des Marchés). La rue est prolongée jusqu'au quai de la Mégisserie lors de la construction du théâtre du Châtelet.

Arts

Admirez la statue de sainte Opportune, située place Sainte-Opportune, ainsi que l'enseigne du restaurant *A la tête d'or*, localisé au carrefour.

Lavandières est le titre d'une chanson écrite et interprétée par Pierre-Michel Sivadier en référence à la rue. La chanson est publiée en 2008 dans l'album du compositeur intitulé *Rue Francoeur*.

Immobilier

Le greffier au Grand Conseil, Nicolas Félix Vandive (1712-1792) décéda dans sa maison située dans cette rue. Lors de la dernière maladie du roi Louis XV, il fut envoyé le dimanche 1er mai 1774 par le Parlement de Paris pour aller s'enquérir de sa santé peu avant son décès.

Germain Boffrand (1667-1754), architecte et ingénieur, aurait vécu dans cette rue en 1726.

N°25 : cet immeuble de la Renaissance possède un magnifique escalier en vis à noyau nervuré, classé aux monuments historiques depuis le 25 novembre 1994. Sous l'enduit, se cache une structure en pan de bois.

Faits divers

À l'époque mérovingienne, un pèlerin trouve sur son chemin un serpent basilic. Comme chacun le sait, le regard du reptile tue. Le malheureux va donc trépasser. Transporté à l'église, il ressuscite grâce aux mérites de sainte Opportune.

Le 24 décembre 1551, une jeune femme, estourbie à coups de marteau sur le chemin de la messe de minuit, est dépouillée de ses bijoux. Arrêté, le propriétaire du marteau, le serrurier Adrien Doué, résiste aux tortures : « La violence des tourments ne put lui arracher l'aveu ». Remis estropié en liberté, il décède peu après. Vingt ans plus tard, deux hommes avoueront avoir tué la femme, avec un marteau volé chez le serrurier.

Place du Lieutenant-Henri-Karcher

La place occupe un espace triangulaire délimité par les rues du Colonel-Driant, du Bouloi et Croix-des-Petits-Champs.

Odonymie

Le nom, attribué à cette place en 2000, rend hommage au combattant de la France libre, Henri Karcher (1908-1983) qui prit, au moment de la libération de Paris, le quartier général militaire allemand établi à l'hôtel Meurice, rue de Rivoli.

> Fils d'un officier, tué le 28 août 1914, Henri devient chirurgien à la faculté de Médecine de Paris. Volontaire dans l'infanterie durant la Seconde Guerre mondiale, il s'engage dans les Forces Françaises Libres et participe à la bataille du Gabon en novembre 1940, puis à la campagne de Libye d'octobre 1942. Après avoir rejoint l'Angleterre, Karcher prend part aux débarquements de Normandie le 1er août 1944 et à la libération de Paris. À la tête de cinq chars Sherman, il obtient, le 25 août, la capitulation du général von Choltitz. Dans le film *Paris brûle-t-il ?*, le rôle du lieutenant est interprété par Jean-Pierre Cassel, le père de l'acteur Vincent Cassel. Dans une des scènes finales du film, le personnage interprété par Cassel appelle son père pour l'informer qu'il vient de faire prisonnier le général von Choltitz. Erreur historique : le père d'Henri Karcher est mort en 1914. Devenu aide de camp du général Koenig, Henri est affecté au gouvernement militaire de Paris. À la fin de la guerre, il s'engage en politique. Après avoir terminé sa carrière comme expert auprès de la Cour d'appel de Paris, Karcher se retire en 1979 à Abreschviller.

Histoire

L'ancienne croix de carrefour connue sous le nom de « croix des petits-Champs » (XVe siècle) se trouvait à la pointe sud de la place, au débouché de la rue du Bouloi, sur l'ancienne « rue des Petits-Champs ». Dans les années 1790, la rue Montesquieu est percée entre cette place et le Palais-Royal. Au début du XXe siècle, les immeubles de la pointe sud de l'îlot compris entre la rue Croix-des-Petits-Champs et la rue du Bouloi sont détruits afin de percer la rue du Colonel-Driant. La rue

Croix-des-Petits-Champs est également élargie vers l'ouest. La place du Lieutenant-Henri-Karcher est créée, mais ne reçoit pas de nom. Ce n'est qu'en 2000 que l'espace triangulaire prend son nom actuel.

Rue de la Lingerie

La rue commence rue des Halles et se termine rue des Innocents. Elle mesure 39 mètres de longueur et 2 mètres de largeur.

Odonymie

En 1302, le roi Louis IX autorisa de modestes lingères à s'installer dans cette rue et à exposer leurs marchandises sur le trottoir longeant l'ancien mur du cimetière des Innocents. Le lieu était propice au commerce, car proche des Halles. Le terme « lingère » désignait autrefois celle qui vendait du linge ou des vêtements. Cette corporation eut son bureau dans la rue Courtalon jusqu'au XVIe siècle.

Histoire

Les gantiers étaient établis de l'autre côté de cette rue. Les boutiques des lingères subsistèrent en cet endroit jusqu'au règne d'Henri II. Ayant racheté toutes les halles, il vendit cet emplacement à plusieurs particuliers, à la charge d'y construire des maisons qui ont formé la rue de la Lingerie. Après la destruction du cimetière, la rue de la Ganterie prit le nom de rue de la Lingerie. En 1642, la rue comptait encore 10 lingères.

Immobilier

N°11 : emplacement d'un passage voûté qui servait d'entrée à la rue au Lard.

N°15 : emplacement de la pharmacie *Au bon samaritain*.

Rue des Lombards

La rue commence rue Sainte-Opportune et se termine rue Saint-Martin. Elle mesure 228 mètres de longueur et 13 mètres de largeur. Elle s'étale sur le 1er (n°27 à fin) et le 4e (n°1 à 28) arrondissement. La rue accueille plusieurs clubs de jazz.

Odonymie

Vers la fin du XIIe siècle, s'installèrent à Paris des usuriers et des prêteurs sur gages. On les appelait « lombards », car la plupart d'entre eux étaient originaires de Lombardie. Une grande partie d'entre eux vint habiter cette rue au XIVe siècle. Dans un texte de 1292, il est dit qu'on comptait cette année-là cent deux Lombards sur la rive droite, trente-sept sur la rive gauche et trente-quatre sur l'île de la Cité.

Histoire

La rue faisait partie d'un axe est-ouest, prolongé par la rue de la Verrerie et la rue du Roi-de-Sicile, antérieur à la création de l'enceinte de Philippe Auguste vers 1200. La rue était complètement bâtie en 1250. En 1300, elle portait le nom de « rue de la Buffeterie ». « Buffetier » signifie en vieux français « marchand de vin ». Elle prend son nom actuel en 1322. De 1612 à 1636, la rue est appelée « rue de la Pourpointerie ». Les pourpointiers confectionnaient des pourpoints, un habit masculin. Un arrêté du 1er février 1877 réunit la « rue de l'Aiguillerie » à la rue des Lombards.

Immobilier

N°33 : l'agronome Jean Joseph May (1816-1844), Joseph Mathieu, dit l'Épinal, et le pamphlétaire Victor-Nicolas Bouton (1819-1901) ont vécu dans cette maison en 1839.

N°33 bis : emplacement de l'ancien hôpital Sainte-Catherine.

N°39 : le chansonnier et goguettier Émile Debraux est décédé dans cette maison le 12 février 1831, de la tuberculose.

N°44 : l'homme politique René Dubail est né dans cette maison le 21 novembre 1813.

La Maison du poids du Roi

Cette maison existait encore au début du XVIIIe siècle. On y déposait les étalons ou modèles des poids et mesures. Jusqu'au règne de Louis VII, les rois de France étaient les seuls propriétaires de cet établissement et des privilèges qui y étaient attachés. La propriété fut ensuite cédée à diverses personnes avant d'être acquise définitivement par le chapitre de Notre-Dame qui l'a conservée jusqu'à la Révolution. En 1321, le prévôt de Paris, sur l'ordre du Parlement de Paris, fit ajuster les poids à la Monnaie. Il fit faire trois étalons dont l'un fut remis aux épiciers, et les deux autres déposés à la Monnaie et au poids du roi. En 1484, ce droit leur fut conféré par de nouvelles ordonnances. Ils l'exerçaient à l'égard de toute espèce de marchands ; les orfèvres seuls relevaient directement de la Monnaie. Les épiciers étaient accompagnés, dans leurs visites, d'un juré-balancier nommé par le prévôt de Paris, sur leur présentation. Jusqu'en 1434, les poids dont on se servait n'étaient que des masses de pierre, façonnées et ajustées. Philippe V le Long, par son règlement de 1321, avait formé le dessein d'établir en France une seule et même mesure. Pour les frais de cette réforme, il proposa un subside. L'impôt ne put se lever, et l'ordonnance tomba dans l'oubli. Louis XI eut plus tard la même pensée ; la noblesse s'opposa, ainsi que le clergé à cette amélioration. Par un décret du 1er août 1793, la Convention ordonna cette uniformité, et par son décret du 18 germinal an III (7 avril 1795) fixa l'époque où elle deviendrait obligatoire. C'est au savant Prieur de la Côte-d'Or qu'est due l'adoption de l'unification du système métrique et l'usage du calcul décimal.

Rue du Louvre

La rue commence rue de Rivoli et se termine rue du Mail et rue Montmartre. Elle mesure 700 mètres de longueur et 20 mètres de largeur. Elle est présente dans le 1er (n°1 à 25 et n°2 à 52) et 2e (n°27 à fin et n°54 à fin) arrondissement.

Odonymie

La rue aboutit au quai du Louvre. Son ouverture a entraîné la disparition de la rue des Poulies et de la rue d'Orléans-Saint-Honoré. Celle-ci se nommait primitivement « rue de Nesle », car Jean II, seigneur de Nesle, construisit ici une petite habitation au début du XIIIe siècle. Le cartulaire de Saint-Germain l'Auxerrois parle de *vicus ante domum de Nigella* (rue devant la maison de Nesle). *Nigella* (Nesle) vient du germanique *nige* (nouveau) et du latin *villa* (domaine).

La voie s'appela ensuite « rue de Bohême » jusqu'en 1391, car l'hôtel fut donné au roi de Bohême. Louis de France, duc d'Orléans, frère de Charles V, acheta l'hôtel en 1388, et la voie prit son nom. Un document du XVIe siècle la cite comme « rue d'Orléans dite des filles pénitentes ou repenties » (le couvent de ces religieuses se trouvait dans cette rue). L'association religieuse des Filles repenties avait, à une époque, occupé une partie de l'hôtel de Nesle.

Histoire

La rue est issue des travaux du baron Haussmann sous le Second Empire. En 1853, il décide de dégager les alentours du palais du Louvre. On arase les maisons insalubres et on fait disparaître les ruelles décourageantes afin de créer une voie entre le quai du Louvre et la rue Saint-Honoré. En 1860, la rue du Louvre est prolongée jusqu'à la rue Montmartre. Son élaboration s'effectue en trois phases : en 1880, entre la rue Saint-Honoré et la rue Coquillière ; en 1888, entre la rue Coquillière et la rue d'Argout ; en 1906, entre la rue d'Argout et la rue Montmartre. La rue du Louvre ne fut tout à fait achevée qu'en 1934. En 1972, la rue perd un tronçon qui devient la rue de l'Amiral-de-Coligny.

Immobilier

N°11 : quelques vestiges d'une tour de l'enceinte de Philippe Auguste classés aux monuments historiques.

N°15 : l'entrée se fait par un double portail monumental, encadré de

deux larges bustes d'atlantes (non symétriques), montés sur des consoles à guirlandes, soutenant à leur tour une balustrade. Celle-ci est en pierre sur les trois travées centrales. Le comble forme une sorte de fronton percé d'une lucarne soutenue par un double groupe sculpté représentant des enfants debout. Sur le reste de la façade, les balustrades sont en fer forgé et chaque fenêtre est encadrée par des pilastres corinthiens. Le passage a été construit sur l'emplacement d'anciens hôtels particuliers. Jean de la Ferrière, vidame de Chartres, était l'un des lieutenants de l'amiral de Coligny. Jeanne d'Albret, reine de Navarre, y décéda le 8 juin 1572, peu de jours avant le massacre de la Saint-Barthélemy.

D'après Henri Sauval, Isabelle Gaillard, épouse du président à mortier René Baillet († 1579), seigneur de Sceaux, vendit, en 1573, deux maisons situées rue de Grenelle-Saint-Honoré à Françoise d'Orléans (1549-1601), veuve de Louis de Bourbon, premier prince de Condé. Cette demeure prit alors le nom d'hôtel de Condé, puis hôtel de Soissons lorsqu'il passa, à la mort de la duchesse, à son fils Charles de Bourbon (1566-1612), comte de Soissons et de Dreux. En 1605, cette demeure est vendue à Henri de Bourbon (1573-1608), duc de Montpensier. Sa veuve, Henriette de Joyeuse (1585-1656), remariée en 1611 avec le duc de Guise (1571-1640), revendit l'hôtel de Montpensier en 1612 à Roger II de Saint-Lary (1562-1646), grand écuyer de France et duc de Bellegarde. Pierre Séguier (1588-1672), futur chancelier de France fit, en 1633, l'acquisition de cette propriété, qui devint, après la mort du cardinal de Richelieu (1642), l'asile des muses. Là s'assemblèrent les Racan, les Sarrazin et tous les beaux esprits de l'époque. La Ferme générale y installe son siège social en 1757. Elle est chargée de récolter les impôts sous l'Ancien Régime. En 1781, 250 000 employés ou *gapians* travaillaient dans les bureaux. Un projet d'agrandissement est prévu, mais il avorte. La Ferme est convertie en Régie en 1785, puis supprimée en 1789. La cour est alors occupée par les Messageries Laffitte et Gaillard, par la salle de spectacles d'Olivier, par le théâtre Comte en 1820, par l'imprimerie Paul Dupont et *Les Petites Affiches*. Hippolyte Triat ouvre son dernier gymnase dans les bâtiments, qui sera actif de 1873 à 1879. Tous les immeubles sont rachetés et leur restructuration est confiée à l'architecte Henri Blondel qui signe ici l'un de ses derniers chantiers parisiens, en 1889.

La construction de la fontaine remonte à 1891. Elle se situe au centre de la cour pavée. Une colonne en pierre carrée, peu sculptée, se dresse

au milieu d'une petite vasque circulaire. La tête de la colonne est ornée de sculptures en rubans et se termine par deux carrés superposés, surmontés d'un cône de fer posé sur une base ronde. Les ornements modernes en aluminium, en forme de masques de théâtre, furent ajoutés ultérieurement entre la vasque et le bassin quadrilobé à la base du piédouche. Sur les quatre visages, deux illustrent la tristesse et les deux autres le bonheur. Ces ornements contemporains contrastent avec le caractère ancien de la cour.

<u>N°16</u> : l'immeuble de *La Semeuse* est construit par l'architecte Frantz Jourdain en 1912 pour Ernest Cognacq (le fondateur des magasins *La Samaritaine*). L'homme voulait y installer les locaux administratifs de l'organisme de crédit de la boutique, « La Semeuse de Paris ». Le gérant permettait ainsi aux foyers les plus démunis de s'offrir certains biens de consommation. Au-dessus des bureaux, se trouvaient de grands appartements de standing (deux par étage). Bien distribués, ils étaient dotés de tout le confort moderne. Les bow-windows en façade laissent pénétrer la lumière naturelle. Les ébrasements supérieurs des fenêtres de l'entresol sont ornés de plaques de lave émaillée à décor floral multicolore. Pour ces réalisations, l'architecte fit appel à Édouard Schenck pour les ferronneries et à Raymond Bigot pour les motifs en grès. L'ascenseur et sa cage ont conservé en grande partie leur décor d'origine. Francis Jourdain, artiste-décorateur et fils de l'architecte, réalisa les vitraux du grand escalier et des salles de bain. La façade fut légèrement modifiée en 1913. Depuis le 11 décembre 2000, les façades,

le vestibule, la cage d'escalier, les vitraux et l'ensemble du décor sont protégés par les monuments historiques.

N°19 : emplacement de l'ancien hôtel Bullion. L'hôtel aurait été reconstruit, ou tout du moins remanié, en 1735 par l'architecte François Debias-Aubry pour le riche fermier général Thoinard de Vougy. Il remplaça l'ancien hôtel de Noël de Bullion. Après avoir été occupé par deux banques, l'hôtel devient en 1865, le siège de la Caisse d'Epargne de Paris. Le portail est surmonté d'un écusson porté par un lion, dont la tête, gueule ouverte, domine les armes, en compagnie d'un aigle. L'accès au corps central de l'hôtel se fait par deux  perrons d'angle dont les portes s'ouvrent vers l'intérieur. La façade se divise en cinq travées dont celle du centre forme un léger avant-corps. L'arcade du rez-de-chaussée est surmontée d'un mascaron et la fenêtre de l'étage supporte un fronton triangulaire orné d'une horloge portée par un angelot assis.

N°34 : bâtiment de type industriel. Alors que l'industrie du jute est le monopole des Britanniques, la matière première vient des Indes. La famille Saint est originaire de Beauval, en Picardie. Les trois frères (Pierre, François et Aimable) sont tisserands et ils s'associent en 1814 pour fabriquer et vendre des toiles d'emballage. Leur entreprise étant florissante, ils décident d'ouvrir un commerce de toiles à Paris en 1838. L'entreprise des frères Saint s'enrichit grâce à la guerre de Crimée en 1855 qui prive l'Europe du chanvre russe, et grâce à la guerre de Sécession qui fait monter le prix du coton dès 1861. La valeur de l'entreprise est estimée dans les années 1890 à 60 millions de francs or.

En 1896, la société Saint Frères acquiert l'immeuble de la rue du Louvre et le fait reconstruire. On y retrouve tous les éléments de l'architecture

commerciale de cette époque : de grandes baies vitrées montées sur une ossature métallique (œuvre de Pinget et Vivinis). Toutefois, on y voit une nouveauté : une dalle de ciment armé en guise de plancher (un procédé de Piketty). Les espaces commerciaux, les ateliers et les comptoirs se signalent sur trois étages par de larges baies. Tout en haut, un large balcon et une haute coupole correspondent à l'étage d'habitation du propriétaire, tandis qu'un décor plus discret, entre les deux, s'applique pour les bureaux. Au-dessus de l'entresol, un bandeau sculpté arbore la raison sociale de l'entreprise. Cette dernière est rachetée en 1969 par les frères Willot.

N°40-42 : pendant qu'il rénove l'ancienne halle aux blés pour la Chambre du commerce, Henri Blondel obtient la concession d'immeubles élevés autour de la Halle par Le Camus, situés rue des Viarmes et rue du Louvre. Il fait tout abattre. Les nouveaux bâtiments devaient abriter un hôtel et des logements locatifs. Côté rue des Viarmes, les fenêtres du rez-de-chaussée et de l'entresol sont dissimulées par une galerie, tandis que celles du 1er et du 2e étage sont encadrées par des pilastres néo-corinthiens. Une balustrade de pierre en continu, fait le tour des deux immeubles. Une impressionnante marquise en fer forgé se dresse sur la rue du Louvre.

N°46 : l'immeuble fut bâti par l'architecte Boussard, en 1891, pour le central téléphonique de Paris. L'ancienne Centrale Gutenberg forme une curieuse rotonde en forme de tour, dont le parement est constitué de briques vernissées bleu pâle. Le rez-de-chaussée est percé d'arcades à chaînage de pierre. Il est surmonté de deux étages dont les ouvertures sont encadrées de pilastres ioniques. Les  deux étages suivants en encorbellement sont soutenus par des consoles en pierre. L'immeuble fut détruit en 1908 et reconstruit pratiquement à l'identique.

N°48-52 : l'hôtel des Postes fut construit entre 1880 et 1886, par l'architecte Jules Guadet. L'homme s'était fait connaître en manifestant contre l'enseignement de Viollet-le-Duc à l'Ecole des Beaux-Arts en 1863. La façade est encadrée par deux avant-corps légèrement saillants. Un petit soubassement de quatre marches permet d'accéder aux neuf arcades bombées du rez-de-chaussée, formant un portique ouvert, donnant accès aux bureaux. D'épais contreforts rythment jusqu'à l'attique, les neuf travées qui s'ouvrent au premier étage par de larges fenêtres. Derrière la pierre, se dissimule une ossature métallique. Le bâtiment a été entièrement remanié par l'architecte français Dominique Perrault, entre 2015 et 2022. Le verre a envahi les structures métalliques. En février 1935, un sac postal contenant 1,5 million de francs disparaît mystérieusement entre la chambre forte de la poste centrale et le fourgon des convoyeurs de fonds.

Rue de Marengo

La rue commence rue de Rivoli et se termine rue Saint-Honoré. Elle mesure 59 mètres de longueur et 24 mètres de largeur.

Odonymie

La bataille de Marengo est un affrontement majeur qui eut lieu pendant les guerres napoléoniennes, le 14 juin 1800. Elle opposa l'armée française, dirigée par le général Napoléon Bonaparte, à l'armée impériale du Saint-Empire, commandée par le général Michael Friedrich von Melas.

Après avoir remporté de nombreux succès militaires en Italie du Nord, Bonaparte décida de poursuivre son avancée vers l'Autriche. Melas tenta de l'arrêter en se positionnant à Marengo, un petit village situé dans le Piémont. La bataille commença aux premières lueurs de l'aube avec l'attaque surprise de l'armée française sur les positions autrichiennes. Bonaparte utilisa diverses manœuvres stratégiques audacieuses pour tromper son ennemi et remporta ainsi plusieurs victoires. Cependant, l'arrivée tardive des renforts autrichiens changea le cours de la bataille. Les forces françaises, épuisées et prises au dépourvu, commencèrent à fléchir sous la pression ennemie. Le général autrichien avait presque gagné la bataille lorsque Bonaparte décida d'intervenir personnellement. Bonaparte galopa jusqu'au champ de bataille avec ses troupes de réserve. Son arrivée soudaine et l'effet de surprise qu'elle provoqua renversèrent la situation. Les troupes françaises se rallièrent et reprirent l'offensive. Les Autrichiens, désorganisés, reculèrent et furent finalement mis en déroute. La bataille de Marengo s'acheva ainsi par la victoire française. Même si Bonaparte avait failli perdre la bataille, son intervention de dernière minute fit toute la différence. Cette victoire ouvrir la voie à la nouvelle campagne militaire de Napoléon en Italie du Nord et à la consolidation de son pouvoir en tant que Premier Consul.

Histoire

À l'origine, la voie était une impasse connue en 1271 sous le nom de Richebourg. Ce nom lui venait d'une famille résidant dans l'impasse qui se trouvait à l'extérieur de l'enceinte de Philippe Auguste. La voie absorba en 1376 la rue du Coq et prit le nom de « rue du Coq-Saint-Honoré » afin de la distinguer d'une ancienne rue du Coq-Saint-Jean qui donnait dans la rue de la Verrerie. Dans un manuscrit de 1564, elle apparaît sous le vocable de « rue de Richebourg dicte du Coq ». Dans le cadre du prolongement de la rue de Rivoli, l'ensemble des immeubles de la rue sont rasés. Considérablement élargie, la voie prend le nom de « rue de Marengo » en 1854.

Gastronomie française

Bien que la victoire de Marengo coûtât 6 000 hommes à l'armée française, elle nous valut par la Convention d'Alexandria toute la haute Italie. Au soir de la bataille, le cuisinier Dunand se trouva fort dépourvu pour sustenter le futur Napoléon 1er, car il ne disposait, principalement, que d'un poulet, de quelques œufs et d'écrevisses. Se souvenant alors d'un poulet aux écrevisses que l'on cuisinait dans le Jura, il eut l'idée de frire à l'huile d'olive locale la volaille découpée à cru, puis de la servir accompagnée de tomates, d'ail, d'œufs frits, d'écrevisses troussées et de croûtons dorés.  Ainsi naquit le « sauté de poulet Marengo » dont la recette s'appliqua également à un sauté de veau. Au fil du temps, on supprima les œufs et les écrevisses, et l'accompagnement, gardant les croûtons dorés, fit appel à des champignons et à des petits légumes.

Rue Mauconseil

La rue commence rue Française et se termine rue Montorgueil. Elle mesure 65 mètres de longueur et 10 mètres de largeur.

Odonymie

Le nom constitue une corruption du latin *mallus concilii* (place de l'Assemblée, des Délibérations). Le terme médiéval *mallus* désignait le lieu où l'on rendait la justice, souvent une place publique. En ancien français « conseil » signifiait « assemblée ». On peut rapprocher le toponyme de l'ancienne place Mauconseil à Saint-Jean-de-Maurienne (Savoie), encadrée par les études des hommes de loi et les tribunaux de la juridiction de l'évêché. Le nom a ensuite été mal compris et interprété comme *mau conseil* (mauvais conseil). L'étymologie populaire veut que la rue doive son nom au fait que le duc de Bourgogne Jean sans Peur (1371-1419) ait assemblé ici un « conseil » secret qui décida de l'assassinat du duc d'Orléans, chef de file des Armagnacs. Cette thèse ne tient pas, car la rue, dans un manuscrit de 1250, porte déjà le nom de *vicus mali consilii*. De 1792 à 1806, elle se nomma « rue Bonconseil », ainsi que la section dont elle faisait partie (contrepied du nom précédent).

Histoire

La rue, en partie construite dès 1250, portait déjà le nom de « rue de Mauconseil ». Elle formait l'une des limites du fief de Joigny. Avant l'ouverture sous le Second Empire de la rue de Turbigo et de la rue Etienne-Marcel, la rue Mauconseil mesurait 247 mètres. Elle commençait rue Saint-Denis et finissait rue Comtesse-d'Artois (actuelle rue Montorgueil). En 1886, la rue disparaît partiellement lors des prolongements des rues Étienne-Marcel (entre les rues Saint-Denis et Montorgueil) et de Turbigo (entre les rues Saint-Denis et Pointe-Saint-Eustache).

Place Maurice-Quentin

La place se situe à l'extrémité septentrionale de la rue du Pont-Neuf, à la jonction de la partie carrossable et de la partie piétonne de la rue Berger.

Odonymie

Le nom attribué à cette place rend hommage à Maurice Quentin (1870-1955), conseiller municipal du quartier des Halles de 1900 à 1940.

> Maurice Quentin est le fils de l'historien Henri Quentin, connu sous le nom de plume de Paul d'Estrée. Docteur en droit, il devient avocat à la Cour d'appel de Paris. En 1913, il devient président du Conseil général de la Seine. Il est également président du comité du budget du Conseil général. En mai 1920, il est nommé membre du comité directeur de la Ligue des patriotes présidée par Maurice Barrès. Membre du conseil consultatif au ministère de l'Agriculture de 1915 à 1916. Président du Conseil municipal de Paris de 1924 à 1925. Maurice Quentin s'occupa particulièrement de l'organisation des expositions et des congrès.

Histoire

La place, qui existait depuis 1854, a été supprimée en 1972 lors de l'aménagement du secteur Forum central des Halles, puis recréée l'année suivante.

Immobilier

N°2 : siège social du Centre national d'études spatiales. Le CNES gère le programme spatial français. En 2020, il disposait d'un budget de 2,78 milliards d'euros. Cette somme inclut la part reversée à l'Agence spatiale européenne (1,401 milliard en 2020). Cet argent est consacré essentiellement aux missions scientifiques (astronomie, exploration du système solaire, étude de la terre) et aux investissements dans les lanceurs. Le CNES finance également la gestion de la base de lancement de Kourou, les missions militaires, les missions scientifiques, les développements autour des satellites de télécommunication et de navigation. Le CNES a été créé à l'initiative du président de la République Charles de Gaulle, le 19 décembre 1961, afin de fournir une structure chargée de coordonner et animer les activités spatiales françaises centrées à l'époque sur le développement du lanceur *Diamant*.

Rue Mondétour

La rue commence rue Rambuteau et se termine rue du Cygne et rue de Turbigo. Elle mesure 113 mètres de longueur et 15 mètres de largeur. Les activités de la rue sont principalement liées au secteur du textile.

Odonymie

Corruption de *mau destour* (mauvais détour). L'emploi de l'adjectif « mauvais » dans son sens actuel, est relativement récent (auparavant, il signifiait « méchant »). Au Moyen Âge, on utilisait l'adjectif *mal* ou *mau* qui a survécu dans des mots tels que maudire, maugréer ou maussade. Il venait de l'adjectif latin *malus* (mauvais). Détour avait autrefois le sens de « voie sinueuse » (la rue a la forme d'une courbe) mais, pour certains historiens, le nom évoquerait plutôt une rue dangereuse, mal famée. Pour Jean de La Tynna et Félix Lazare, le nom de la rue ferait référence aux seigneurs de Mondétour, et en particulier à Claude Foucault qui était échevin de la ville de Paris en 1525, sous la prévôté de maître Jean Morin.

Histoire

Cette voie très ancienne était nommée au XIe siècle « rue Mondetor » et « rue Maldestor ». La partie de la rue, qui était comprise entre la rue des Prêcheurs et la rue du Cygne, était complètement bâtie en 1250. Au début du XIVe siècle, elle est connue sous les noms de « rue Maudestour » puis « rue Maudetour ». Au XVe siècle, elle redevient la « rue Maudestour ». Au XVIIIe siècle, revient la « rue Maudetour » et au siècle suivant, elle prend son nom actuel. La rue Mondétour formait l'une des limites du fief de Joigny. Au début du XIXe siècle, la rue Mondétour était longue de 193 mètres et elle commençait rue des Prêcheurs et finissait rue du Cygne. Elle fut prolongée de la rue du Cygne à la rue Mauconseil en 1811. Hélas ce tronçon fut absorbé par la rue de Turbigo en 1854.

Littérature

Dans le livre, *Les Misérables*, de Victor Hugo, le bâtiment dans l'angle est le café Corinthe. L'auteur y fait s'adosser les deux barricades défendues par les protagonistes lors de l'insurrection des 5 et 6 juin 1832. Il y fait mourir Gavroche. La rue est un des lieux de l'action du roman *Le Ventre de Paris* d'Emile Zola.

Rue Montmartre

La rue commence rue Rambuteau et rue Montorgueil, et se termine boulevard Montmartre et boulevard Poissonnière. Elle mesure 939 mètres de longueur et 15 mètres de largeur. Elle file sur le 1er (n°1-21 et n°2-36) et le 2e (n°23 à fin et n°38 à fin) arrondissement. La rue Montmartre est distincte du quartier de la butte Montmartre.

Odonymie

La rue suit le tracé d'un chemin conduisant à la colline du même nom. « Montmartre » constitue un calque du latin *Mons Martyrum* (la colline des Martyrs). Trois saints y subirent, en effet, le martyre : Denis, l'archiprêtre Rustique et l'archidiacre Eleuthère y auraient été décapités. À l'origine, se trouvaient ici deux temples romains, l'un dédié à Mars, l'autre à Mercure. Le second a survécu. Dans la *Chronique du pseudo-Frédégaire* (VIIe siècle), l'endroit est d'ailleurs cité sous le vocable de *Monte Mercore* (la colline de Mercure). Le nom actuel semble être apparu vers le IXe siècle. La partie sud de la rue s'appelait jadis « rue de la Porte-Montmartre ». Elle devint la « rue Montmarat » durant la Révolution.

Histoire

La rue prit forme quand Louis VI, vers 1137, créa le marché des Halles. Elle rejoignait un ancien chemin descendant de la butte Montmartre et devint l'un des axes majeurs du quartier. La partie située à l'intérieur de l'enceinte de Philippe Auguste était appelée « rue de la Porte

Montmartre », laquelle se situait aux environs du n°30. Sous Charles V, la porte Montmartre fut déplacée vers le nord au niveau de la rue Léopold-Bellan ; la rue prit alors son nom actuel.

Immobilier

N°14 : emplacement, au XIXe siècle, d'un dépôt du magasin du docteur Pierre Mussot. En 1837, Mussot fonde à Asnières une entreprise qui distille l'alcool de menthe, des poudres et des pâtes dentifrices. C'est le début de l'industrialisation des produits d'hygiène. La gazette médicale de Paris recommanda son eau-dentifrice. Durant la Première Guerre mondiale, le paquetage des Poilus contenait un savon dentifrice de la marque.

N°15 : emplacement d'une maison où naquit François-Joseph Leclerc du Tremblay (1577-1638), dit le Père Joseph, l'éminence grise de Richelieu.

N°15 : *Le Cochon à l'oreille*, café créé vers 1910, est installé dans un immeuble du XVIIIe siècle. A l'origine, le café se nommait *Halles-Bar*, puis *Le Singe Pèlerin*, avant de prendre sa nomination actuelle. Le rez-de-chaussée de l'immeuble fut occupé durant le XIXe siècle par des marchands de vin. Si la façade ne paye pas de mine, le décor intérieur est somptueux. Trois tableaux en céramique, issu de la faïencerie de Sarreguemines, réalisés par le céramiste Boulenger, illustrent les activités des halles au début du siècle. Le premier représente le réveil du marché avec l'arrivée du train l'Arpajon, rue Baltard, à une heure du matin. Le deuxième représente le « coup du feu » du marché, le long de l'église Saint-Eustache. Et enfin, le troisième représente les Halles après le coup de cloche : les commerçants discutent ou rentrent chez eux. Un quatrième tableau, une femme chargée de paniers, dans le fond de la salle, provient du Café de la Poste, rue de la Grande-Truanderie, d'où il a été rapporté en 1982. Les décors sont inscrits aux monuments historiques depuis le 23 mai 1984.

N°16 : entrée du passage de la Reine-de-Hongrie (voir la rue Montorgueil).

N°30 : emplacement de l'ancienne porte Montmartre de l'enceinte de Philippe Auguste.

Rue Montorgueil

La rue commence rue Montmartre et rue Rambuteau, et se termine rue Léopold-Bellan et rue Saint-Sauveur. Elle mesure 360 mètres de longueur et 16 mètres de largeur. Elle s'étend sur le 1er (n°1 à 35 et n°2 à 40) et le 2e (n°37 à fin et n°42 à fin) arrondissement. La rue Montorgueil est l'axe principal d'une zone piétonne animée, possédant de nombreux commerces d'alimentation et des restaurants.

Odonymie

C'était originellement le nom d'un lieu-dit, celui d'une petite éminence dont le sommet correspondait à la rue Beauregard. Le premier élément du toponyme est le latin *mons / montis*. Le second doit venir d'une racine germanique *urgoli* (éminence). La formation toponymique « Montorgueil » est dite tautologique. Cela signifie que les éléments qui la composent renvoient à la même réalité (mais sont apparus à des époques différentes). Le cas n'est pas rare en France. On connaît même des cas extrêmes avec des toponymes comme *Pioch du Plo del Soucs* (Tarn) qui veut dire « colline de la colline de la colline ». Dans un manuscrit du XIIIe siècle, on trouve la voie appelée *vicus montis superbi* (rue du Mont-Orgueilleux). Il s'agit d'une réinterprétation du scribe. *Urgoli* a subi l'attraction du mot français « orgueil » qui a été « retraduit » en latin. L'extrême sud de la voie s'appelait autrefois « rue Comtesse d'Artois ». Le nom fait référence à l'ancien hôtel du comte d'Artois, Robert II, neveu de Saint Louis, qui se trouvait entre la rue Mauconseil et la rue Pavée. Malgré les apparences, le terme « Comtesse » est un adjectif au féminin signifiant « appartenant au comte ». On l'a accordée avec le mot rue. La voie s'est aussi nommée « rue à la Comtesse d'Artois » ou « rue de la Porte-Comtesse-d'Artois ». Le comte avait fait ouvrir une porte dans l'enceinte de Philippe Auguste, car son hôtel se trouvait à l'extérieur des murs de Paris. Il voulait pouvoir se rendre facilement dans la ville. Dans un document du XIVe siècle, la voie est citée comme « rue Nicolas-Arrode » (nom d'un bourgeois qui l'habitait). Elle fut absorbée par la rue Montorgueil en 1792, avant d'en être à nouveau détachée de 1814 à 1830 et de reprendre son nom médiéval.

Histoire

Le 17 décembre 1498, les habitants de la rue Montorgueil déposèrent une requête auprès du roi afin qu'une fausse porte soit démolie. Celle-ci créait un rétrécissement de la voie causant de grands embouteillages, et surtout elle servait de décharge publique. L'amoncellement d'ordures avait fini par modifier le paysage, donnant à la rue un dénivelé aujourd'hui disparu. Des voleurs profitaient de la confusion engendrée pour exercer leurs méfaits. La démolition fut accordée en 1503. À partir de l'ouverture de la porte Poissonnière dans l'enceinte de Louis XIII en 1645, la rue Montorgueil fut empruntée chaque jour par les poissonniers normands venant livrer aux Halles leurs huîtres et leurs poissons. Cette pratique perdure, notamment avec le restaurant *Au Rocher de Cancale*. Le bureau de vente de la Société des huîtres d'Etretat et de Dieppe se trouvait aux n°61-63 de la rue, celui de Fécamp se trouvait près de la rue Tiquetonne, dans la cour de l'auberge *Le Compas d'Or*. Dynamisée par la proximité du grand marché, la rue regorgeait de cabarets, de commerces et de restaurants. En 1660, un établissement de religieuses de la Visitation s'installe dans la rue. Elles déménagèrent pour la rue du bac en 1673.

Immobilier

En 1665, le siège du *Journal des Savants* se trouvait dans cette rue, dans une maison à l'enseigne du Cheval Blanc.

N°9 : subsistance de l'enseigne du cabaret *Au Croissant* représentant un croissant de lune, enveloppé de nuages, dont les pointes sont tournées vers le ciel.

N°15, 17 et 19 : ces immeubles datent du XVIIIe siècle. Au centre, s'ouvre le passage de la Reine-de-Hongrie. L'immeuble du n°17 formait au XVIIIe siècle l'une des dépendances de l'hôtel situé au n°15. Il appartenait à la famille Crillon. En 1731, une nouvelle maison fut construite sur les plans de Jean-Baptiste Goupy, architecte du roi et juré expert des bâtiments. Au-dessus du rez-de-chaussée, le bâtiment devait être divisé en deux corps de logis séparés par une petite cour en terrasse. Chacun des deux corps de logis est respectivement composé de quatre et trois étages carrés surmontés de combles. La façade est le seul support où se donnèrent libre cours l'expression architecturale et la recherche décorative de l'époque, puisque les cours, petites, semblent avoir été négligées.

N°38-40 : emplacement du restaurant *L'Escargot Montorgueil*. En 1832, le restaurateur Mignard et le marchand de vin Bourreau s'associent pour ouvrir un établissement. Ils se spécialisent dans la cuisine bourguignonne, surtout dans les recettes à base d'escargot. Les huîtres apparaissent sur la carte des années plus tard. Théodore Lecomte leur succède en 1890 et entreprend de nombreux travaux de rénovation. Le restaurant devient un incontournable avec l'arrivée aux commandes d'André Terrail, en 1919, secondé par le cuisinier Lespinasse. De l'époque de sa création, subsiste la devanture en bois à motifs de losanges et le plafond de la salle principale décoré d'arabesques, de perles et de coupes de fruits en relief. En 1900, furent ajoutés une grande marquise en fer forgé dont l'enseigne est un escargot doré, ainsi que les miroirs gravés de la salle principale et l'escalier à vis. Le plafond de la salle d'accueil, peint par Georges Clairin,  datant de 1900, provient de l'hôtel particulier de Sarah Bernhardt et fut transféré à *L'Escargot Montorgueil* en 1923. La décoration de style Second Empire est classée aux monuments historiques depuis le 12 juin 1998. Parmi les clients réguliers de l'établissement, nous trouvions Marcel

Proust, Sarah Bernhardt, Sacha Guitry, Pablo Picasso ou encore Charlie Chaplin.

Littérature

Victor Hugo évoque la rue Montorgueil dans *Les Misérables* (1862) : « A la fatigue, pour filer un câble, pour virer un cabestan, Jean Valjean valait quatre hommes. Il soulevait et soutenait parfois d'énormes poids sur son dos, et remplaçait dans l'occasion cet instrument qu'on appelle cric et qu'on appelait jadis orgueil, d'où a pris nom, soit dit en passant, la rue Montorgueil près des halles de Paris ».

Faits divers

En octobre 2014, une plaque est installée au croisement de la rue Bachaumont et de la rue Montorgueil, pour rendre hommage à Bruno Lenoir, un cordonnier, et Jean Diot, un domestique, arrêtés le 4 janvier 1750 et brûlés vifs en place de Grève le 6 juillet de la même année. Motif : ils étaient homosexuels. Il s'agit de la dernière exécution pour homosexualité en France.

Passage de la Reine-de-Hongrie

Le passage est ouvert en 1770 pour relier la rue Montorgueil à la rue Montmartre. Elle faisait partie du réseau de voies secondaires permettant d'éviter les carrefours encombrés autour des Halles.

Histoire

Long de 45 mètres et large de 1,6 mètre, le passage doit son nom à une marchande des Halles, Julie Bécheur, qui vivait là en 1789. Elle ressemblait tellement à l'archiduchesse Marie-Thérèse d'Autriche, reine de Hongrie que Marie-Antoinette la recevant un jour, en fut elle-même surprise. La commerçante fut ainsi surnommée « la reine de Hongrie ». Faveur qui lui porta malheur, car elle fut décapitée sous la Révolution française en raison de « sentiments royalistes ». Entre 1792 et 1806, le passage prit le nom de « passage de l'Egalité ».

En 1946, une jeune fille, âgée de 20 ans, ouvrit une boutique de ferblanterie dans le passage, au n°5. Un ferblantier fabrique et/ou vend des outils ou ustensiles en fer blanc, souvent ménagers tels que des casseroles, des bassines, des assiettes, des lanternes. Aujourd'hui, cette appellation concerne des artisans fabriquant des ustensiles de ménage ou de jardinage en acier galvanisé. Au Québec, le métier de ferblantier consiste à préparer, fabriquer et installer des conduits de ventilation en tôle galvanisée. Que devint la jeune femme ? Elle prospéra. Son père ne cessait de lui dire : « Si tu sais travailler, tu deviendras riche, car ce passage c'est de l'or ». Elle obéit et travailla dur. Son commerce devenant prospère, elle déménagea au marché des Halles, puis à celui de Rungis.

Architecture

Aujourd'hui, au-dessus de l'entrée, le promeneur peut lire en grosses lettres : « PASSAGE DE LA REINE DE HONGRIE ». En 1914, le mot « Hongrie » fut effacé de la façade lorsque la France entra en guerre contre l'Autriche-Hongrie. De nos jours, ce passage est une voie privée qui dessert des appartements. La façade de l'immeuble, rue Montorgueil, date de 1731. Les fenêtres du second étage sont surmontées de décors rocaille (mascarons à tête d'hommes barbus, entourés de feuillage), ainsi que les fenêtres de la travée centrale. Les balustrades en fer forgé datent du XVIIIe siècle.

Rue de l'Oratoire

La rue commence rue de Rivoli et se termine rue Saint-Honoré. Elle mesure 67 mètres de longueur et 12 mètres de largeur.

Odonymie

On y trouvait le couvent des pères de l'Oratoire, congrégation créée par le cardinal Pierre de Bérulle en 1611. Il acheta l'ancien hôtel du Coq et le transforma en établissement religieux. L'ordre fut supprimé en 1792. La rue s'appelait au Moyen Âge « rue d'Hosteriche », mais on rencontre aussi, au hasard des manuscrits, les graphies « Oteriche », « Osteriche », « Hoteriche », « Autheriche » et même « Autruche » dans un texte de 1421. C'était le nom d'une maison qui aurait appartenu à un homme originaire d'Autriche.

Histoire

En 1664, la rue d'Autriche prend le nom de « rue de l'Oratoire-du-Louvre » lors de la suppression de sa partie sud par la construction de la Cour Carrée du Louvre. Au XVIIIe siècle, cette rue devient une impasse, car elle est fermée par une clôture près du Louvre. Elle est alors appelée « cul-de-sac de l'Oratoire ». L'alignement des abords du palais en application des lettres patentes du 26 décembre 1758 et la construction de la place de l'Oratoire entraînent la suppression de la clôture. En 1854, le percement de la rue de Rivoli va diminuer la longueur de la voie. La rue prend son nom actuel via un arrêté préfectoral du 9 mai 1881.

Immobilier

N°1 : une des entrées du temple protestants de l'Oratoire du Louvre (voir la rue Saint-Honoré).

N°2 : ancien emplacement de l'hôtel d'Angiviller. Il tire son nom de Charles Claude Flahaut de La Billarderie (1730-1809), comte d'Angiviller. Lorsque Louis XVI accède au trône en 1774, il devient son premier directeur général des Bâtiments du roi, Arts, Jardins et Manufactures, et sera le dernier à diriger cette commission, désormais révocable à tout moment. L'hôtel fut construit vers 1745, face au palais du Louvre, pour servir d'annexe à la maison des Pères de l'Oratoire. En 1798, la cantatrice Sophie Arnould (1740-1802) s'installe dans l'hôtel, grâce au soutien du ministre de l'Intérieur Nicolas François de Neufchâteau. Elle y meurt en 1802. Sous le Premier Empire, l'hôtel d'Angiviller abrita plusieurs ateliers du musée. En 1807, la chalcographie du Louvre investit le premier étage de l'hôtel, ainsi que les ateliers de restauration des peintures, de rentoilage et des moulages. De 1850 à 1854, il hébergea la mairie de l'ancien 4e arrondissement. L'hôtel fut démoli en 1854 lors du percement de la rue de Rivoli.

N°4 : presbytère de l'Oratoire du Louvre, construit en 1854 à l'emplacement de l'ancienne rue d'Angiviller. Siège du Consistoire protestant de Paris jusqu'à la loi de séparation de l'Eglise et de l'Etat.

Rue du Pélican

La rue commence rue Jean-Jacques-Rousseau et se termine rue Croix-des-Petits-Champs. Elle mesure 62 mètres de longueur et 10 mètres de largeur.

Odonymie

Rien à voir avec l'oiseau ! Il s'agit d'une corruption de la « rue du Poil-Con », nom que portait la rue vers la fin du Moyen Âge. Un texte de 1421 parle encore de « rue Poillecon ». Le verbe « poiler » signifiait autrefois « peler ». Pour comprendre, il faut se souvenir que la rue, située près de l'enceinte de Philippe Auguste, était fréquentée par des prostituées. Durant la Révolution, on la rebaptisa « rue Purgée », car on avait formé le projet d'en chasser les filles publiques (mais elles y demeurèrent). Ce fut ensuite la « rue de la Barrière-des-Sergents ». On appelait ainsi des corps de garde disséminée dans Paris, où les sergents se tenaient prêts à exécuter les ordres d'un juge. Le nom vient du fait que les sergents postés au Châtelet s'appuyaient sur une sorte de barrière en attendant leurs missions. En 1806, elle prend son nom actuel.

Littérature

Dans les premières pages de *Guignol's Band* de Louis-Ferdinand Céline, un souteneur, désireux d'indiquer vers 1914 ou 1915 qu'il ne peut gérer qu'un nombre limité de prostituées, insiste sur le fait qu'il « n'est pas le Pélican ».

Rue de la Petite-Truanderie

La rue commence rue Mondétour et se termine rue Pierre-Lescot et rue de la Grande-Truanderie. Elle mesure 34 mètres de longueur.

Odonymie

Encore une fois, les historiens ne sont pas d'accord sur l'origine du nom de cette rue parisienne. Jean-Baptiste Michel Renu de Chauvigné, plus connu sous le nom de Jaillot, prétend que le nom « truanderie » vient du mot « truage » signifiant « impôt ». En effet, dans la rue, se trouvait autrefois un bureau où l'on percevait les droits d'entrée des marchandises allant aux Halles. Henri Sauval et Robert Cenalis penchent pour une autre hypothèse. Le mot « truand » ne possédait pas au Moyen Âge le même sens que de nos jours. Il désignait en effet autrefois un vaurien, un vagabond qui mendie par fainéantise, qui « gueuse ». La truanderie était donc un lieu où l'on rencontrait mendiants, gueux, désœuvrés et, accessoirement, diseuses de bonne aventure, voleurs à la tire ou prostituées. On retrouve cette acception dans l'expression anglaise « to play truant » (faire l'école buissonnière).

Histoire

La rue de la Truanderie est une voie très ancienne. Son existence est attestée dès 1250. Elle appartenait au petit fief de Thérouanne, dont la moitié environ fut cédée, en 1181, à Philippe Auguste par Adam, archidiacre de Paris, puis évêque de Thérouanne. Le roi fonda sur sa parcelle les premières halles de Paris. Sur la parcelle de l'évêque, s'installèrent des marchands de toute sorte, qui rapidement firent aménager des voies de circulation. Dès le XVIe siècle, la rue apparaît dans des registres sous le nom de *Via Mendicatrix mino*r. À la jonction des rues Pirouette, Mondétour, de la Petite-Truanderie et de la Grande-Truanderie se trouvait le carrefour de la Tour sur lequel était situé le Puits d'Amour. Ce qui valut à la rue de porter à l'occasion le nom de « rue du Puits d'Amour » ou « rue de l'Ariane ». Des travaux, tels que le percement de la rue de Turbigo ou le prolongement de la rue de Mondétour, raccourcissent la rue de la Grande-Truanderie et vont même lui donner une spécificité. Entre la rue Saint-Denis et la rue Mondétour, la rue forme une place triangulaire. Le côté sud, soit les numéros impairs, est formé par la « rue de la Petite-Truanderie », tandis que les numéros pairs forment la « rue de la Grande-Truanderie ». Il s'agissait de deux rues indépendantes, séparées par des maisons abattues en 1919.

Rue Pierre-Lescot

La rue commence rue Berger et se termine rue de Turbigo et rue Étienne-Marcel. Elle mesure 315 mètres de longueur et 20 mètres de largeur. Elle ne doit pas être confondue avec l'ancienne rue Pierre-Lescot, située entre la rue Saint-Honoré et le palais du Louvre, disparue lors du prolongement de la rue de Rivoli dans les années 1850.

Odonymie

Pierre Lescot était un architecte français du XVIe siècle, actif pendant la Renaissance. Né vers 1515, à Paris, on sait peu de choses sur sa jeunesse et son éducation.

> Pierre Lescot a commencé sa carrière au service de François Ier, roi de France, qui avait une passion pour l'architecture italienne de la Renaissance. Lescot est chargé par le roi de reconstruire le palais du Louvre. Cette magnifique résidence royale était à l'origine une forteresse médiévale, à caractère défensif. François Ier voulut en faire un exemple de modernité. Lescot fut chargé de concevoir la façade du palais, située aujourd'hui dans la Cour Carrée et connue sous le nom d'aile Lescot. L'aile Lescot est caractérisée par son style élégant et harmonieux, qui combine des éléments de l'architecture classique et de la Renaissance. Les proportions équilibrées, les fenêtres ornées et les sculptures délicates font de cette façade l'un des exemples majeurs de l'architecture de la Renaissance française. Outre son travail sur le palis du Louvre, Lescot a réalisé de nombreux autres projets architecturaux à Paris. Il a également été impliqué dans la conception de l'Hôtel de Ville, l'hôtel particulier de la famille Carnavalet et l'église saint-Germain l'Auxerrois. Pierre Lescot est décédé en 1578, à Paris, laissant derrière lui un héritage durable dans le domaine de l'architecture.

Histoire

Sur sa partie entre la rue du Cygne et la rue Étienne-Marcel, elle se nommait « rue du Cloître-Saint-Jacques », devenue la « rue de l'Hôpital-Saint-Jacques ». L'ancienne église Saint-Jacques-de-l'Hôpital appartenait à l'hôpital Saint-Jacques aux pèlerins, et se situait à l'angle des rues Saint-Denis et Mauconseil. Fondée en 1319 pour accueillir les pèlerins partant vers Saint-Jacques-de-Compostelle, elle fut détruite en 1790. Au XIIIe siècle, la rue s'appelait « rue Jean-Saint-Denis », du nom de Jacques de Saint-Denys, un de ses habitants, chanoine de l'abbaye Saint-Honoré en 1258. La rue est prolongée à partir de 1852 de la rue de la Grande-Truanderie à la rue aux Fers (actuelle rue Berger) sous le nom de « rue des Halles-Centrales ». De la rue Rambuteau à la rue aux Fers, elle est située à la limite est du quadrilatère exproprié pour la création des nouvelles halles et longe les pavillons Baltard. La rue Pierre-Lescot est encore prolongée en 1860 de la rue aux Fers à la rue des Innocents, à travers l'espace du marché des Innocents, lors de sa suppression et de son remplacement par un square. La démolition du square et la reconstruction des immeubles entraînent la suppression de la partie de la rue située entre les rues Berger et des Innocents. Le nom de Pierre Lescot est donné à la rue en 1865.

Immobilier

N°9 : immeuble datant de la fin du XIXe siècle. Il porte, sur l'angle, l'enseigne d'un marchand de miel en forme de ruche sculptée. La devanture du rez-de-chaussée date des années 1940 et elle est recouverte de carreaux de céramique. La devanture et l'enseigne sont inscrites aux monuments historiques depuis le 23 mai 1984.

N°17 : immeuble datant de 1820, décoré de sculptures allégoriques, vestiges de l'hôpital Saint-Jacques-aux-Pèlerins. Ces sculptures représentent un caducée encadré par deux cornes d'abondance.

N°28 : immeuble de style Restauration doté d'un portail encadré par deux colonnes.

Faits divers

« Condamné à mourir honteusement comme un traître » en 1390, le corps décapité du chef de bande Aymericot Marchès est écartelé et les morceaux cloués aux portes de la ville. Comme d'autres soldats désœuvrés, Marchès avait profité de la guerre de Cent Ans pour écumer les campagnes à la tête d'une « bande noire ». Il exigeait des seigneurs les moins puissants une « indemnité » en échange de sa « protection ». Et il pillait les terres de ceux qui ne « chantaient » pas suffisamment. Devenu maître de la forteresse de Carlat, en Auvergne, il l'avait revendue aux Anglais.

Rue Pirouette (disparue)

La rue se situait à proximité du pilori des Halles dont le dispositif permettait de montrer le condamné des deux côtés du marché : le supplicié faisait ainsi la pirouette.

Odonymie

Le nom actuel ne représente qu'une lointaine déformation de celui sous lequel apparaît la voie dans un manuscrit de 1250 : rue de Thérouanne.

Elle fut percée sur le fief homonyme. Cette appellation vint du nom du propriétaire de ce fief, Adam, chanoine de Paris, puis évêque de Thérouanne, localité du Pas-de-Calais. Le passage de Thérouanne à Pirouette (à travers nombre de formes intermédiaires comme Tironnet, Perronet, Théroenne, Pirouet) a été influencé par le fait que, face à cette rue, se trouvait un pilori.

Le pilori

Le pilori, également appelé échelle patibulaire, était une sentence entre le blâme et le fouet, entre l'amende et les galères. De forme octogonale, il comprenait une roue mobile sur laquelle étaient immobilisés les condamnés. En région parisienne, ce pilori prit le nom d'échelle, car pour accéder au plancher d'où il était exposé au public, le condamné devait emprunter une échelle.

On faisait tourner la roue toutes les trente minutes et, en quatre heures, les malfaiteurs, qui se trouvaient ainsi exposés aux moqueries publiques sur toutes les faces, faisaient en quelque sorte une pirouette. Le criminel était exposé de 6 heures à 15 heures et pouvait recevoir au visage de la boue, des ordures, mais aucun objet blessant. Un écriteau renseignait les badauds sur le nom de condamné (afin que la honte lui colle à la peau) et sur la nature de son crime. Exemple : des commerçants usant de faux poids pour voler leurs clients, des banqueroutiers, des concessionnaires, des gens ayant fait un faux témoignage, ou les blasphémateurs. Les femmes adultères et les entremetteuses étaient conduites au pilori, assises à rebours sur un âne. Ce tourment fut aboli le 28 avril 1832.

Le talion

La loi du talion est une des plus anciennes lois existantes ; elle consiste en la juste réciprocité du crime et de la peine. Les mouilleurs de lait (les producteurs de lait allongeaient leur produit avec de l'eau impure) étaient contraints de boire leur mélange néfaste jusqu'à vomissement. Les fraudeurs de beurre (ils vendaient de la margarine pour du beurre) étaient exposés avec une motte falsifiée sur la tête, au soleil, contraints d'attendre qu'elle fonde entièrement. Les marchandises pourries des fraudeurs d'œufs étaient distribuées aux enfants afin qu'ils les jettent sur les voleurs. Ces sanctions étaient appliquées par le bourreau du roi qui vivait au rez-de-chaussée du pilori.

Rue du Plat-d'Etain

La rue commence rue des Lavandières-Sainte-Opportune et se termine rue des Déchargeurs. Elle mesure 57 mètres de longueur et 10 mètres de largeur.

Odonymie

« Au plat d'Etain » était l'enseigne d'un cabaret situé au n°1 de la voie, à l'angle de la rue des Lavandières-Sainte-Opportune. Dans le Dit des rues de Paris (1300), la voie apparaît sous le vocable de « rue Raoul-Lavenier » ou « rue Raoul-l'Avenier », du nom d'un propriétaire. Elle prit son nom actuel vers 1489.

Histoire

En 1817, la rue commençait un peu plus haut, 33-35 rue des Lavandières-Sainte-Opportune.

Immobilier

N°1 : maison du XVIe siècle, dont le rez-de-chaussée a été occupé par un cabaret fréquenté par Marmontel, Diderot et d'Alembert.

N°11 : emplacement de l'ancien bureau des Drapiers, dont la corporation datait de 1183. La façade, qui a été transportée au musée Carnavalet, avait été édifiée en 1650 par Boffrand sur des dessins de Libéral Bruant.

Rue du Pont-Neuf

La rue commence rue de la Monnaie et quai de la Mégisserie, et se termine place Maurice-Quentin. Elle mesure 327 mètres de longueur et 20 mètres de largeur.

Odonymie

La rue porte ce nom car elle aboutit au Pont-Neuf.

Histoire

Le 21 juin 1854, un décret approuve le plan du périmètre de restructuration des halles centrales. Ce plan prévoit l'ouverture d'une nouvelle rue entre le Pont-Neuf et les Halles. Le plan parcellaire des propriétés à exproprier pour « l'élargissement de la rue Tirechape et le prolongement de cette voie jusqu'au pont Neuf » est publié le 6 septembre 1865. La nouvelle rue du Pont-Neuf absorbe les rues Etienne, de la Tonnellerie et Tirechappe. Une partie de la rue de la Monnaie et de la place des Trois-Maries disparaissent également. La rue est inaugurée en 1867. La partie entre la rue Berger et la rue Rambuteau est renommée « rue Baltard » en 1877. Cette rue a été supprimée lors de la construction du Forum des Halles.

Immobilier

N°31 : sur la façade, se dresse un buste de Molière coiffant une plaque à l'inscription suivante : « J.B. Poquelin de Molière. Cette maison a été bâtie sur l'emplacement de celle où il naquit en l'an 1620 ». Un stratagème malhonnête pour valoriser un bâtiment. Premièrement, Molière est né dans une maison située à l'angle des rues Saint-Honoré et Sauval. Deuxièmement, personne ne connaît sa date de naissance. Nous savons juste qu'il a été baptisé à Saint-Eustache le 15 janvier 1622. Cette supercherie est l'œuvre d'Alexandre Lenoir, fripier, vivant dans cette maison en 1796 et qui pensait ainsi donner une plus-value à l'édifice.

N°33 : se tient le restaurant *Au Chien qui fume*. Une modeste auberge ouvre ses portes en 1740, à proximité des Halles. Les marchands viennent s'y rafraîchir, ainsi que les artistes. Refuge de Balzac, Dumas et Aragon, il est même cité dans le roman d'Émile Zola, *le Ventre de Paris*. Sous le Second Empire, Haussmann rénove le quartier et fait raser la vieille auberge. Elle est reconstruite quelques années plus tard, face aux pavillons Baltard. L'établissement devient alors le fief des « Forts » des halles. En 1920, le nouveau propriétaire repense tout le décor et affiche avec fierté un caniche fumant le cigare et un griffon fumant la pipe. La devanture est décorée de quatre panneaux fixés sous verre illustrant un épagneul à la pipe, un terrier au cigare et un boxer à la cigarette. À l'intérieur, un comptoir en bois et en marbre est  décoré de petits panneaux peints représentants aussi des chiens en train de fumer. La devanture et l'intérieur sont classés aux monuments historiques depuis le 23 mai 1984. Le cadre Belle Epoque est magnifique, surtout à l'étage, avec ses belles banquettes. Des tableaux de grands maîtres sont parodiés avec délice. Aujourd'hui, les clients fréquentent l'établissement avant tout pour sa cuisine et ses fruits de mer réputés.

Faits divers

Le 7 juillet 1946, des convoyeurs de fonds chargent des sacs de la Société générale à l'arrière de leur fourgon et redémarrent. Rue de Rivoli, ils se font braquer de l'intérieur par Pierre Loutrel, dit Pierrot le Fou, et un complice. Tous deux s'étaient glissés dans la fourgonnette non verrouillée pendant que les convoyeurs s'affairaient au transfert des sacs. Butin : 3 millions de francs.

Rue des Prêcheurs

La rue commence rue Saint-Denis et se termine rue Pierre-Lescot. Elle mesure 57 mètres de longueur et 10 mètres de largeur. Elle est actuellement une voie piétonnière plutôt étroite.

Odonymie

Les rues se succèdent, mais leur histoire se ressemble. Encore une fois, les spécialistes se disputent la parenté de la rue. Une maison située jadis au coin de la rue Saint-Denis portait une sculpture dite « l'arbre aux prêcheurs ». Au bout de chacune des douze branches de cet arbre, se tenait un apôtre debout dans une sorte de calice, dont la forme rappelait la chaire où prêche le prêtre. La Vierge se trouvait au sommet de l'arbre. Ce qui fit écrire à Jean de La Tynna que la rue tenait son nom d'un arbre sculpté en bois, datant du XIIe siècle, représentant la généalogie de la Vierge Marie. Il est rejoint dans cette théorie par Edgar Mareuse. Pour Jacques Hillairet et les frères Lazare, le nom est dû à la présence d'une maison possédée, vers 1184, par un dénommé Robert le Prêcheur.

Histoire

Des lettres de Maurice de Sully, évêque de Paris, datant de 1184, attestent que Jean de Mosterolo avait cédé à l'abbaye Saint-Magloire les droits qu'il exerçait *in terra Morinensi* et 9 sols sur la maison de Robert le Prêcheur (*predicaloris*). De ces documents, il paraît résulter que cette rue ait été bâtie sur une partie de l'emplacement du petit fief de Thérouanne, et que sa construction était commencée à cette époque. Dans un amortissement de juin 1252, elle est indiquée sous le nom de « *in vico Proedicatorum* », soit « rue des Prêcheurs ».

Rue des Prouvaires

La rue commence rue Saint-Honoré et se termine rue Berger. Elle mesure 53 mètres de longueur et 15 mètres de largeur.

Odonymie

Le nom représente une déformation du vieux mot « prévoire », lui-même issu du latin « presbyter » qui signifiait à l'origine « vieillard ». Puis comme les chefs des communautés religieuses étaient souvent des hommes âgés, un glissement de sens s'est opéré, et le terme a désigné le prêtre. Le mot vient du grec « presbus » (vieillard) qui a aussi donné le terme français « presbyte ». La rue, dont le nom fut déformé, s'appela au fil du temps : en latin « *vicus Presbyterorum* », puis en vieux français « rue des Provoires », « rue des Provoirs », « rue des Prévoires », « rue des Preuvoires », « rue des Prouvoires », « rue des Provares », « rue des Prouvelles »… Ce qui finit par donner le nom de « rue des Prouvaires ».

Histoire

La rue des Prouvaires, telle qu'elle existe aujourd'hui, n'est qu'un petit tronçon de 53 m de long de la voie qui s'étendait initialement jusqu'à la rue Trainée, située près de l'église Saint-Eustache. Elle hébergeait principalement des prêtres de Saint-Eustache. Selon Jacques Hillairet, cette rue était au Moyen Âge l'une des plus belles de la capitale. En 1476, Louis XI fit loger dans une des demeures qui la bordaient le roi Alphonse V du Portugal. En 1816, les maisons et les propriétés des n°21 à 43 sont démolies pour faciliter l'établissement du marché des Prouvaires. Initialement, la rue commençait rue Saint-Honoré et finissait rue Trainée, mais à la suite de la reconstruction des halles et du prolongement de la rue Berger, elle est réduite de sa partie méridionale, passant de 199 mètres à 53 mètres.

Alphonse V, roi du Portugal

En 1474, le roi Henri IV de Castille meurt en laissant pour seule héritière une fille, Jeanne, mariée avec Alphonse V. Le trône est aussitôt revendiqué par la sœur d'Henri IV, Isabelle, épouse de Ferdinand II d'Aragon. En 1476, Alphonse V, roi du Portugal, vient à Paris solliciter l'aide du roi de France, Louis XI. Ce dernier, venant tout juste de faire la paix avec les Anglais (traité de Picquigny), n'est guère tenté d'entrer en guerre contre le roi d'Aragon ou le roi du Portugal. Louis XI ordonne à ses sujets de traiter le visiteur avec tous les égards dû à son rang. Dès son arrivée à Paris, Alphonse V est logé dans la riche demeure d'un épicier, rue des Prouvaires, un dénommé Laurent Herbelol.
Flatté de cette réception, le roi portugais attend quelques jours, sans avoir pu parler au roi du motif de son voyage. Après avoir observé toutes les convenances, Alphonse se rend à la Bastille, séjour ordinaire de Louis XI. Celui-ci l'entraîne aussitôt au palais de Justice pour écouter diverses plaidoiries. Charmé de cette nouvelle politesse, le Portugais ne peut décemment pas causer d'une autre affaire.
Le lendemain, il revient à la Bastille. À peine ouvre-t-il la bouche que Louis XI lui annonce qu'il a promis en son nom à l'évêque, d'assister à la réception d'un docteur en théologie. Puis, les deux hommes se rendent au palais de Justice pour entendre la plaidoirie de deux avocats défendant une belle cause, avant de visiter la prison du Grand-Châtelet.

Pour le contraindre à rester dans sa demeure, le roi de France continue sur le même ton, en accablant son invité de protestations d'amitié.

Le 1ᵉʳ décembre, Alphonse assiste à une procession de l'Université depuis les fenêtres de sa demeure. Le roi Alphonse V reçoit quelques jours plus tard de nombreux messages l'invitant à rentrer chez lui, ce qu'il finit par faire sans avoir obtenu le secours qu'il demandait, mais trop pénétré de l'accueil cordial réservé par Louis XI pour penser à devenir son ennemi. Néanmoins, afin de faire valoir les droits de sa femme au trône, Alphonse V envahit la Castille, avec le soutien du roi de France, et est vaincu par Isabelle et Ferdinand à la bataille de Toro en 1476 (les Castillans ayant déserté en raison de l'alliance du roi portugais avec la France).

Immobilier

N°1 : Ferdinand Bosso (1878-1967) fonda en 1922, avec Luigi Campolonghi, la Ligue italienne des droits de l'homme durant l'exil des antifascistes. Le journaliste italien possédait à cette adresse, avec ses frères, la société Bosso Frères, un commerce de fleurs et de peignes sculptés en écaille. La famille Bosso y vécut de 1913 à 1995.

Faits divers

Le 1ᵉʳ février 1832, la police déjoue le complot dit « de la rue des Prouvaires ». À l'occasion d'un bal donné aux Tuileries dans la nuit du 1ᵉʳ au 2 février, les conjurés légitimistes devaient capturer, et peut-être tuer, le roi Louis-Philippe 1ᵉʳ, la famille royale et les ministres, puis proclamer Henri d'Artois comme roi de France sous le nom d'Henri V. À 22 heures, la police, qui avait infiltré le réseau, parvint à arrêter les conjurés. Le comte Raoul de la Sayette et le chevalier de Romans qui figuraient parmi les complotistes, parvinrent à fuir en Suisse, mais y furent condamnés au bannissement.

Le 9 septembre 1954, le sergent-chef Lamy titube dans le commissariat : « J'ai trop arrosé mon retour d'Extrême-Orient. J'ai peur qu'on vole les 350 000 francs de ma prime de démobilisation. Je voudrais vous les confier, le temps de dessaouler. » Le brigadier de permanence refuse. Sur le trottoir, un autre policier rattrape le soldat et accepte de lui rendre ce service. En échange de l'argent, il donne au militaire un nom et une adresse qui s'avèreront faux. Lamy, dégrisé, porte plainte. René, le fonctionnaire indélicat, sera condamné à un an de prison avec sursis.

Rue Rambuteau

La rue commence rue des Archives et se termine rue Coquillière et rue du Jour. Elle mesure 975 mètres de longueur et entre 5,5 et 13 mètres de largeur. La voie longe le Forum des Halles et la façade du centre Georges-Pompidou, marquant la limite entre le 3e (n°2-66) et le 4e (n°1-71) arrondissement. Les numéros impairs (77 à 105) et pairs (72 à 132) sont situés dans le 1er arrondissement. Les numéros 68, 70, 73 et 75 ne sont pas utilisés.

Odonymie

Claude-Philibert Barthelot, comte de Rambuteau, né le 2 février 1781, à Paris, est une personnalité importante de l'histoire de France. Issu d'une famille noble, il occupa le poste de préfet de la Seine de 1833 à 1848.

> Avant d'être préfet de la Seine, il avait été chambellan de Napoléon Ier, préfet de la Loire, puis député de ce département pendant les Cent-Jours. Il se retira de la politique après Waterloo, puis redevint député en 1827. En 1830, il fut un des signataires de la célèbre « adresse des 221 » qui en réponse au discours du Trône de Charles X, entraîna la

dissolution de l'Assemblée des députés et constitua le prélude aux Trois Glorieuses qui renversèrent Charles X et ouvrirent la voie à Louis-Philippe. Pendant son mandat de préfet, Rambuteau met en place de nombreuses réformes qui vont améliorer la vie quotidienne des Parisiens. Il supervise notamment l'agrandissement de la ville, la modernisation des quartiers et l'amélioration des infrastructures urbaines. Rambuteau est également connu pour son soutien aux arts et à la culture. Il encourage la construction de nouveaux théâtres, musées et bibliothèques, et il soutient les artistes émergents. En 1848, après la révolution de Février, Rambuteau est destitué de son poste de préfet. Il se retire de la vie publique et se consacre à sa famille et à ses loisirs. Il meurt le 2 janvier 1869 à Paris.

Les travaux de Rambuteau

Les plaques des rues de Paris telles que nous les connaissons, en blanc sur fond bleu, existent depuis 1844 grâce au préfet de la Seine d'alors, Claude Barthelot. Pendant tout le temps qu'il fut préfet, il fit beaucoup pour Paris. En effet, il reconstitua les égouts, remplaça l'éclairage à huile par l'éclairage au gaz, construisit  des urinoirs qui portèrent quelques mois son nom avant de devenir les vespasiennes aujourd'hui disparues. On lui doit aussi l'achèvement de l'Arc de Triomphe et la plantation d'arbres sur les quais.

Histoire

Le préfet Rambuteau, à la demande des habitants du quartier, décida, en 1834, la création de cette rue large de 13 mètres, dimension importante pour l'époque. Le centre de la capitale avait conservé jusque-là son tissu urbain médiéval, soit des rues étroites et sales. En 1832, la ville avait été touchée par une épidémie de choléra. Rambuteau décida donc de mettre en application les théories hygiénistes de l'époque lors du percement de cette nouvelle voie. Une ordonnance du roi Louis-Philippe 1er, datée du 5 mars 1838, permit de commencer les travaux. La rue absorba la rue des Ménétriers (entre les rues Beaubourg et Saint-Martin), la rue de la Chanverrerie (entre les rues Saint-Denis et Mondétour) et la rue Trainée (entre les rues Montmartre et du Jour). Deux ordonnances royales, datées des 15 mars 1838 et 9 janvier 1839, autorisent l'ouverture d'une nouvelle rue qui prolonge la rue de Paradis-au-Marais jusqu'à la pointe Saint-Eustache ; elle prend le nom de « rue Rambuteau ». Quelques années plus tard, le préfet Haussmann devait appliquer les principes de Rambuteau sur une échelle beaucoup plus vaste.

Rue de Rivoli

La rue commence rue François-Mitron et rue de Sévigné, et se termine place de la Concorde et rue Saint-Florentin. Elle mesure 3 070 mètres de longueur et 22 mètres de largeur (sauf le long du jardin des Tuileries où elle se rétrécit à 20,78 mètres). La rue se situe dans le 1er (n°41 à fin et n°98 à fin) et le 4e (n°1 à 39 et n°2 à 96) arrondissement.

Odonymie

La rue ayant été ouverte sous le règne de Napoléon 1er, son nom doit logiquement avoir un lien avec l'empereur. Aussitôt, les gens pensent à la victoire de Napoléon Bonaparte à Rivoli Véronèse, en Italie, les 14 et 15 janvier 1797, contre l'Autriche. Si la ville s'appelle Rivoli Véronèse, pourquoi la rue s'appelle « rue de Rivoli » ? Où est passé Véronèse ? Oubli accidentel ou volontaire ? Le gouvernement a surtout eu la volonté de faire oublier certains de ses actes. Lors de la campagne d'Italie, Napoléon n'a pas seulement remporté des victoires, mais également des souvenirs italiens dont le musée du Louvre est fier. Ou bien l'empereur était rancunier et toujours fâché contre les Véronais ? Petit rappel : en 1797, Napoléon est entré dans Venise, a mis fin à la République, avant de livrer la ville aux Autrichiens suite au traité de Campoformio. Les Véronais, alliés des Vénitiens, n'ont guère apprécié le procédé et ont vengé Venise en massacrant plus de 400 soldats français, blessés, hospitalisés dans des hospices italiens. Conclusion : la rue parisienne se contenta de Rivoli.

Histoire

L'idée de créer une voie triomphale, réunissant l'ouest et l'est, naît sous l'Ancien Régime, sans pour autant être réalisée. En 1789, l'architecte Charles de Wailly propose de tracer une rue reliant la colonnade du Louvre à la rue Saint-Antoine. Le projet est rejeté. Les révolutionnaires avaient d'autres préoccupations que d'exproprier des habitants, raser des bâtiments et percer une nouvelle rue. À la même époque, une voie longeant le jardin des Tuileries, à l'emplacement de l'actuelle rue de Rivoli, est envisagée. Sauf que le terrain était occupé par des congrégations religieuses : le couvent de l'Assomption, des Capucins, des Feuillants et des Oratoriens. En 1797, une commission de onze artistes, dont sept architectes, reprend l'idée. Cette fois, l'axe commence à la place de la Concorde et doit se prolonger jusqu'à la place de la Bastille, en faisant quelques petits décrochés. Le premier tronçon, compris entre la place de la Concorde et le palais des Tuileries, est devenu réalisable suite à la confiscation des biens ecclésiastiques. Par contre, le deuxième tronçon, entre le palais des Tuileries et la rue Saint-Antoine nécessite toujours de nombreuses expropriations.

Pourtant, il faut attendre le Consulat de Napoléon Bonaparte pour en voir les premiers travaux. Le décret du 17 vendémiaire an X (9 octobre

1801) prévoit le percement d'une rue entre le passage du Manège et la rue Saint-Florentin. Un 2e arrêté en date du 1er floréal an X (21 avril 1802) précise que les terrains compris le long de la terrasse des Feuillants, soit les jardins des couvents de l'Assomption, des Capucines et des Feuillants seront mis en vente, que le manège sera démonté et reconstruit à Saint-Cloud, que les travaux sont confiés au ministre des Finances. Le 2 frimaire an XI (23 novembre 1802), les architectes Charles Percier et Pierre-François Fontaine dressent les plans de la rue dont la largeur est fixée à 20,85 mètres. La nouvelle rue devant avoir un caractère monumental et desservir le palais du troisième consul, les bâtiments sont soumis à une ordonnance stricte et grevés de servitudes. L'ordonnance est faite de trois étages sur rez-de-chaussée et entresol sous arcades, avec l'obligation d'employer la pierre en façade. Le sol de la galerie doit être dallé en pierre dure. Le premier étage doit reposer sur un léger entablement à modillons et être bordé d'un balcon avec balustrade en fer forgé. Le deuxième étage, moins élevé que le précédent, doit reposer sur un entablement, tandis que l'attique retrouve modillons et balustrade. Le bâtiment doit être coiffé de combles en ardoise dont l'inclinaison est fixée à 45°. Pour les servitudes, « les maisons ou boutiques ne pourront être occupées par des ouvriers travaillant au marteau. Elles ne pourront non plus être occupées par des bouchers, charcutiers, pâtissiers, boulangers, ni autre artisan dont le métier nécessite l'usage d'un four. Il ne sera mis aucune peinture, écriteau ou enseigne indicatrice de la profession ». Toutes ces contraintes découragent les acquéreurs, obligeant Napoléon 1er à accorder, le 11 janvier 1811, des exemptions d'impôt pendant 30 ans pour les acheteurs. Sans grand résultat. Seules quelques arcades et immeubles se dressent à la fin de l'Empire. En 1817, la rue de Rivoli commençait place du Carrousel et finissait place de la Concorde.
Plusieurs projets de réunion du Louvre et des Tuileries sont présentés au début du XIXe siècle. Ils prévoient le prolongement de la rue de Rivoli entre la rue de Rohan et la place de l'Oratoire. Le gouvernement

provisoire de la Deuxième République charge Louis Visconti de prolonger la rue de Rivoli jusqu'à la rue de Marengo, le 24 mars 1848, puis jusqu'à l'Hôtel de Ville par l'Assemblée législative, le 4 août 1851. Ce prolongement s'effectue au moyen d'immenses travaux comprenant l'arasement de la butte Saint-Jacques-de-la-Boucherie. Arasement nécessaire pour établir la continuité du profil régulier de la rue de Rivoli, ce qui entraîne la destruction et la reconstruction du quartier entre la place du Châtelet et la place de l'Hôtel-de-Ville. Ces travaux provoquent également l'ouverture de nouvelles voies, notamment l'avenue Victoria et la création du square de la tour Saint-Jacques. Les expropriations nécessaires sont autorisées par une loi du 4 août 1851 et des décrets des 23 mai 1851, 26 mars 1852, 23 octobre 1852, 19 février 1853, 15 novembre 1853 et 29 septembre 1854. Le 23 décembre 1852, le prolongement des arcades entre la rue Delorme et la rue du Louvre est déclaré d'utilité publique. Le baron Haussmann reprend le flambeau et prolonge la rue jusqu'à son terme actuel, le métro Saint-Paul. La Compagnie des hôtels et des immeubles de la rue de Rivoli, créée par les frères Pereire, font construire le Grand Hôtel du Louvre, qui deviendra les Grands magasins du Louvre, pour être aujourd'hui le Louvre des Antiquaires.

Dans la partie Est de la rue, les contraintes sont assouplies afin d'attirer les acheteurs. On leur permet de construire deux étages supplémentaires sous un comble arrondi, recouvert de feuilles de zinc. Lors de la Commune de Paris en 1871, la section de la rue comprise entre la rue Saint-Martin et l'Hôtel de Ville est incendiée par les émeutiers. Le 31 mai 1905, le président de la République, Émile Loubet, et le roi d'Espagne, Alphonse III, alors en visite officielle à Paris, sortent indemnes d'un attentat à la bombe à main visant leur cortège. Le 12 avril 1918, durant la Première Guerre mondiale, des avions allemands bombardent les immeubles des n°12 et 14 de la rue. Depuis 2020, la rue de Rivoli est réservée aux piétons et aux vélos, voire à quelques véhicules motorisés (camions de livraison pour les boutiques installées sous les arcades).

Immobilier

N°156 : l'homme politique et secrétaire d'Etat à la culture, Michel Guy (1927-1990), habita cet immeuble jusqu'à sa mort.

N°160 : emplacement du chevet du temple protestant de l'Oratoire et du Louvre et de la statue de Gaspard II de Coligny (voir la rue Saint-Honoré).

Rue du Roule

La rue commence rue de Rivoli et se termine rue Saint-Honoré. Elle mesure 116 mètres de longueur et 13 mètres de largeur.

Odonymie

La rue porte ce nom depuis 1689, car elle se trouve dans l'ancien fief du Roule. Le chef-lieu du fief se situait dans l'hôtel du Roule, à l'angle de cette rue et de l'ancienne rue des Fossés-Saint-Germain. Il s'agit d'une probable déformation de *roulage* (les charriots roulant vers le Pont-Neuf passaient par cette voie).

Histoire

La rue a été ouverte en 1691, sous le nom de « rue du Roule ».

Rue Saint-Denis

La rue commence avenue Victoria, dans le 1er arrondissement, et se termine boulevard de Bonne-Nouvelle, dans le 2e arrondissement, et boulevard Saint-Denis, dans le 10e arrondissement. Elle mesure 1 334 mètres de longueur et entre 13 et 16,30 mètres de largeur. Elle est une ancienne voie romaine conduisant aux villes de Saint-Denis, Pontoise et Rouen.

Odonymie

La rue doit son nom à saint Denis, car cette route conduisait depuis le pont au Change à la nécropole des rois de France située dans la ville de Saint-Denis.

Histoire

C'est au bord de ce chemin que furent construites les premières habitations des Parisiens lorsqu'ils quittèrent l'île de la Cité. Dès 1134, une rue bordée de maisons remplaçait le chemin aboutissant à la rue d'Avignon. De cet endroit, on voyait une porte de ville qui faisait partie de la deuxième enceinte de Paris, construite sans doute à la suite du grand siège de 885 par les Vikings. Vers 1197, la rue Saint-Denis ne s'étendait qu'entre la porte de la deuxième enceinte et la rue Mauconseil où se trouvait une porte de la troisième enceinte de Paris, commencée en 1188 sous Philippe Auguste.

À partir de ce moment, la rue Saint-Denis servit aux entrées triomphales des rois et des reines de France après leur couronnement à Reims. La rue se couvrit alors de chapelles et d'édifices religieux : Saint-Sépulcre, Saint-Magloire, le cloître de Sainte-Opportune et les Saints-Innocents. On y comptait cinq églises, trois couvents et cinq hospices, presque tous disparus. Toutes les rues jusqu'à Notre-Dame se couvraient de draps camelotés et d'étoffes de soie. Des arcs de triomphe étaient construits et les fontaines délivraient gratuitement du vin ou du lait. De l'eau de senteur était vaporisée dans l'air, rumeur persistante, car encore aujourd'hui beaucoup d'étrangers croient que l'air parisien sent le parfum. Les représentants de six corporations portaient le dais royal en procession, suivis par les autres corps de métiers en tenue d'apparat, illustrant les sept péchés mortels, les sept vertus, la Mort, le Purgatoire, l'Enfer et le Paradis. Des théâtres étaient dressés à distance régulière. On y jouait des scènes tirées de l'Ancien et du Nouveau Testament. Des chœurs de musique se faisaient entendre dans les intermèdes. Lors de la mort des souverains, leur corps reprenait le même chemin, mais dans l'autre sens, vers la basilique Saint-Denis. Froissard nous apprend qu'à l'entrée d'Isabeau de Bavière, il y avait à la porte aux Peintres, « un ciel nué et étoilé très richement, et Dieu par figure séant en sa majesté le Père, le Fils et le Saint-Esprit, et dans le ciel, petits enfants de chœur chantoient moult doucement en forme d'anges ; et lorsque la reine passa dans sa litière découverte, sous la porte de ce paradis, deux anges descendirent d'en haut, tenant en leur main une très riche couronne d'or, garnie de pierres précieuses, et la mirent moult doucement sur le chef de la reine en chantant ces vers : « Dame enclose entre fleurs de lys / Reine êtes-vous de Paradis ? / De France et de tout le pays / Nous remontons en Paradis » ».

La partie sud de la rue, soit de la place du Châtelet actuelle jusqu'à la rue de la Ferronnerie, se nommait en 1284 « rue de la Sellerie-de-Paris », car de nombreux selliers l'habitaient. En 1293, elle devint la « rue de la Sellerie-de-la-Grand'rue », en 1310, « Grand'rue de Paris ». En 1311, un manuscrit la nomme « Grand'rue des Saints-Innocents », car elle conduisait directement à l'église du même nom. Entre cette église et la porte Saint-Denis, la rue se nommait « grand'rue Saint-Denis ». Au-delà de l'enceinte fortifiée, elle s'appelait « grant chaussée Monsieur-Saint-Denis », car on l'empruntait pour les pèlerinages vers le village de Saint-Denis. En 1418, cette voie publique est presque entièrement bordée de construction et se prolonge de la rue Mauconseil jusqu'à la rue des Deux-Portes où s'élevait une porte de la quatrième enceinte construite sous les règnes de Charles V et Charles VI. Pendant les guerres de Religion, en 1590, durant le siège de Paris, la rue est bombardée par l'artillerie du roi de France Henri IV.

Sous le règne de Louis XIV, la rue est entièrement bâtie, telle qu'elle est aujourd'hui. Elle prend alors son nom actuel. Pendant la Révolution française, la rue est rebaptisée « rue de Franciade ». La poste aux chevaux lui conserve son rôle de voie essentielle aux grands voyages, puisque la rue Saint-Denis possédait le seul relais installé dans Paris, à l'hôtel du Grand-Cerf (n°145). Le 6 juin 1824, à l'occasion de l'entrée solennelle dans Paris de Charles X, la rue est en liesse. Le 18 juillet 1827, à l'annonce d'une possible victoire électorale des Libéraux, la rue s'anime de feux de joie et de pétards qui finissent vite en émeute et en barricades. En 1830, durant les Trois Glorieuses, la voie se couvre de barricades. Jusque fin juillet, la rue est le théâtre d'affrontements sanglants entre les insurgés et la troupe. En 1832, la deuxième pandémie de choléra, suivie des obsèques du général Lamarque, provoquent la colère des habitants qui couvrent la rue de barricades. Cette insurrection sera violemment réprimée. En 1848, lors de la révolution et des Journées de juin, les habitants se révoltent à nouveau et la rue se couvre (encore) de barricades. Du 2 au 4 décembre 1851, les riverains protestent contre le coup d'Etat de Louis-Napoléon Bonaparte. Victor Hugo écrit alors : « La rue Saint-Denis toute entière présentait cet aspect changé que donne à une rue toutes les portes et toutes les fenêtres fermées et tous les habitants dehors. Regarder les maisons, c'est la mort, regarder la rue, c'est la tempête ». Le 11 novembre 1918, la rue est en liesse et retrouve un climat de fête.

La rue Saint-Denis eut longtemps mauvaise réputation aux XXe et XXIe siècles. Le tronçon situé entre le boulevard Saint-Denis et la rue Réaumur était autrefois un des hauts lieux de la prostitution parisienne. L'évolution des mœurs, le développement de l'escorting sur internet et les diverses actions publiques (comme la loi Sarkozy sur le délit de racolage passif) y ont réduit les activités licencieuses. Bien que la prostitution chinoise y persiste, ainsi que des sex-shops, les commerces se sont tournés vers la gastronomie, le prêt-à-porter et le tatouage.

Immobilier

N°20 : emplacement de l'ancien hôpital Sainte-Catherine. L'établissement de santé fut fondé en 1181 en tant qu'annexe de l'église Sainte-Opportune de l'autre côté de la rue. Y étaient logés et soignés les pèlerins. Au XIIIe siècle, il changea de destination et prit le nom d'hôpital Sainte-Catherine. L'hôpital recevait, logeait et nourrissait temporairement les femmes sans asile, venues à Paris depuis la province. Jusque vers 1540-1545, l'hôpital était administré conjointement par les frères de Saint-Augustin et par les sœurs Augustines. Les sœurs finirent par gouverner seules. L'établissement avait également pour mission d'enterrer au cimetière des Saints-Innocents les cadavres trouvés sur la voie publique et les noyés de la Seine, déposés à la morgue du Châtelet. En contrepartie des frais d'inhumations, les religieuses vendaient à leur profit les vêtements des morts. La chapelle de l'hôpital, édifiée vers 1222, fut reconstruite en 1479. Elle servait de siège à la confrérie de Saint-Nicolas des apothicaires et des épiciers de la capitale, du XVe au XVIe siècles. Les hospitalières logeaient au n°221 de la rue Saint-Denis. Après la nationalisation des biens du clergé par le décret du 2 novembre 1789, l'hôpital fit partie des biens nationaux, toutefois la communauté poursuivit son œuvre charitable jusqu'en 1794. Le bâtiment fut affecté l'année suivante à l'atelier de l'Institut National des Aveugles Travailleurs fondé par Valentin Haüy. Cet atelier fut réuni en 1800 à l'institut des Quinze-Vingts. La chapelle fut le siège, le 16 décembre 1796, de l'assemblée constitutive d'un culte éphémère, la Théophilanthropie, dont Haüy était un des fondateurs. La chapelle fut rendue au culte catholique en octobre 1800. Les bâtiments de l'ancien hôpital furent vendus en 1818, avant d'être rasés en 1853 lors du percement du boulevard de Sébastopol et l'élargissement de la rue Saint-Denis.

N°30 : l'immeuble est occupé par un restaurant. Toutefois, au-dessus de la porte d'entrée, se trouve le buste du dramaturge Eugène Scribe (1791-1861).

N°31 : emplacement de la place Gastine (voir le cimetière des Saints-Innocents).

N°32 : emplacement des anciens magasins *Au Chat Noir* dont le nom est encore inscrit sur l'entablement. Des pilastres cannelés colossaux à chapiteaux corinthiens marquent le rez-de-chaussée et l'entresol. Au-dessus des têtes de chats rappellent l'appellation du magasin. Avant de devenir un confiseur, la boutique fut créée par un marchand de soieries.

N°40 : un procès-verbal dressé le 30 nivôse an X (20 janvier 1802) par le commissaire de police de la division de Bonne-Nouvelle relate un accident survenu dans la cour de cette maison. L'écroulement du mur mitoyen la séparant de l'ancien couvent des Filles-Dieu blesse Guillaume Véron, gantier, et Henriette Meunier, sa femme, et tue leurs deux jeunes enfants.

N°41 : ancien emplacement du passage de l'Empereur. Il terminait rue de la Vieille-Harangerie. Il tenait son nom d'une enseigne.

N°60 : à l'angle de la rue de la Cossonnerie, emplacement de l'ancienne église du Saint-Sépulcre. Entrée dans le domaine national, elle fut vendue en 1791 à des négociants hollandais, Jean-Nicolas Sobre et Célestin Joseph Happe. Ils firent raser le complexe et édifièrent à sa place un ensemble d'immeubles locatifs, nommé la Cour Batave, entre 1795 et 1818. Les maisons et les commerces s'agençaient suivant un plan régulier, autour d'une cour en forme de parallélogramme, structurée par des portiques à colonnes. La cour fut démembrée par l'ouverture du boulevard de Sébastopol. Néanmoins, le nom reste visible sur la façade du n°60, sous les modillons du premier étage.

N°65 : à l'angle de la rue Étienne-Marcel, trois statues de saints se dressent sur la façade. Nous reconnaissons saint Jacques, du côté de la rue Saint-Denis, et saints Paul et André, dans la rue Étienne-Marcel.

N°82 : ancien emplacement de l'abbaye de Saint-Magloire. Des moines de l'abbaye Saint-Magloire de Léhon, fuyant les ravages normands, se réfugièrent à Paris. Le comte de Paris leur fit construire une abbaye vers 970. Quelques temps plus tard, le roi leur concéda une terre sur la rive, en bordure de la rue Saint-Denis où fut érigée une chapelle dédiée à saint Georges. Le monastère s'établit vers la fin du Xe siècle, dans l'île de la Cité, à l'emplacement d'une ancienne chapelle royale du Palais dédiée à Saint-Barthélemy. Philippe 1er signe, en 1093, une charte prononçant la soumission de l'abbaye Saint-Magloire de Paris à celle de l'abbaye de Marmoutier. En 1138, les religieux de Saint-Magloire quittèrent la Cité pour s'établir dans leur domaine de la rue Saint-Denis. En 1572, les religieux abandonnèrent le monastère pour rejoindre le séminaire Saint-Magloire, rue Saint-Jacques, près de l'église Saint-Jacques-du-Haut-Pas. Les Filles-Pénitentes succèdent aux religieux jusqu'à la suppression du couvent en 1790. L'église et une partie des bâtiments furent démolis quelques années plus tard. Les vestiges abritèrent une auberge, détruite à son tour ultérieurement.

N°88 : ce sex-shop fut l'un des premiers love hôtel de la capitale.

N°91 : l'immeuble est d'un style courant mais de bonne qualité. Il date de l'époque Louis-Philippe. Un des deux établissements commerciaux occupant le rez-de-chaussée a conservé son décor exécuté en 1913. Le débit de boissons s'installe à l'enseigne des *Deux Saules Café Bières*. Son décor intérieur est d'une grande qualité. Il évoque grâce à deux compositions en carreaux céramiques la vue du marché des Halles centrales autour de l'église Saint-Eustache, et par là même devient une évocation historique et pittoresque des plus intéressantes. La façade protégée par une marquise en fer et verre est agrémentée par deux bandeaux textes et deux panneaux textes et fleurs d'inspiration  Modern style (dorures et peintures fixées sous verre). À l'intérieur, les deux murs sont entièrement recouverts de carreaux céramiques. Les compositions sont signées de la faïencerie de Sarreguemines. Les deux scènes principales composées par une série de carreaux sont entourées de motifs floraux et d'oiseaux. La première scène représente les Halles le matin devant l'église Saint-Eustache, et la deuxième, les Halles après la cloche. Les décors sont inscrits aux monuments historiques depuis le 23 mai 1984.

N°92 : emplacement de l'église Saint-Leu-Saint-Gilles.

N°133 : à l'angle de la rue Mauconseil, emplacement de l'hôpital Saint-Jacques aux pèlerins.

Eglise Saint-Leu-Saint-Gilles

L'église Saint-Leu-Saint-Gilles est une église du XIIIe siècle, de culte catholique. Elle fait l'objet d'un classement au titre des monuments historiques depuis le 20 mai 1915.

Nomination

L'église est dédiée à saint Loup de Sens (qui donnera saint Leu) et à saint Gilles (un ermite provençal).
Saint Loup est né près d'Orléans vers 573. Son père Betto et sa mère Aïga sont issus de familles nobles. Les frères de cette dernière sont l'évêque d'Orléans (Austrène) et l'évêque d'Auxerre (Aunaire). Ses parents assurent à Loup une éducation soignée en le plaçant à Auxerre auprès de son oncle. À l'école, il se fait remarquer pour son esprit brillant. Loup fait preuve d'une grande piété et d'un profond ascétisme. Renonçant à la vie mondaine, il distribue ses biens aux pauvres et se retire au mont Athos, sur l'île de Lérins, pour y mener une vie monastique. À la mort d'Arthème, l'archevêque de Sens, le roi de Bourgogne et le peuple organisent

l'élection de son successeur selon la tradition locale. L'évêque est élu par les fidèles et le clergé, avant d'être accepté et sacré par les évêques. Loup est choisi en raison de son origine locale et de ses vertus. L'évêque de Sens accueille les pauvres librement dans son évêché. Cette bonté envers les plus humbles comme les impies et ses ennemis se retourne contre lui. Saint Loup est accusé d'entretenir une liaison avec Verosia, la fille de son prédécesseur Arthème. L'évêque ne cherche même pas à se justifier. Il se contente de proclamer : « Les paroles d'autrui ne peuvent nuire en rien à l'homme qu'une conscience propre ne salit pas ». À la fin du VIe siècle, il fonde le monastère Sainte-Colombe, dont les vestiges sont visibles près de l'abbaye Sainte-Colombe, près de Saint-Denis-lès-Sens, dans l'Yonne. À la mort du roi des Burgondes, Thierry II, en 613, le roi des Francs, Clotaire II, envahit le royaume burgonde. Le roi et ses troupes assiègent la ville de Sens.  Saint Loup prie alors saint Étienne, le premier martyr et diacre de Sens, patron de la cathédrale, de protéger la ville du pillage et les habitants de la brutalité des ennemis. L'évêque fait sonner la plus grosse cloche de l'église dont le son effraie les conquérants qui lèvent le siège. Clotaire, subjugué, fait transporter la cloche à Paris. Cependant, il est contraint de la restituer quand il s'aperçoit que celle-ci est devenue muette. Saint Loup doit affronter à nouveau les calomnies. Farulfus, chef de la Bourgogne, nommé par Clotaire, et Medegesil, jaloux du pouvoir de saint Loup, calomnient l'homme saint auprès du roi. L'évêque est exilé par le roi en Neustrie, dans le pays païen de Vimeu, à Ansennes, (la ville actuelle de Bouttencourt dans la Somme la remplace), auprès du duc Boson Landegesil. Saint Loup s'établit dans la vallée de la Bresle et convertit les populations locales, ainsi que le duc païen. Pendant ce temps, les Sénonais réclament le retour de leur évêque auprès du roi, secondés par saint Winebaud, abbé de Troyes. Celui-ci finit par céder, sollicite le pardon de saint Loup pour l'avoir persécuté et le fait revenir à Sens, sous les honneurs et chargé de présents. Clairvoyant, thaumaturge, pasteur fidèle, durant son exil saint Loup aurait jeté son anneau épiscopal dans une rivière en prédisant que celui-ci serait retrouvé le jour où le siège d'évêque lui serait rendu. L'homme accomplit de nombreux miracles lors de son sacerdoce. Le bijou fut retrouvé quelques jours avant son retour, près de Melun, dans le ventre d'un poisson. L'anneau est aujourd'hui conservé au Trésor de la cathédrale de Sens. Le saint homme mourut le 1er septembre 623 à Brienon-sur-Armançon. Il fut enterré, selon sa volonté, sous la gouttière de l'église de Sainte-Colombe.

Cent ans plus tard, le 1er septembre 720, naissait à Athènes, saint Gilles. Loué et admiré pour les nombreux miracles qu'il accomplit, il quitta son pays natal pour émigrer en Provence. Il fut accueilli à Arles, avant de se retirer pour vivre en ermite dans la vallée flavienne. Il fut nourri par une biche qui l'allaita. Au cours d'une partie de chasse, alors qu'il tentait de protéger l'animal, saint Gilles fut blessé à la main par une flèche décochée par un roi wisigoth. Ce dernier, pour se racheter, fit bâtir en cet endroit une abbaye (Saint-Gilles-du-Gard) dont l'ermite devint le premier abbé. L'édifice devint une des étapes de Saint-Jacques-de-Compostelle.

Histoire

Une voie romaine traversait la rive droite de la Seine, la route d'Orléans menant à Rouen, et traversant les rues Saint-Jacques et Saint-Martin actuelles. Le martyre de saint Denis et sa sépulture attirèrent de nombreux fidèles. Ces derniers empruntaient la rue Saint-Martin et un chemin de traverse, future rue Saint-Denis. Vers le VIIe siècle, une chapelle est édifiée sous le vocable Notre-Dame-des-Bois, à proximité du futur cimetière des Saints-Innocents. Au moment des invasions normandes, Hildebrand, évêque de Suez, apporta dans ce sanctuaire, pour le mettre à l'abri, le corps de sainte Opportune. Le calme revenu, le corps est rapatrié dans son abbaye d'origine. Toutefois, en remerciement de l'asile offert, l'évêque laisse une partie du corps à la chapelle. Un sanctuaire est aussitôt construit sous le nom de Sainte-Opportune. De l'autre côté de la voie, les religieux de l'abbaye Saint-Barthelemy-Saint-Magloire, située sur l'île de la Cité, établissent sur un terrain leur appartenant une chapelle dédiée à saint Georges et un cimetière. Ces deux établissements, bien que de taille modeste, groupaient autour d'eux les habitants du quartier. Progressivement, les religieux cédèrent les terrains à des colons qui asséchèrent les marais, défrichèrent le sol, et le mirent en culture. Ainsi naquirent les lieux-dits du Bourg l'Abbé, du Beaubourg, des Champeaux, des Petits-Champs… En 1117, le roi Louis VI le Gros autorisa deux religieux à s'installer dans la chapelle Saint-Georges. Quelques années plus tard, en 1138, les moines de Saint-Magloire se sentant à l'étroit dans leur abbaye de la Cité, vinrent s'installer rue Saint-Denis. Suite à la création du marché des Champeaux, la population s'accrut et rendit nécessaire la construction d'un hôpital. Naquit l'hôpital des pauvres de Sainte-Opportune qui prit plus tard le nom de Sainte-Catherine. Les habitants de la rue Saint-Denis demandèrent à l'abbé de Saint-Magloire de pouvoir assister aux cérémonies cultuelles dans l'église abbatiale. Les fidèles se regroupaient dans une chapelle, située à droite du chœur. Leur présence finit par gêner les religieux qui firent construire, avec l'accord du curé de Saint-Barthélemy et l'évêque de Paris Guillaume III d'Auvergne, une chapelle paroissiale à proximité de l'abbaye. Les travaux débutèrent en 1235 et le nouveau lieu de culte fut dédié à saint Leu et à saint Gilles. Il s'agissait d'une petite église à nef unique, sans bas-côtés.

En 1319 ou 1320, l'édifice fut reconstruit. Les travaux commencèrent par le chœur et les deux dernières travées de la nef, qui seules furent voûtées. L'autre partie de la nef fut conçue avec une charpente apparente. La nef se composait donc de six travées séparées par des piles cruciformes, cantonnées de trois colonnettes. Les grandes arcades en tiers-point étaient surmontées de baies de même forme. Le chœur, séparé de la nef par un arc triomphal brisé, se terminait sans doute par une abside à chevet plat ou une voûte en cul-de-four. La façade se composait d'un portail en arc brisé, surmonté d'une rose. Un pignon, dont les rampants étaient ornés de crochets, terminait l'édifice. Le revers de la façade était renforcé par trois arcades, une médiane, en plein cintre, les deux autres latérales en arc brisé aigu, dissimulés par la tribune d'orgue actuelle. Aux angles morts et vifs, des boudins retombaient sur des colonnettes à chapiteaux à crochet, ayant une base à scoties écrasées et tore débordant. Le portail, dont l'ébrasement était orné de colonnettes, était divisé en deux parties par un trumeau. Il était surmonté d'un tympan sculpté. Sur le déambulatoire, s'ouvraient des chapelles. Les chapelles de l'abside étaient voûtées à nervures prismatiques complexes, têtes d'anges et fleurons en console aux retombées.

Au XVIe siècle, furent ajoutés les bas-côtés. Le chœur et ses chapelles furent détruits en 1611 pour être remplacés par un chevet, de style Renaissance, avec quelques réminiscences gothiques. Le 6 avril 1709, le conseil de fabrique signa un devis avec trois architectes : Leroy, Chastelain et Bunot pour l'embellissement des voûtes. Les quatre premières travées de la nef étaient toujours couvertes d'une charpente apparente. Les travaux commencèrent en 1727 sus la direction de l'architecte Godeau. La charpente et les murs gouttereaux furent démontés, ainsi que les grandes baies. Les fenêtres furent surélevées afin de les mettre au même niveau que les deux ouvertures percées sous les voûtes appareillées, soit les 5e et 6e travées de la nef. Les chapiteaux furent descendus afin de leur faire recevoir les retombées des quatre voûtes en plâtre, armées de bois charpenté, semblable aux autres en pierre, recouvrant les quatre premières travées. L'église prit ainsi une unité relative. Les religieux envisagèrent également de modifier la façade. En 1679, Jacques de Kessel, banquier, légua à l'église Saint-Leu la somme de 14 000 livres pour l'édification d'une nouvelle façade, suivant un dessin de sieur Richier, maître-maçon. La somme étant insuffisante, les travaux furent ajournés. À la même époque, Guillaume Guérin transporta en entier la flèche du clocher nord avec le beffroi sur une tour construite à cet effet au sud. La tour nord menaçait ruine. Ce fut un travail impressionnant que de faire rouler sur un échafaudage de plus de 20 mètres de haut, un clocher de sept pieds et demi de diamètre sur 35 pieds de haut avec sa cloche de 2 000 livres, sans toucher à la couverture. La prouesse fit l'admiration des techniciens de l'époque. À l'intérieur, les murs furent blanchis et décorés d'une belle menuiserie, œuvre d'un dénommé l'Aigu, et de sculptures, œuvres de Guillonet.

En 1780, l'architecte Charles de Wailly fut chargé d'exhausser le sol du sanctuaire et le maître-autel. Il aménagea une crypte pour la confrérie des Chevaliers du Saint-Sépulcre de Jérusalem qui abandonnait son siège dans l'église du même nom, situé rue Saint-Denis. Les chevaliers apportèrent avec eux un *Christ au tombeau* toujours visible. À la Révolution, l'église fut saccagée. Les sculptures furent détruites, les tombeaux et les épitaphes furent supprimés, les boiseries furent démontées, les grilles arrachées, les dallages défoncés, les vitres brisées.  Vendue comme bien national en 1793, l'église fut convertie en dépôt de salaison par les charcutiers du quartier. Son état était si déplorable que sa démolition fut envisagée. L'église doit sa survie aux interventions énergiques de son curé, l'abbé Martinet.

L'édifice fut rendu au culte le 6 octobre 1804. De nombreuses réparations urgentes furent entreprises les années suivantes, en autres par Étienne-Hippolyte Godde entre 1823 et 1824. En 1819, les reliques de sainte Hélène furent transférées de l'abbaye d'Hautvillers dans l'église de la rue Saint-Denis sur ordre des Chevaliers du Saint-Sépulcre. En 1847 et 1849, les échoppes appuyées contre la façade furent détruites. L'église paraît sauvée. C'était sans compter sur le baron Haussmann. Le percement du boulevard de Sébastopol entraîna la destruction de l'abside et du déambulatoire que Victor Baltard redessina sur une échelle beaucoup plus réduite et cacha derrière un mur plat de style néo-renaissance, entre octobre 1857 et février 1861. Les faces nord et sud furent dégagées. Furent édifiés sur le flanc sud la chapelle de la Vierge et le presbytère. Le calvaire de l'église se poursuivit en 1871 pendant la Commune. Sous les coups de canons, installés aux Buttes de Chaumont, ainsi que d'une pièce de 12 mises en batterie, rue aux Ours, et pointée sur l'église, la presque totalité des vitraux furent brisés, la voûte crevée, deux piliers du chevet coupés, le maître-autel détruit, ainsi que de nombreuses statues et sculptures. Des travaux de restauration furent entrepris sous la direction de l'architecte Radigeon. En 1875, la châsse de sainte Hélène fut ouverte afin d'établir l'authenticité des reliques. Une sorte d'autopsie du corps, enfin de ce qu'il en reste (un tronc, sans tête, dont les membres ont été comprimés et aplatis) fut pratiquée. Monseigneur Richard, archevêque de Paris, authentifia les reliques qui furent alors placées en arrière du maître-autel, au pied d'un grand crucifix, suspendues entre les piliers de l'abside, afin d'être vues de tous les fidèles. Le 16 octobre 1928, le cardinal Dubois, archevêque de Paris, célébra une cérémonie de réintégration des Chevaliers du Saint-Sépulcre. L'église devint ainsi le siège de la lieutenance de France de l'ordre équestre du Saint-Sépulcre de Jérusalem. Les chevaliers obtinrent la chapelle des Fonts baptismaux pour leurs cérémonies. Le 17 mars 2000, les reliques de sainte Hélène furent translatées dans la crypte des Chevaliers afin de faciliter les pèlerinages. La première liturgie orthodoxe, devant les reliques de sainte Hélène, fut célébrée le 22 février 2003. La paroisse est actuellement confiée aux trinitaires. Outre ses activités de base et ses sessions spirituelles, elle porte une attention particulière aux personnes sans domicile fixe du quartier. Le 17 septembre 2016, lors des Journées du patrimoine, une fausse alerte d'attentat dans l'église provoqua l'intervention de la BRI et une alerte SAIP.

Architecture extérieure

La façade principale date de 1827. Elle se compose d'une partie centrale flanquée de deux clochers. Dans la partie centrale, s'ouvre le portail principal en arc brisé. Au-dessus de lui un galbe mouluré avec polylobe aveugle, accosté de deux triangles tronqués à la partie inférieure, dissimule une terrasse-galerie. Une verrière en plein cintre et un petit fronton triangulaire encadré par les tours, terminent la façade. La baie est percée d'une horloge. Le portail, bien que restauré en 1847, reste très intéressant. L'archivolte se compose de deux groupes de trois petits tores séparés par une grande gorge, retombant sur des colonnettes garnissant l'ébrasement. Au nombre de quatre pour chaque face, elles ont des bases à griffes (feuilles de lierre de deux en deux colonnettes), des astragales en amande, des chapiteaux à crochet et des tailloirs carrés. La porte est surmontée d'un tympan. Sur le tympan, nous pouvons lire « DOMUS DEI ET PORTA COELI » (maison de Dieu et porte du ciel). L'inscription renvoie au  passage de l'Ancien Testament : « Jacob s'étant endormi, fit un songe où il voyait une échelle qui menait jusqu'au ciel ; des anges la parcouraient dans les deux sens. En s'éveillant, il s'écria : C'est ici la maison de Dieu et la porte du Ciel ! ». Le tympan est également orné d'un triangle doré représentant la trinité et de lettres hébraïques symbolisant le nom de Dieu. De chaque côté du portail, deux portes latérales sont coiffées d'un arc en accolade. Les souches des clochers sont à deux étages et éclairées par des fenêtres petites, dont le linteau forme également un arc en accolade. Couvrant le toit, la couverture en ardoise est terminée par une flèche à quatre pans avec abat-son et arcature.

La façade sur le boulevard de Sébastopol est de style Renaissance. C'est  un chevet plat encadrant les restes de l'abside, décoré de médaillons représentant la Résurrection du Christ, saint Paul refusant de sacrifier aux idoles, et dans la partie centrale, les Saintes femmes au tombeau du Christ. Ce chevet, décoré de pilastres doriques, est percé de deux portes à tympan circulaire, avec bas-reliefs et archivoltes surmontés d'une croix. Cette construction, couronnée d'une corniche à arcatures et balustrades, a été raccordée à l'ancienne abside par deux arcs-boutants reposant sur des piliers dont deux portent des statues (saint Leu et saint Gilles).

Architecture intérieure

Le **plan** de l'église se compose d'une nef, sans transept, flanquée de deux bas-côtés, d'un chœur entouré d'un déambulatoire, sur lequel s'ouvrent au nord et au sud des chapelles orientées.

La **nef** comprend six travées, dont la première est occupée par la tribune d'orgue. Elle communique avec les bas-côtés par des arcades en tiers-points séparés par des piles cantonnées, recevant les nervures de la voûte, les doubleaux et les formerets. Elle est éclairée par des fenêtres en arc brisé, sans meneaux, occupant toute la travée d'une pile à l'autre et s'ouvrant au-dessus des grandes arcades. Les vitraux ont laissé la place à du verre blanc. La nef est couverte d'une voûte sur croisée d'ogives, retombant vers l'extérieur sur de larges formerets, formant voussure devant les fenêtres. L'œil observateur distinguera celles en pierre et celles en plâtre. Les grandes arcades présentent des profils différents.

La première, du côté nord, est ornée d'un tore central et de deux autres plus petits, séparés par des gorges, retombent sur des colonnettes à chapiteaux à crochets et à tailloirs polygonaux. Les bases débordantes ont un tore et une scotie très écrasée. La colonnette médiane est tronquée. Sur l'autre face de l'arcade, une console moderne moulurée remplace colonnettes et chapiteaux. Dans les 2e et 3e travées, des deux côtés, les arcades sont décorées d'un tore, souligné de deux filets, entouré de gorges et d'un petit tore également entre deux filets. Dans la 4e travée, même profil. Sauf que le tore central est orné d'une baguette. Les 5e et 6e travées se caractérisent par une mouluration formée d'un méplat, entre une série de gorges. Tous ces arcs retombent sur des culots à tailloirs polygonaux à cinq pans dont deux sont concaves, sauf pour la 3e arcade nord où les culots sont petits, arrondis, moulurés et terminés par une coquille. Des trois colonnettes, supportant les retombées des branches d'ogives et des doubleaux, la médiane est tronquée à mi-hauteur et terminée par une tête d'angelot, refaite au XIXe siècle. Les chapiteaux à tailloirs polygonaux, sont décorés de deux rangées de feuillages retroussés, finement sculptés, sauf pour les 5ᵉ et 6ᵉ travées nord dont certains chapiteaux ont des tailloirs à becs et des corbeilles à crochets. Les branches d'ogives se réunissent à des clefs arrondies et unies, sauf celles en pierre des 5ᵉ et 6ᵉ travées, ornées d'une tête et d'une couronne de feuillages. Les formerets sont bordés de boudins en avant et en arrière, qui retombent sur des colonnettes, ornées de chapiteaux à corbeilles circulaires non ornées, placées à un niveau plus élevé que les chapiteaux recevant les nervures de la voûte. La nef est séparée du chœur par un mur épais, formant un immense arc brisé, mouluré de tores séparés par des gorges. L'intrados de l'arc est porté par quatre colonnettes recevant les ogives et les formerets de la dernière travée. Leurs chapiteaux sont ronds, sans ornement, exception faite pour ceux qui regardent la dernière travée, décorés de feuillages à crochets. La colonnette médiane tombe sur un culot à facettes. Le mur de l'arc triomphal est entaillé et se termine en bas par une console à palmettes.

Le **bas-côté gauche** offre six travées, voûtées d'ogives à mouluration pyriforme se réunissant en courbe autour de clefs centrales ornées.

Elles sont séparées par des arcades en arc brisé formant doubleau, profilé d'un méplat accosté de deux parties concaves, retombant vers le nord sur des piles ondulées à trois ressauts sans chapiteaux et vers la nef sur des culots. L'axe de ces arcades est différent de l'axe du bas-côté, déporté vers la nef. Sur le bas-côté, s'ouvrent des chapelles modernes, une appartenant à l'ancienne construction puisqu'elle est encastrée entre les piles. Le vitrail de la baie donnant sur la rue Saint-Denis représente les Apôtres. Ils sont représentés avec les emblèmes qui les ont fait témoigner du Christ.

Dans l'ordre : Pierre, André, son frère, Jacques le fils de Zébédée, Jean, le frère de Jacques, Philippe, Barthélémy, Thomas, Matthieu le collecteur d'impôt, Jacques le fils d'Alphée, Jude le fils de Jacques, Simon, le Zélote, et Judas Iscariote, qui a disparu du vitrail. Mathias fut élu pour le remplacer. Le vitrail de la première chapelle illustre la Création du monde, ainsi qu'Adam et Eve chassés du paradis terrestre. Elle contient une cuve baptismale datant de l'époque Louis XVI, avec un décor à godrons. La chapelle Saint-Antoine de Padoue comporte deux petits tableaux datant du XVIIe siècle, *l'Adoration des bergers*, œuvre de l'école française, et *la Fuite en Egypte*. *L'Adoration aux bergers* montre la relation entre la nativité et l'Eucharistie.  Le Christ va s'offrir dès sa naissance comme le montre le geste de la Vierge qui enlève le linge pour dévoiler le Christ et le faire voir aux bergers. Jésus est allongé sur des épis préfigurant le pain nécessaire à l'eucharistie, couché dans une mangeoire annonçant le dépouillement sur la croix. Marie observe l'agneau, tandis que saint Jean-Baptiste le désigne du doigt en référence à l'agneau pascal. Le vitrail illustre la vie de saint Antoine. Le vitrail de la chapelle Sainte-Geneviève illustre la vie de la sainte. L'autel comporte un bas-relief en bois doré du XVIIe siècle représentant la Création du monde, et un tableau de sainte Geneviève au-dessus. Celui-ci proviendrait de la crypte de l'ancienne abbaye Sainte-Geneviève. Sur les murs, saint Laurent et une Annonciation par François-André Vincent, daté de la fin du XVIIIe siècle et du début du XIXe siècle. Toute la chapelle Saint-Joseph est revêtue de boiseries. L'autel est surmonté d'une statue de saint Joseph. Les vitraux racontent la vie du saint et l'enfance du Christ. Le vitrail de la chapelle suivante illustre le thème du Jugement dernier avec la pesée des âmes. Les murs sont décorés de deux tableaux de l'école française, datant du XVIIIe siècle, *L'Annonce aux bergers* et *l'Enfant Jésus adoré par les anges*. Au centre de la pièce, se dresse une Vierge de Pitié. Les verrières de la chapelle Saint-Jean-Baptiste illustrent la vie du saint. La pièce contient un confessionnal et le sceau des Trinitaires.

Le **bas-côté sud** est l'œuvre de Baltard. Il n'a jamais eu de chapelles précédemment. Il est composé de six travées, voûtées d'ogives, se réunissant autour d'une clef non ornée, retombant sur des culots ancrés dans les piles de la nef, et sur des pilastres engagés au sud. S'ouvrent par des arcades en plein cintre les différentes chapelles. Le vitrail de la façade donnant sur la rue Saint-Denis illustre l'arbre de Jessé. L'ancienne chapelle des Fonts baptismaux a été décorée par Jean-Louis Bezard et Desgoffes en 1869. Elle présente une voûte à deux compartiments en ogive dont les branches se réunissant autour des clefs pendantes et d'autre part retombent sur des culs-de-lampe ornés

de palmettes. Les peintures murales illustrent le baptême du Christ et le péché originel, entourés par l'ange de la sagesse, l'ange de la pénitence, l'ange gardien, l'ange du baptême et l'ange de la rédemption. Fermée d'une grille, la chapelle sert de salle capitulaire aux Chevaliers du Saint-Sépulcre et Jérusalem. Le vitrail de la chapelle Sainte-Anne raconte la vie de sainte Anne et l'enfance de Marie. Une statue en marbre représente les deux femmes, œuvre de Jean Bullant pour le château d'Ecouen, datant du XVIIe siècle. Sur les murs, un Christ et la Samaritaine, datant du XVIIe siècle, ainsi qu'un Jésus naissant datant du XVIIIe siècle. Dans la chapelle suivante, le *Christ mis dans un linceul* est une œuvre de l'école française (XVIIe siècle), le *Couronnement d'épines* date de la même époque. Dans le passage conduisant à la sacristie des messes, est visible un *saint Jérôme en prières*, d'après Georges de La Tour, datant du XVIIe siècle, *Jésus apparaissant à Madeleine* (XVIIIe siècle) et *saint François* (XVIIe siècle). L'ancienne chapelle de la Vierge est devenue la salle Saint-Leu. Elle est sur plan carré. Elle comprend trois travées en tous sens, séparées par des piliers, sur lesquels retombent des arcs découpés à jour et des nervures soutenant un plafond plat à compartiments. Divers tableaux décorent la pièce : *Saint Gilles découvert dans sa retraite par le roi des Goths*, par Monvoisin (1827), *La Visitation* par Emile Vernet-Lecomte (1847), *le Christ chassant les marchands du temple* par Pierre Poisson (1827), *le Martyre de saint Jean Népomucène* par Michel Marigny (1828), *L'Annonciation* par Jules Quantin, et *Saint Leu délivrant des prisonniers* par Dubois (1827). Les trois chapelles longeant la sacristie sont dédiées à la Vierge. Les murs sont recouverts d'ex-votos. S'y trouve également une statue en marbre de la Vierge par Dumont (1839). Dans le 2e passage menant à la sacristie, trois intéressants bas-reliefs en albâtre de Nottingham sont observables (XVe siècle). Selon la tradition, ils proviendraient du cimetière des Innocents. Ils devaient faire partie d'un retable. Ils figurent la  trahison de Judas, la Cène, la flagellation. Ils sont placés dans de petits cadres et protégés par un treillage. Au-dessus, Jésus et saint Pierre (XVIIIe siècle). Dans la scène de la trahison de Judas, au centre le Christ est tourné vers la droite. Judas s'approche de lui pour l'embrasser, tandis qu'un soldat en armure, qui a saisi son coutelas de la main droite, a déjà posé la gauche sur le Christ. Derrière celui-ci, saint Pierre remet son épée au fourreau, tandis que Malchus est étendu par terre au premier plan. Sur le plan supérieur, se tiennent quatre soldats en rames, l'un ayant une lance en main et l'autre une hallebarde. Le bas-relief du milieu représente la Cène. Il forme pour ainsi dire deux registres, un supérieur groupant des personnages à table, l'autre inférieur des personnages placés en avant et en dessous de la table. À la partie médiane, se trouve le Christ avec un large nimbe. Au-devant de sa poitrine, la tête de saint Jean imberbe. Le Christ lui donne un fragment de pain de la main droite, ayant l'autre main appuyée sur un pain. A sa droite et à sa gauche, se trouvent deux apôtres portant à leur bouche un morceau de pain. Celui de gauche a l'autre main appuyée sur un calice. Celui de droite, la main sur un pain. À gauche, deux autres apôtres, dont un sur un plan plus lointain. Au-dessous de la table, quatre apôtres forment le centre de la scène. Celui de droite porte à sa main gauche un sac et sa main droite attire vers lui le plat placé sur la

table devant le Christ et contenant deux poissons. Dans ce mouvement, il fait tomber le plat. Il s'agit de Judas. Les autres ont les mains levées. Dans les angles, deux corps d'apôtres au second plan. Le troisième relief représente la flagellation. Le Christ, la tête entourée d'un nimbe, est nu, sauf un linge noué autour des reins. Il est attaché par les mains à une colonnette grêle, à chapiteau évasé à crochet, avec tailloir polygonal. Il tourne la tête vers la droite et lève, légèrement la jambe gauche. Quatre bourreaux aux vêtements collants l'entourent, s'apprêtent à le frapper, tenant élevés, derrière leurs têtes, des fouets à trois queues.

Le **chœur** est surélevé par rapport à la nef. Malgré cette différence de niveau, le raccord des deux parties de l'édifice est habilement traité par l'aménagement au-dessus de l'arc, d'une tribune en encorbellement, ornée de tourelles, de balustrades et de statuettes, adossée au pignon sur lequel vient buter la charpente de la nef. On y accède par les combles. Le chœur est composé de deux travées droites et se termine par un chevet pentagonal. Les grandes arcades sont en plein cintre dans les parties droites, et en arc brisé aigu dans les parties tournantes et sans mouluration. La première au nord est surmontée d'une fenêtre en plein cintre, sans remplage, témoin de reprises inachevées. Au-dessus des autres arcades, des baies avec remplage, en plein cintre, formant triplet, versent une lumière abondante sur l'autel. Vouté sur croisées d'ogive, avec formerets, étrésillonné par un lierne, suivant le grand axe, orné de trois clefs pendantes, décorées de fleurs, de médaillons et d'angelots aux intersections des branches. Les piles cruciformes forment pilastres vers le chœur et sont surmontées de chapiteaux doriques. Elles sont

décorées de motifs en stuc : décoration florale supportant les initiales M.A. et J.H.S. alternativement. Au-dessous de celle-ci, dans une masse de fleurs se détache une tête d'angelot et des médaillons, avec trois angelots dans une gloire entourée de nuages. On retrouve ce motif à la partie inférieure des 2ᵉ piles droite et gauche, les premières étant revêtues de boiseries sculptées d'attributs champêtres (fruits, raisins, épis de blé), réunis par des rubans. Au sommet de chacun des huit piliers, se trouve une statue de plâtre surmonté d'un dais Renaissance et reposant sur un socle orné d'angelots et de sirènes. Il s'agit des saints

Chrysostome, Vincent, Pierre, Gilles, Jésus, Joseph, Paul, Charles et Augustin. On accède à l'autel par deux escaliers latéraux à balustrades en plus d'un emmarchement central. Les vitraux au pourtour du chœur de l'étage supérieur représentent les quatre évangélistes : saint Jean et saint Luc au nord, saint Mathieu et saint Marc au sud.

Le **déambulatoire** comprend huit travées, limitées par de grandes arcades en plein cintre élevées, retombant sur des pilastres à mouluration classique. Les voûtes portent sur des branches d'ogive moulurées. La 1e travée au nord, séparée du bas-côté par un arc surbaissé, est tronquée en plan. Au-dessus de cette première travée, s'ouvre une fenêtre en arc brisé sans meneaux qui éclaire la partie nord du déambulatoire. Sur ce dernier s'ouvrent huit arcades en plein cintre formant l'entrée des chapelles orientées et trois chapelles aveugles correspondant à la destruction du chevet en 1858. Deux d'entre elles servent de passage vers le boulevard. Les arcades sont supportées par des pieds droits dont les jambages offrent une série de parties concaves se continuant avec les bases et couronnes de feuillages finement sculptés avec au centre une tête d'angelot. Leurs clefs, sauf la 1e au nord et la dernière au sud, simplement épannelées sont décorées des armoiries des Chevaliers du Saint-Sépulcre de Jérusalem sculptées vers 1820. Toutes les armoiries avaient été supprimées à la Révolution. Au-dessus des arcades, séparées d'elles par un bandeau mouluré, s'ouvrent des fenêtres en triplet, à meneaux curvilignes Renaissance. Les fenêtres des chapelles ont des remplages formant des baies géminées. Les voûtes des chapelles sont ornées de liernes et de tiercerons se réunissant à deux ou trois clefs ornées, descendant sur des culots décorés d'angelots et de fleurs. Dans la première chapelle gauche, on voit la *Tentative d'assassinat sur saint Charles* par Laval (1827). Dans la chapelle des Saints-Anges, les vitraux sont consacrés aux saints anges gardiens. Sur les murs, se dresse le tableau de Jean Restout, *Les Pèlerins d'Emmaüs* (1763). La lumière part du Christ et rayonne sur le visage des disciples. Pourtant, les deux disciples ne semblent pas voir Jésus. Leurs corps sont tendus vers une voix, vers un appel, prêts au voyage. La présence du pain et du vin fait référence à l'Eucharistie et au sacrifice du Christ. Les vitraux de la chapelle du Sacré-Cœur montrent la Cène, la Crucifixion, l'Apparition du Sacré-Cœur à sainte Marguerite Marie Alacoque et une vue du Sacré-Cœur de Montmartre. Cette chapelle fut décorée par Cibot en 1859. Sont visibles les Saintes Femmes au tombeau, la Glorification de la Croix et l'Apparition de Jésus à sainte Marguerite Marie Alacoque (1842). Depuis 2005, cette double chapelle est devenue un lieu de mémoire pour les personnes décédées dans la rue. Quand un SDF meurt, son corps est placé dans un caveau à décomposition rapide. Au bout de cinq, mois, ses restes sont incinérés et dispersés dans le jardin du souvenir. Cette chapelle permet de ne pas les oublier, permet à ceux qui les  connaissaient de se recueillir. Les lieux furent placés sous le patronage de saint Benoit Joseph Labre. Son buste fut réalisé par le père Denis Hétier du diocèse de Creteil. Le chevet est décoré de peintures murales réalisées par Cibot en 1859 : l'Agneau s'offrant pour racheter le monde, les trois vertus théologales (la Foi, l'Espérance et la Charité), Jésus et l'Eternel recevant les bienheureux. Les murs de la chapelle Saint-Leu ont été décorés par Cibot en 1863 : saint Leu habillant un pauvre, la Prédication de saint Leu, saint Leu en prière. Un tableau de Goyet (1840) décore l'autel : *saint Leu guérissant un enfant*. Dans le renfoncement de la chapelle, se trouve un tableau attribué longtemps à Philippe de Champaigne, Saint François de Sales sur son lit de mort. La dernière chapelle est ornée d'un Christ en croix, œuvre de Cordonnier (1926), ainsi que d'un crucifix en bois doré. Les deux baies illustrent différents saints et saintes tels que Clotilde, Leu, Gilles, Aude, Denis, Victor…

La **crypte** communique avec le déambulatoire par deux escaliers. De forme ovale, elle a huit travées, séparées par des colonnes engagées doriques. Elle forme une coupole surbaissée, éclairée par en haut. Outre la châsse de sainte Hélène, le Christ en plâtre, la crypte contient également deux tableaux peints sur bois : une *Vierge à l'enfant* et un *Christ*.

L'orgue

Le premier orgue construit pour l'église Saint-Leu datait de 1603. Il avait un buffet plus petit que l'instrument actuel. En 1620, un contrat est signé avec le maître faiseur d'orgues, sieur Le Prêcheur, pour l'entretien de l'instrument. En 1637, le facteur d'orgues, Guy Joli, agrandit l'instrument. La décoration est confiée à la peintre Françoise Le Loy. En 1658, un nouveau buffet est réalisé par le menuisier Christophe Durot. Dans le devis, il était prévu deux tourelles latérales,

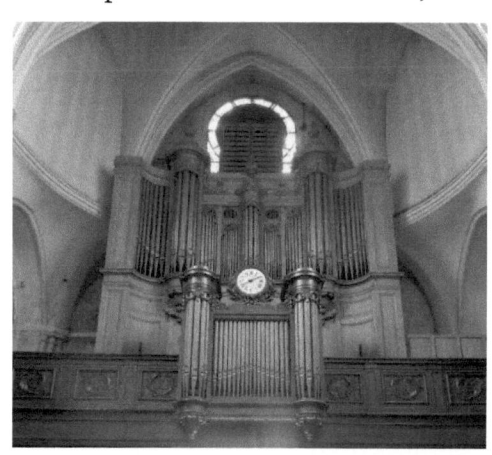

mais une modification du plan dota chaque extrémité d'une petite tourelle semblable à celle du milieu. Le 12 juillet 1671, un contrat est signé avec Etienne Hénocq, facteur d'orgue, afin d'agrandir l'instrument. Le buffet est rétabli en 1701. L'instrument fait l'objet d'une réfection complète par François-Henri Clicquot entre 1786 et 1788. Le petit buffet avec sa grande plate-forme centrale est l'œuvre de Clicquot. La révolution et la transformation de l'édifice en magasin de salaisons ont grandement abîmé l'instrument. Dès 1796, l'abbé Morel écrit au préfet de la Seine pour lui demander des crédits et l'alerter sur l'état de l'instrument. Il fallut attendre 1854 pour que l'argent soit versé à la paroisse. Les travaux sont confiés au facteur d'orgue, Antoine-Louis Suret et ils ne furent pas au goût de tout le monde. Raugel dans son livre sur les orgues de Paris écrit : « Au XIXe siècle, on répara l'orgue et on fit des jeux nouveaux. Pour masquer les augmentations projetées, on imagina d'ajouter dehors aux grandes tourelles, deux autres de forme concave, de proportions mal calculées pour produire un bon effet dans l'ensemble, puis on installa dans l'intervalle compris entre les deux tourelles principales, la boîte d'expression d'un nouveau récit ». En 1912, l'orgue fut réparé par Charles Mutin, sous la direction de l'organiste de Vallambrosa. Le 20 mai 1915, l'instrument est classé au titre des monuments historiques. En 1925, une soufflerie électrique est installée. Abîmé lors d'un incendie en 1974, l'orgue est inutilisable. Un état des lieux est réalisé en 2011. Hélas, le coût onéreux des réparations, entre 200 000 et 500 000 €, laisse le projet en suspens.

Ravachol

Dans la nuit du 14 au 15 février 1892, 360 cartouches de dynamite, 3 kg de poudre, 100 mètres de mèche et 1 400 capsules d'amorces sont volés dans une carrière de Soisy-sous-Etiolles. L'enquête se dirige rapidement vers les milieux anarchistes parisiens. Le 23 février, la police perquisitionne les domiciles de Jean Grave, administrateur du journal *Le Révolté*, de Constant Martin, Benoît Chalbrey et d'Émile Pouget, entre autres. Dans un premier temps, les anarchistes envisagent de faire exploser le commissariat de Clichy (représailles de l'Affaire de Clichy), mais renoncent devant la difficulté.
Changement de cible, le conseiller Edmond Benoît, président des assises lors de l'Affaire. François Claudius Koënigstein, dit Ravachol,

criminel et militant anarchiste français, né le 14 octobre 1859, cherche l'adresse du conseiller dans l'annuaire téléphonique : 136 boulevard de Saint-Germain. Charles Simon part en reconnaissance et interroge le concierge afin de connaître l'étage exact. Le groupe passe à l'action, vers 18 heures, le 11 mars 1892. Parvenus aux *Bouffes du Nord*, Ravachol congédie ses camarades, qui retournent dans leur QG au 35 rue Saint-Denis, et poursuit seul. Armé de deux pistolets, il entre dans l'immeuble et dépose la bombe sur le palier du premier étage. Il allume la mèche, redescend et au moment où il franchit l'entrée, la bombe explose. Un seul blessé, le concierge Augustin Pinot, et des dégâts matériels importants. Le conseiller, vivant au 4e étage est indemne ; l'anarchiste s'est trompé de porte.

Le gouvernement fait courir le bruit que la bombe visait le propriétaire de l'immeuble, un comte de Montesquiou-Fezensac. Les anarchistes revendiquent aussitôt l'attentat. Un nouvel attentat est, dès le 13 mars,

préparé, cette fois contre l'avocat général Bulot. Le 15 mars, d'autres anarchistes font exploser la caserne Lobau, mettant ainsi la police à cran. Le signalement de Ravachol est diffusé dans la presse : « Taille 1 m 66, envergure 1 m 78, maigre, cheveux et sourcils châtain foncé, barbe châtain foncé, teint jaunâtre, visage osseux, nez assez long, figure allongée, front bombé et assez large ; aspect maladif. Signes particuliers : cicatrice ronde à la main gauche, au bas de l'index, près du pouce ; deux grains de beauté sur le corps, un sur la poitrine et un sous l'épaule gauche ». Une informatrice anonyme, X2, dénonce les coupables cinq jours plus tard. Simon et Chaumentin sont arrêtés, Ravachol s'enfuit.

Il coupe sa barbe et maintient l'attentat contre Bulot. Le 27 mars, l'anarchiste se rend au n°39 de la rue de Clichy et dépose sa bombe vers 8 heures, sur le palier du 2ᵉ étage. Sept blessés et des dégâts estimés à 120 000 francs. Étant dans l'incapacité de rejoindre le lieu de son crime pour constater les dégâts, Ravachol s'arrête au restaurant *Véry*, situé au 24 boulevard Magenta, vers 11 heures. Il commande un bœuf gros sel et un demi-setier de rouge avant d'entamer la conversation avec le garçon de café, Jules Lhérot. L'homme lui expose ces théories anarchistes et antimilitaristes, puis dévie sur l'attentat. Bien que suspect, Jules laisse partir son client.

Le 30 mars, Ravachol retourne au restaurant, pensant pouvoir endoctriner le garçon de café. Sauf que ce dernier, l'ayant reconnu, fait aussitôt prévenir la police. Il est péniblement maitrîsé par le commissaire Dresch et une dizaine d'agents de police. Le 25 avril, veille du procès de Ravachol, une bombe explose au restaurant *Véry*, tuant le patron et un client (Jules s'en sort indemne). Le garçon de café quitte pendant un temps la France (par peur des représailles), puis est incorporé dans la police à son retour. Quant à Ravachol, il sera guillotiné le 11 juillet 1892 à Montbrison par le bourreau Louis Deibler. En marchant vers la guillotine, il chantait encore *Le Père Duchesne*.

Saint Denis

« C'est un vieillard épuisé que je vis s'avancer vers moi, courbé en deux sur un robuste bâton de bois noueux. La poussière des chemins d'Italie et de Gaule s'était incrustée sur les bords de sa robe de bure qu'il portait, témoin d'une longue marche, entamée vingt ans plus tôt et qui prenait fin ce jour de l'an 250 où j'eus le privilège de faire sa connaissance. Il présenta d'abord ses compagnons, Rustique et Eleuthère, puis dit s'appeler Denis. Je le fis entrer dans la maison. Les enfants étaient couchés, aussi est-ce en silence que nous fîmes notre premier repas. Après la prière, j'excusai le modeste plat de haricots. Il regarda ma femme, la remercia chaleureusement, puis me sourit. Je remarquai alors la flamme dans son regard. Elle éclairait son visage tout entier et le faisait resplendir d'une jeunesse qui semblait éternelle. Je sentis monter en moi comme une vague de chaleur, de bien-être et de sécurité. Un mot s'imposa dans mon esprit : amour. Je sus à cet instant que Denis pourrait me demander n'importe quoi, comme les apôtres avec le Christ, je l'aiderai jusqu'au bout dans la mission : évangéliser Lutèce.

Après une nuit de repos, j'emmenai Denis et ses compagnons dans une ancienne carrière au sud de la ville. Ils cherchaient un lieu où dire la messe discrètement, sans que les autorités romaines ne puissent se douter qu'une nouvelle parole naissait, prendrait bientôt son essor pour

subjuguer ensuite la foule d'idoles que l'on qualifierait plus tard de païenne. Le lieu leur rappela les catacombes abandonnées de leur Rome natale. Nous nous mîmes à prier, pensant au jour béni où les chrétiens cesseraient de se terrer comme des rats sous terre pour faire éclater la parole de Dieu au grand jour. Mais un long chemin restait à parcourir. J'assemblai pour la première messe les amis que je savais sûrs ; ceux qui se rendaient au temple seulement pour éviter les ennuis et dont la foi en Mercure, Mars ou Jupiter était aussi frêle qu'un fil de soie. Dès que Denis prit la parole, la petite assemblée se tut. Tout d'abord timide, voire revêche, elle fit peu à peu un cercle autour de celui qui parlait. Les visages se détendirent, quelques bouches s'ouvrirent, béates, comme pour mieux avaler les dires de l'orateur. L'histoire de Marie, Joseph et Jésus, pour commencer, des apôtres ensuite. Les valeurs à défendre, les commandements à suivre. Denis célébra la messe au petit jour. Il leur apprit les mots à dire, les gestes à faire, les chants et les prières. Il leur donna la communion et les baptisa. Chacun rentra chez soi, pressé de recommencer le dimanche suivant.

Chaque semaine, les fidèles étaient plus nombreux, plus enthousiastes. Mais pour Denis, cela n'allait pas assez vite. Il faut dire qu'il allait sur ses quatre-vingt-dix ans et qu'à cet âge-là, le temps est plus précieux qu'à vingt. Alors Denis décida de se rapprocher de Lutèce, de prêcher dans les rues, à proximité des marchés, là où la foule est dense et disponible. Et moi, je le suivis dans sa folie. Car c'était là un acte des plus imprudents : des bruits couraient murmurant que les prêtres païens, ayant remarqué une baisse de fréquentation des temples, avaient envoyé des espions pour assister aux messes données par Denis. Ils étaient tellement furieux devant le nombre de conversions qu'ils avaient dépêché des délégués à Rome pour demander l'intervention de l'empereur Domitien. Ce qui les excitait surtout, c'est que les chrétiens commençaient à se montrer. Denis avait déjà fondé deux églises, celle de Saint-Étienne-du-Grès et celle de Saint-Benoît. Les prêtres romains savaient que s'ils n'arrêtaient pas le premier évêque de Paris, ils pourraient bientôt fermer leurs temples.

Au fil des jours, la tension montait. Denis avait déjà eu à essuyer les attaques des adorateurs des dieux romains. Mais l'ascendant de Denis sur les hommes était tel qu'aucun n'avait pu le frapper. Sous son regard, ils ne pouvaient que se prosterner à ses pieds ou fuir. Malheureusement, Dieu avait décidé de mettre Denis plus rudement à l'épreuve. Je fus le témoin de toutes ses souffrances et c'est pour qu'elles ne soient pas perdues que vous pouvez lire ces lignes, quelques fois tachées de larmes, pour vous souvenir de ce saint à la foi inébranlable. Le jour que Denis choisit pour prêcher au grand jour fut celui de l'entrée en ville du proconsul Sisinnius Fescennius. Ses deux compagnons l'entouraient, à leur habitude. Moi j'encourageais les gens à approcher. Une foule dense s'était assemblée autour de lui et écoutait, curieuse, cet homme pauvrement vêtu prononcer des paroles jamais entendues. Les femmes avaient posé leurs paniers, les hommes, leurs fardeaux et quelques enfants s'étaient assis à ses pieds. Pour Denis, emporté par sa rhétorique, le temps s'était suspendu.

Un bruit de pas cadencé lui fit reprendre son cours puis accélérer. Celui d'une légion romaine qui traversait le marché et arrivait droit sur nous. À sa tête, un homme d'âge moyen, serré dans une cuirasse d'acier, suant et soufflant. Il se donnait un air digne, mais j'y vis tout de suite de la fierté, une fierté qui n'annonçait rien de bon. Il s'avança vers l'homme qui n'avait pas cessé de parler. Un silence de mort faisait résonner ses paroles. Il les écouta un instant, puis aboya : « Je suis Sisinnius Fescennius, représentant de l'empereur Domitien. J'arrive de Rome et je suis à la recherche d'un chien de chrétien, un certain Denis. Et toi, misérable vieillard, qui es-tu ? ». « Je suis l'homme que tu cherches ». Un geste du proconsul et une douzaine de soldats entourèrent Denis et le garrottèrent avec une grosse corde. Rustique et Eleuthère tentèrent de s'interposer ; les rustres leur firent subir le même traitement. Sans réfléchir, je frappai l'un d'entre eux ; ils m'emmenèrent et ainsi je ne quittai pas mes compagnons.

Nous traversions Lutèce, ma chère ville, et à chaque pas, je pensais que je ne la reverrais peut-être pas. Je devinais les murs des arènes et pensais à ces heures de joie et d'excitation passées sur leurs gradins, le rire et la peur des enfants. Devant les thermes, j'imaginais le corps de ma femme à travers les vapeurs du bain, doux et chaud. Et les soirées passées à discuter sur le forum. Soudain, j'aperçus les piliers massifs du temple de Jupiter et la statue démesurée du dieu. Je sus que l'on nous emmenait à la *carcer Glaucini*, à l'extrémité amont de l'île. À peine nous fûmes entrés dans les murs humides et froids de la prison que l'attitude des soldats changea, comme si ce lieu soustrait au regard du monde leur permettait enfin de libérer leur haine. En échangeant nos cordes par de lourds fers, ils n'hésitèrent pas à nous rudoyer, à nous gifler et à nous cracher au visage. Ils nous emmenèrent ensuite dans une salle non moins accueillante : le tribunal.

Nous nous retrouvâmes face à Sisinnius, qui nous avait quittés un peu plus tôt devant le temple. Il rayonnait maintenant, heureux d'avoir sa proie à sa merci, fier d'avoir accompli sa mission avec zèle. Il ordonna à Denis d'approcher : « Reconnais-tu les dieux de Rome : Jupiter, Mars et Mercure, Minerve, Apollon et Diane ? ». « Je ne connais qu'un seul Dieu, le Dieu unique, mon Dieu : Yahvé ». « Vieux fou, tu ne sais pas ce qu'il en coûte à ceux qui ne se soumettent pas à l'empereur ! ». « Ma foi me donnera la force d'endurer toutes les souffrances, et si c'est pour la défendre, chaque douleur me rapprochera un peu plus de mon Dieu ». Entendant cela, Sisinnius éclata d'un rire jaune. Il se tourna vers Rustique et Eleuthère et reposa sa question. Il entendit la même réponse. Quand ce fut mon tour de répondre, la peur m'avait quitté. Je m'entendis prononcer, comme Denis quelques instants plus tôt : « Je ne connais qu'un seul Dieu, le Dieu unique, mon Dieu : Yahvé ». Sisinnius avait retrouvé tout son sérieux. Il appela ses soldats et leur dit : « Ces chrétiens sont comme les chiens, ils ne comprennent la voix de leur maître que si on les maltraite. Déshabillez-les et fouettez-les jusqu'à ce qu'ils n'aient plus de peau sur le dos ». Ce qui fut dit fut fait. Les soldats nous attachèrent nus, sur des planches et nous flagellèrent jusqu'à ce que nous perdions connaissance. Je me réveillai le lendemain aux côtés de mes compagnons : les prières nous aidèrent à supporter notre douleur. Denis me sourit et je repris courage. Je ne savais pas encore que le pire était de ce monde.

Les soldats nous amenèrent une nouvelle fois devant Sisinnius. Il nous demanda de nouveau de reconnaître les dieux romains et de renier notre foi chrétienne. Devant notre refus, le préfet entra dans une colère noire. Il décida de concentrer toute sa haine contre Denis, car il savait que s'il arrivait à le faire céder, nous ne résisterions plus longtemps. Je ne puis décrire dans le détail ce qui survint par la suite : la douleur est trop grande, mais il faut le dire pourtant… Denis fut torturé sous nos yeux pendant plus d'une semaine. Il fut étendu nu sur un gril brûlant, jeté dans une fosse avec des bêtes affamées, enfermé dans une fournaise

et finalement attaché à une croix. De retour dans notre cellule, il prononçait des paroles d'encouragement, il nous disait qu'il fallait tenir. Nous voyant pleurer, il décida de dire une messe, pour nous rendre plus forts. Nous étions nombreux maintenant, car Sisinnius avait ordonné que tous les chrétiens fussent arrêtés, aussi venaient-ils chaque jour grossir le nombre de prisonniers. Au moment de l'hostie (en réalité du pain rassis bénit par Denis), une clarté nous aveugla tous. Je priai avec plus de ferveur encore et me sentis enveloppé d'une présence rassurante, une force nouvelle monta en moi. La sève semblait avoir fait son effet sur mes compagnons également. Denis paraissait moins souffrir de ses blessures. Le pire était encore à venir.
Sisinnius nous condamna tous quatre à être décapités sur le mont de Mercure. La marche était longue et je voyais le pas de Denis se faire plus lourd à mesure que le chemin se déroulait sous nos pieds. Les légionnaires ne cessaient de le tourmenter de toutes les façons. Arrivés à mi-pente de la butte, n'y tenant plus, ils le prirent à part et sur une pierre du chemin lui tranchèrent la tête. Rustique et Eleuthère allaient

s'élancer pour soutenir son corps quand nous vîmes Denis se relever, comme auréolé de lumière, prendre sa tête dans ses mains et se diriger vers une source afin d'y laver son cou. Nous le suivîmes incrédules, deux lieues durant. Il s'arrêta devant la maison d'une femme qui dit s'appeler Catulla. Il lui tendit sa tête, qu'elle prit sans surprise, comme avertie, puis s'effondra. La plus totale confusion régna dès lors, les légionnaires avaient relâché leur vigilance. Je vis Rustique et Eleuthère tenter de s'échapper. Aussitôt, les soldats retrouvèrent leurs réflexes de bêtes entraînées au combat. Ils se jetèrent sur mes deux amis et les décapitèrent sauvagement. Je sentis une main me tirer en arrière : c'était

Catulla. Elle m'aida à m'enfuir, me cacha et me protégea jusqu'à ce que le prévôt Sisinnius eût d'autres proies plus attrayantes à chasser qu'un pauvre chrétien.

Catulla soudoya habilement les soldats chargés de jeter les corps dans la Seine et ensevelit les précieuses dépouilles dans son jardin. Quand les temps furent plus cléments, je l'aidai à bâtir une chapelle dédiée à Denis. C'est là que je trouvais la force, chaque fois que le courage m'abandonnait, de continuer la mission commencée par Denis, évangéliser Lutèce, ma chère ville. C'est là aussi que j'eus l'idée d'écrire notre histoire, celle de Denis ».

Le village de Catulla prit le nom de *Catulliacum* et plus tard de Saint-Denis. Sur la tombe de Denis, on construisit un oratoire, grâce à sainte Geneviève, puis une église, sur ordre de Dagobert, et enfin l'actuelle basilique Saint-Denis. Le mont Mercure sur lequel Denis fut décapité deviendra le mont des martyrs puis, par déformations successives, Montmartre. La source à laquelle le saint lava son cou souillé deviendra la fontaine Saint-Denis et sera réputée pour avoir une eau aux vertus innombrables. Elle connut un succès égal jusqu'au début du XIXe siècle, époque où elle fut engloutie dans l'effondrement d'une carrière souterraine.

Rue Saint-Honoré

La rue Saint-Honoré, située dans les 1e et 8e arrondissements, est l'une des plus longues voies de la capitale (1 840 mètres). Elle permet de joindre les Halles, à l'est, au quartier de la Madeleine, à l'ouest, en passant par les quartiers du Palais-Royal et la Place Vendôme. Elle mesure en moyenne 20 mètres de largeur.

Odonymie

La rue doit son nom à la chapelle Saint-Honoré, érigée hors les murs en 1204 par les époux Cherey, boulangers qui vont consacrer cette chapelle à saint Honoré d'Amiens, saint patron de leur profession, et la constituent dès l'origine en collégiale. Au cours des siècles, ce petit édifice religieux est progressivement entouré de plusieurs maisons destinées aux chanoines et à de simples particuliers, dont certains y tiennent commerce. L'ensemble ainsi bâti finit par former, avec ses circulations intérieures, le cloître Saint-Honoré, un enclos délimité par les rues Saint-Honoré au sud, des Bons-Enfants à l'ouest, Croix-des-Petits-Champs à l'est, et, au début du XIXe siècle, par la rue Montesquieu au nord. L'église est démolie en 1792, suivie par l'îlot Saint-Honoré en 1913.

Histoire

La rue Saint-Honoré remonte à l'antiquité, elle prolongeait vers l'ouest le *decumanus maximus* gallo-romain de Lutèce. Cette route conduisait à Saint-Ouen, Argenteuil et Neuilly. À la fin du XIIe siècle, la rue Saint-Honoré remplace la *chaussée du roule* empruntée par les bûcherons de la forêt de Rouvray (Bois-de-Boulogne). Elle apparaît dans une charte de 1222 comme *strata publica, ab ecclesia Sancti Honorati usque ad poncellum de Rollo* (voie publique, de l'église Saint-Honoré au petit pont du Roule). Elle a porté divers noms. De la rue du Pont-Neuf à celle de l'Arbre-Sec, elle s'appelait, en 1300, « rue du Château-Festu », du nom d'une maison située entre l'église Saint-Landry et la Seine. Il vient du latin *festuca* (brin d'herbe). Il s'agissait d'un pavillon construit avec une charpente recouverte de branchages (ou de chaume), où l'on entreposait les étoffes des négociants. De la rue de la Lingerie à celle de la Tonnellerie, elle s'appela, de 1300 au XVIIIe siècle, « rue de la Chaussetterie » (le mot *chaussette* désignait au Moyen Age un bas très court). De la rue de l'Arbre-Sec à la rue du Coq (du nom d'une enseigne), elle était la « rue de la Croix-du-Trahoir). De la rue du Coq à la rue du Rempart (sur l'emplacement du rempart achevé en 1383), elle se nomma « rue de la Chaussée Saint-Honoré », puis « rue Saint-Honoré ». De la rue du Rempart à la rue Royale, on la trouve nommée selon les documents « chemin de Clichy » (1204), « grand chemin Saint-Honoré » (1283), « chaussée Saint-Honoré » (1370), « grand chemin de la Porte-Saint-Clichy » (1392), « chemin Royal » (1393), « nouvelle rue Saint-Louis » (1407), « grande rue Saint-Louis » (1421), « rue Neuve-Saint-Louis » (1430), « grande rue du Faubourg Saint-Honoré » (1609), « chaussée Saint-Honoré » (1634), « rue Neuve Saint-Honoré » (1638). Pendant les guerres de Religion, en 1590, durant le siège de Paris, la rue est bombardée par l'artillerie du roi de France Henri IV. Pendant la Révolution française, les charrettes des condamnés empruntaient la rue Saint-Honoré, depuis la Conciergerie jusqu'à l'actuelle place de la Concorde. En 1854, le baron Haussmann supprime les premiers numéros pour en faire la rue des Halles. Désormais la rue Saint-Honoré commence au numéro 33.

Immobilier

N°14 : le médecin et scientifique Claude Bernard (1813-1878) emménagea dans cette maison en 1863. Considéré comme le fondateur de la médecine expérimentale, il a en particulier laissé son nom au syndrome de Claude Bernard-Horner. On lui doit les notions qui ont grandement influencé le fondement de la physiologie moderne : le concept de milieu intérieur et celui de régulation du milieu intérieur (nommée par la suite homéostasie par le physiologiste Walter Bradford Cannon).

N°19 : la journaliste, actrice et féministe Marguerite Durand (1864-1936) et l'avocat et homme politique Georges Laguerre (1858-1912) vécurent dans cette maison avant leur séparation en 1891.

N°22 : emplacement du magasin central de l'Association Laborieuse et Fraternelle des ouvriers cordonniers, coopérative d'inspiration fouriériste, à partir de 1849.

N°35 : entre les fenêtres du premier étage, nous apercevons l'enseigne *Au renard d'or* de l'ancienne boutique.

N°37-39 : les maisons du XVIIe siècle ont conservé leur structure à une seule travée, soit une seule fenêtre pour éclairer la pièce. L'étage noble du n°37 est même ici marqué de refends.

N°43 : la boutique a conservé l'enseigne *Au Cygne couronné* datant du XVIIe siècle.

N°47 : le chimiste et Fermier général, Antoine de Lavoisier (1743-1794), vécut dans cet immeuble jusqu'à sa condamnation à mort (guillotiné). Il a été sollicité par l'administration royale, puis révolutionnaire, sur de très nombreux sujets depuis l'instruction publique jusqu'à l'hygiène, en passant par le système monétaire. Il a aussi produit la première théorie expérimentale de la chaleur, à travers l'étude de la combustion, de la respiration et de la fermentation des sols. Ses œuvres majeures restent le *Traité élémentaire de chimie* et la *Méthode de nomenclature chimique*.

N°54 : l'immeuble d'angle a été construit en 1700 pour un marchand nommé Boucher, dont l'enseigne s'appelait *A la Règle d'or*. En 1800, quand un apothicaire s'installa au rez-de-chaussée, il devint *Au Marteau d'or*. Les deux façades sont divisées en quatre travées. Les fenêtres bombées sont ornées d'agrafes. Un balcon en fer forgé court sur le premier étage. La façade est classée aux monuments historiques depuis le 9 janvier 1926.

N°58 : la maison possède de beaux mascarons en guise d'agrafes au-dessus des baies du premier et du deuxième étage.

N°60 : la maison paraît remonter au XVIe siècle et conserve le type des maisons du Moyen Age très étroite. Elle ne possède qu'une travée et devait être surmontée d'un pignon qu'elle a sans doute perdu au moment de son rhabillage, à la fin du XVIIIe siècle. À cette époque, elle a reçu un décor de bossages en harpe. Ses appuis de fenêtre datent de Louis XIV. Sur la cour, elle a gardé sa façade de la fin du XVIe siècle à larges bossages biseautés, façon Renaissance. Son escalier limon sur limon à balustres de bois tourné, à l'exception de la première volée en fer forgé, est inclus dans une cage à claire-voie. Le bâtiment fut le siège du Club des Prévoyants durant la Révolution de 1848.

N°75 : demeure Napoléon Bazin, membre de plusieurs sociétés secrètes républicaines, impliqué dans l'attentat de Quénisset contre le duc d'Aumale, fils de Louis-Philippe 1er, à son retour d'Algérie en 1841.

N°82 : demeure de François Chabot (1756-1794), ex-capucin, auteur du *Catéchisme des sans-culottes*, député à la Convention, membre du Comité de sûreté générale, impliqué pour trafic d'influence dans le scandale de la Compagnie des Indes, jugé avec Danton et guillotiné le 5 avril 1794.

N°86 : demeure où séjourna en juin 1901 Ranavalona III, dernière reine de Madagascar en exil.

N°91 : entrée du village Saint-Honoré, petite parcelle commerçante où sont implantées plusieurs galeries d'art et antiquaires. En 1976, Mika Parély tient le magasin que Jean Marais a ouvert à Paris, à l'enseigne *Jean Marais, potier*, où il vend ses créations.

N°93 : l'immeuble fut construit au XVI⁰ siècle et rhabillé en 1825. La composition de la façade est influencée par Palladio et présente une adaptation du motif de la Serlienne. Cet immeuble fut le siège d'une pharmacie dès 1637. L'enseigne *Au bourdon d'or* avec les coquilles des pèlerins de Saint-Jacques est dorée. Le roi Henri IV aurait reçu des soins après son agression du 14 mai 1610 dans la boutique du rez-de-chaussée occupée alors par un apothicaire. La façade est divisée en trois travées sur trois étages. Au premier, la baie centrale à fronton circulaire s'inscrit dans un appareillage en serlienne dont les deux baies latérales

murées offrent un décor peint de vases de fleurs (des aloès, une plante médicinale). La plaque MACL signifie Maison Assurée Contre l'Incendie. Les compagnies d'assurance se spécialisent selon le type de sinistre à partir du XIX⁰ siècle. Chaque compagnie appose, sur les façades des immeubles, son signe distinctif. Au deuxième étage, quatre pilastres doriques encadrent trois fenêtres, dont celle centrale est surmontée d'un fronton triangulaire à décor de fins modillons. Au dernier, quatre pilastres corinthiens accompagnent trois fenêtres simples. Les balustrades en fer forgé, en partie doré, sont ornées d'une cassolette encerclée par un serpent se mordant la queue (un ouroboros). On y retrouve, comme sur l'enseigne, quatre coquilles Saint-Jacques. L'immeuble est inscrit aux monuments historiques depuis le 23 juin 1962.

N°95 : Le commerce date de l'époque de Louis-Philippe, tandis que l'immeuble lui fut construit au début du XIXe siècle. Les balustrades en fonte sont décorées de palmettes. Un fixé sous verre s'étend sur toute la façade, entre le rez-de-chaussée et le premier étage. Quatre textes  dorés ont ainsi été conservés. Il s'agit d'un traiteur épicier à l'enseigne de *La Renommée des Herbes Cuites* qui a remplacé au début du siècle *La Renommée des Epinards*. Les panneaux, imitant le marbre noir, vantaient les produits du magasin. La façade est inscrite aux monuments historiques depuis le 23 mai 1984.

N°96 : à l'angle de la rue Sauval, emplacement du pavillon des Singes, maison dans laquelle naquit Jean-Baptiste Poquelin, le futur Molière, le 15 janvier 1622. Elle fut la demeure de Richard Wagner lors d'un séjour à Paris en 1839.

N°108 : demeure de Jean-Jacques Pillot, membre de l'Association internationale des travailleurs, signataire de l'Affiche Rouge, élu à la Commune en 1871. Cette affiche de couleur rouge fut placardée dans la nuit du 5 au 6 janvier 1871 sur les murs de Paris, assiégée par les Allemands. C'est un appel à la formation de la Commune. Elle fut rédigée par Emile Leverdays, Gustave Tridon, Edouard Vaillant et Jules Vallès à la demande de la Délégation des Vingt arrondissements. Elle porte la signature de 140 délégués. Il s'agit d'une déclaration de guerre au Gouvernement de la Défense nationale. Néanmoins, ce dernier reste en place et le général Trochu fait placarder le même jour une affiche blanche accusant les auteurs de l'Affiche Rouge de calomnie.

N°111 : emplacement d'une station de chaises à porteurs fondée en 1639, ainsi qu'un échafaud épiscopal. On y coupait les oreilles des serviteurs curieux (l'essorillement). Des condamnés y furent roués de coups, pendus (l'officier Le Berr, pour vol, en 1730) ou raccourcis (le marquis huguenot de Bonneson en 1659). L'étroitesse des lieux provoquait à chaque exécution, des bousculades. Lors de la décapitation d'un assassin en juillet 1737, plusieurs spectateurs moururent piétinés. Le carrefour servit aussi de point de départ de plusieurs émeutes. Contre une hausse des impôts sous Charles VI. En 1505, contre le curé de Saint-Germain l'Auxerrois qui refusait l'enterrement chrétien d'une femme au motif qu'elle avait refusé de le désigner comme légataire universel. Le 26 août 1648, la Fronde s'étend d'ici, à partir d'une bagarre sanglante faisant un mort. Depuis 1529, s'y trouve une fontaine dite de la Croix-du-Trahoir (voir la rue de l'Arbre-Sec).

N°115 : la pharmacie, au rez-de-chaussée de l'immeuble, existe depuis 1715. Le commerce est repris par Louis Claude Cadet de Gassicourt en 1762. Sur la façade du premier étage, le curieux pourra lire : « *fabrique d'extraits évaporés à la vapeur et dans le vide* ». C'est ici qu'Axel de Fersen achetait l'encre sympathique avec laquelle il écrivit à Marie-Antoinette dès 1774. Jean-François Derosne et Charles Derosne y firent leur formation de pharmacien. La façade de la pharmacie est décorée de boiseries du XIXe siècle, imitant le style Régence. Le reste du bâtiment est divisé en trois travées sur trois étages. Les fenêtres du premier étage sont en plein cintre, celle centrale est  ornée d'un mascaron inscrit dans un écusson, tandis que celles du deuxième sont bombées et décorées d'agrafes. Le quatrième étage est un ajout du XIXe siècle. La boutique héberge toujours une pharmacie de nos jours. La façade de l'immeuble est classée aux monuments historiques depuis le 23 juin 1962.

N°118 : demeure de Jean-Baptiste Treilhard (1742-1810). Avocat sous l'Ancien Régime, il est élu, entre 1789 et 1796, député aux Etats-Généraux, à la Convention nationale, où il est élu membre du Comité de salut public, et au Conseil des Cinq-Cents. Entre 1798 et 1799, il est directeur. Sous le Consulat, Treilhard est vice-président, puis président de la cour d'appel de la Seine. Sous le Premier Empire, il est élevé aux dignités d'officier de la Légion d'honneur, de compte d'Empire et de ministre d'Etat. À sa mort, il est inhumé au Panthéon.

N°121-125 : ancien emplacement de l'hôtel d'Aligre ou Schomberg et d'Aligre, datant du XVIIe siècle. Il fut l'atelier de l'anatomiste et barbier Philipp Wilheim Mathé, dit Creutz ou Curtius, invité en 1770 par le prince de Conti. Il sculpta en cire les effigies des personnages en vue de l'époque ; objets qui pendant la Révolution furent sujet de manifestations triomphales (Necker et le duc d'Orléans) ou d'autodafés (le Pape et La Fayette).

N°123 : emplacement de la cour d'Aligre, où s'est tenue une réunion politique publique à la fin du Second Empire.

N°129 : maison natale de l'apothicaire Louis Hébert (1575-1627), premier colon français de Nouvelle-France, installé en Arcadie en 1606. Les fenêtres de la façade sont décorées d'agrafes richement sculptées.

N°145 : emplacement de l'Oratoire du Louvre, ancienne chapelle royale dans laquelle prêchèrent Jacques Bénigne Bossuet et Nicolas Malebranche. Vouée au culte protestant depuis 1811.

N°146-152 : emplacement de la première porte Saint-Honoré de l'enceinte de Philippe Auguste, construite de 1190 à 1202. Entre les n°148 et 150, un ancien puits traverse plusieurs niveaux de cave. Les vestiges de l'enceinte sont classés aux monuments historiques.

Oratoire du Louvre

L'oratoire est un temple protestant. Un attentat permit aux oratoriens de s'agrandir et de diffuser leur croyance à plus grande échelle.

Les Oratoriens

Qui sont les oratoriens ? L'histoire commence avec Philippe Néri. Il est né à Florence, en Italie, le 21 juillet 1515. Durant son enfance, la ville connaît les turbulences politiques liées aux ambitions de la famille Médicis. Le contexte est aussi celui de la fracture de la chrétienté latine avec la diffusion des idées de Luther et l'apparition des églises protestantes, de celui de l'affrontement entre Charles Quint et François

1er pendant les guerres d'Italie. Entre 1520 et 1530, Philippe Néri fréquente le couvent Saint-Marc, de l'ordre des Dominicains. Durant son adolescence, il ne montre pas de signe particulier de vocation religieuse et ne se distingue pas par sa piété. Vers 1532, Philippe fuit Florence et les Médicis pour rejoindre Rome. Il devient le précepteur des deux fils du directeur de la douane, Galeotto del Caccia. Philippe en profite pour suivre des cours de philosophie et de théologie. Jusqu'en 1548, le Florentin va déambuler dans les rues et sur les places, exerçant une sorte d'apostolat. Il sert les malades et les pèlerins. En 1548, avec son confesseur Perciano Rosa, Philippe Néri fonde la Confrérie de la Trinité des pèlerins pour venir en aide aux pèlerins pauvres. Il prend soin des malades mentaux en fondant l'Institut de Santa Maria della Pietà afin de les accueillir. Il fonde également une maison de convalescence pour les malades. Ordonné prêtre en 1551, il s'établit dans l'église Saint-Jérôme de la Charité. Il y fonde une école et un collège pour les pauvres. Il y propose des « exercices spirituels » menant à une vie spirituelle

centrée sur la personne de Jésus. Ces exercices se font sous la forme de prières, de prédications, de lectures et de méditations de la Bible. En 1575, il fonde la Congrégation de l'Oratoire, qui s'installera, après la reconnaissance par le pape Grégoire XIII, dans l'église Santa Maria in Vallicella. Désireux de purifier le sacerdoce, le prêtre Pierre de Bérulle s'inspire de Philippe de Néri pour fonder la congrégation des Oratoriens de France en 1611. Singularité pour l'époque, cette congrégation est séculière. Le 2 janvier 1612, elle est reconnue par lettres patentes du roi Louis XIII et le 10 mai 1613 par une lettre d'approbation du pape Paul V. À partir de cette date, la congrégation de l'Oratoire de Jésus-Christ va se développer avec la réforme catholique.

Histoire

Dans un premier temps, la congrégation s'installe au faubourg Saint-Jacques, à l'emplacement du futur Val-de-Grâce. Pendant ce temps, Jean Châtel s'introduit dans l'hôtel de Gabrielle d'Estrées, le 27 décembre 1594, pendant une audience royale. Le jeune homme, âgé de 19 ans, frappa d'un coup de couteau le roi Henri IV, pendant que celui-ci se baissait pour relever des officiers prosternés. Le souverain est blessé à la lèvre et écope d'une dent cassée. Arrêté sur-le-champ, Châtel est condamné à être écartelé en place de Grève, le 29 décembre 1594. Lors de l'enquête, on découvrit que Châtel avait été élevé par des jésuites au collège de Clermont (l'actuel lycée Louis le Grand). Les jésuites sont accusés d'avoir inspiré le régicide.
Le 20 janvier 1616, Bérulle et ses cinq premiers compagnons (Jean Bence et Jacques Gastaud, docteurs à la Sorbonne, Paul Métezeau, licencié de la société de Navarre, François Bourgoing, curé de Clichy, et Pierre Caron, curé de Beaumont) achètent l'hôtel du Bouchage à la duchesse de Guise. Une partie de l'hôtel est démolie afin d'y édifier une petite chapelle des Oratoriens où la messe est célébrée dès le mois de mai. Les lieux devenant trop exigus, les six hommes rachètent les terrains environnants pour y faire construire un nouveau sanctuaire. Les plans sont dessinés par l'architecte Clément II Métezeau en 1621. Paul Métezeau, frère de Clément et Louis, est un des premiers prêtres de l'Oratoire. L'église présente un plan rectangulaire avec un chœur en abside en hémicycle et une chapelle de plan carré. La façade est prévue rue Saint-Honoré. Les fondations sont jetées le 22 septembre 1621 avec la pose de la première pierre par le duc de Montbazon, gouverneur de Paris. Les travaux sont confiés au maître maçon Frémin de Cotte. En 1622, Jacques Lemercier remplace Clément Métezeau en tant que

maître d'œuvre. Il modifie légèrement les plans ; la chapelle du chevet devient ovale. Le chantier se poursuit normalement jusqu'à l'été 1623. Le surintendant des bâtiments, le marquis de La Vieuville, s'oppose au projet en raison de son incompatibilité avec les plans du Grand Dessein d'Henri IV. La Cour Carrée du palais du Louvre devait quadruplée de taille et comportée des jardins et des bâtiments annexes empiétant sur l'Oratoire. Le 23 décembre 1623, le chancelier de Sillery et la reine obtiennent du roi Louis XIII qu'il fasse des prêtres de l'Oratoire des chapelains du Louvre. Le 17 juillet 1624, l'église est élevée au rang de chapelle royale du palais du Louvre. L'église Saint-Germain l'Auxerrois reste la paroisse royale. L'arrêt royal exige que l'église soit construite dans l'axe du palais, obligeant la destruction de maisons. Le chantier s'interrompt en 1625 faute d'argent. Bérulle n'a pu acquérir qu'une seule maison sur la rue Saint-Honoré. Les maisons de messieurs Morel et Montreuil restent inaccessibles. En juin 1627, le roi fait don de 10 000 livres à la congrégation afin d'acquérir ces demeures. Les murs de la première travée de la nef, près du transept, sont montés et une entrée rue Saint-Honoré est percée

Une guerre interne va stopper les travaux de l'Oratoire. Le cardinal de Bérulle est soutenu par le parti dévot. Ce dernier avec la reine-mère, le garde des Sceaux de France, Michel de Marillac, Gaston d'Orléans soutiennent l'alliance des rois catholiques contre les protestants. Lors du conseil du 26 décembre 1628, ils s'opposent à la politique de Richelieu qui veut intervenir en Italie pour aider le duc de Nevers à récupérer Mantoue, alors encerclée par les troupes espagnoles. Richelieu cherche surtout à se rapprocher des protestants afin de protéger le royaume de France des Habsbourg d'Espagne et d'Autriche. Bérulle décède le 2 octobre 1629 pendant la célébration de la messe. Le sculpteur Michel Anguier réalise en 1659 un tombeau monumental funéraire dans la première chapelle du côté est. Il représente Bérulle disant la messe, agenouillé devant un livre tenu par un ange. Un bas-relief en bronze ornait le socle. Le monument fut détruit lors de la

Révolution, en 1793. Subsiste uniquement l'entourage de claveaux sculptés. Sont visibles des pots à feu, une Annonciation, des instruments de la Passion et les armes du cardinal sur la clé de voûte. Au début de 1630, les armées espagnoles et impériales attaquent le duché de Mantoue. Richelieu franchit les Alpes avec l'armée française pour les contrer. Elle prend le contrôle de la Savoie le 26 octobre. Le roi tombe gravement malade et est considéré comme perdu le 30 septembre. La reine-mère décide de se débarrasser de Richelieu, mais le roi guérit. Les attaques du parti dévot se multiplient jusqu'à la journée des Dupes, le 10 novembre 1630, faisant triompher Richelieu. Le chantier de l'Oratoire est fermé. Toutefois, l'église inachevée célèbre les services funèbres de Richelieu, de Louis XIII, et des reines Anne d'Autriche et Marie-Thérèse.

Le père Jean-Baptiste Sauge, supérieur de l'Oratoire, décide en 1730 de terminer la construction du sanctuaire. Hélas, le 11 décembre 1739, les trésoriers de France imposent aux Oratoriens de raser leurs six maisons, rue Saint-Honoré et rue du Coq, frappées de vétusté. À cette

occasion, on découvre les anciennes fondations de l'église et on constate qu'il ne manque que 2,60 mètres pour parvenir au portail projeté. Un appel d'offres a dû être lancé, car les archives conservent deux propositions pour la nouvelle façade à bâtir, l'une de Jaques V Gabriel et l'autre de Gilles Marie Oppenord. Finalement, les Oratoriens confient le chantier à leur architecte, Pierre Caqué. Les travaux de fondations commencent en juillet 1740. La façade de la rue Saint-Honoré est élevée en trois ans

(1744-1746), ornée de sculptures de Claude-Clair Francin et de Nicolas-Sébastien Adam dit le Jeune. Elle est plantée de biais par rapport à l'alignement de la rue dont l'étroitesse ne permet pas de visualiser la façade dans son ensemble. Entre 1746 et 1748, l'architecte entreprend le ragrément et le ravalement de l'intérieur de l'édifice pour harmoniser les pierres des parties anciennes et nouvelles. L'autel du XVIIe siècle et son tabernacle sont démontés. Ce dernier avait été réalisé par le sculpteur François Anguier, sur des dessins du père Abel de Sainte-Marthe (supérieur de l'Oratoire et architecte) pour un coût de 7 000 livres. Le tabernacle se composait d'un dôme élevé, accompagné de quatre portiques, supportés par six colonnes en marbre de Sicile à chapiteaux composites. Les chapiteaux, les vases, les festons et les modillons étaient en cuivre doré. Les boiseries furent réalisées par Croissant, le menuisier du roi. À droite du maître-autel, se trouvait un tableau représentant la Trinité. Il était attaché sur un des piliers. En face, un autre tableau évoquait l'Assomption de la Vierge. L'architecte supprima également les serliennes des tribunes, sauf celle située dans l'axe du chœur. Des grilles basses en fer forgé remplacent les clôtures en bois des chapelles. La réalisation de la nef permet de rendre au chœur sa fonction. Caqué y dresse un nouveau maître-autel à baldaquin en 1747. Quatre colonnes corinthiennes en marbre de treize pieds et 4,37 m de haut supportaient un entablement semi-circulaire. Les colonnes étaient de marbre vert Campan et rouge griotte. Sur l'entablement en bronze doré reposaient les volutes de quatre consoles en bois doré, longues de 5,83 m. Une Gloire dominait l'ensemble. Au centre de cette gloire, une statue grandeur nature du Christ ressuscitant.

Ce dernier semblait suspendu dans l'air. Entre les colonnes, deux anges agenouillés admiraient l'autel. Ce dernier, en forme de tombeau, était en marbre du Languedoc. Il s'ornait de consoles, de têtes d'angelots, de draperies, réalisés par le sculpteur François Pollet. L'autel en marbre était décoré d'un bas-relief en bronze doré, représentant le Christ au sépulcre, réalisé par le sculpteur Girardon et offert par la marquise de Montespan. Ce bas-relief est entré au musée Lenoir pendant la Révolution, avant d'être placé dans la cathédrale Notre-Dame en 1802. Le maître-autel ayant été déplacé dans le chœur, le chevet de l'Oratoire est réaménagé. L'architecte y fit installer deux rangs de stalles en bois, épousant la courbe en ellipse de la rotonde. Le sol de cette rotonde, qui était recouvert de carreaux en terre cuite, est pavé de marbre noir à compartiments de couleur. Les travaux s'achèvent en 1748 pour un coût de 397 335 livres. Deux ans plus tard, le 12 juillet 1750, l'église est consacrée par l'archevêque de Sens, Monseigneur Jean-Joseph Languet de Gergy.

Dans un premier temps, la Révolution est assez bien accueillie par les Oratoriens, mais quand celle-ci vire à la violence et au totalitarisme, ils s'en détournent. Quinze prêtres meurent en prison, guillotinés ou  fusillés. En août 1792, la congrégation est balayée par la violence révolutionnaire. L'Oratoire est supprimé, à l'image des autres congrégations et ordres religieux. Dès l'année suivante, l'église est saccagée. L'autel est démonté, les chapelles sont pillées, les tombeaux sont mis en pièces, les œuvres d'art sont vendues. Vingt-neuf tableaux sont envoyés au dépôt des Petits-Augustins (actuelle Ecole des Beaux-Arts). La façade est mutilée, perdant toute sa décoration sculptée. La croix de la lanterne est abattue.

L'Oratoire devient salle de conférences, salle d'études, magasin de dépôt de munitions, entrepôt pour les décors et les costumes de l'Opéra, du Vaudeville et du Théâtre Français.

Protestantisme

Le dimanche de Pâques, 22 mai 1791, le pasteur Marron préside la « première assemblée publique du culte protestant » dans l'église Saint-Louis du Louvre. Edifice que l'Eglise protestante loue à la municipalité. Par un courrier de mars 1799, le secrétaire général de la préfecture Nicolas Frochot met à la disposition du consistoire une partie de la maison collégiale de Saint-Louis. Il faut attendre le 2 décembre 1805 pour que l'édifice soit affecté au consistoire protestant. L'édifice devient rapidement trop petit. Dès 1808, les protestants envisagent alors de déménager aux Théatins, quai Voltaire. L'archevêque de Paris, le cardinal Maury, écrit le 1er février 1810, au ministre des Cultes pour signifier sa vive opposition à ce projet. En 1811, l'église Saint-Louis est détruite afin de permettre d'unir les palais des Tuileries et du Louvre ; les protestants se retrouvent sans lieu de réunion.

Le 4 février, le ministre des Cultes écrit au préfet de la Seine, Nicolas Frochot : « Monsieur le Comte, Sa Majesté a autorisé l'ouverture de l'église de l'Oratoire en faveur du culte protestant, mais provisoirement seulement, en attendant qu'il ait été pris un parti définitif sur le temple qui leur sera accordé ». Les décors et les costumes de l'Opéra et du Vaudeville sont rapidement déménagés, le Théâtre Français trainant un peu. Tout le mobilier liturgique de Saint-Louis est transporté à l'Oratoire. Des travaux sont nécessaires : carrelage, calorifère, mise en état des stalles et de l'orgue. Le premier culte y est célébré le 11 mars 1811, le jour du dimanche de Pâques, par le pasteur Paul-Henri Marron sur le thème : « La nuit est passée, le jour s'est levé ».

En 1821, le chœur est divisé en deux étages, au premier la salle du Consistoire et au rez-de-chaussée la sacristie. Un nouvel orgue est installé en 1828 par Louis Callinet et Jean-Antoine Somer, sur des dessins d'Etienne-Hippolyte Godde, architecte de Paris. L'orgue est cédé en 1835 à l'Eglise réformée de Nantes. Victor Baltard succède à Godde en 1848 comme architecte en chef des services des Beaux-Arts de la ville de Paris et des édifices diocésains du département de la Seine. En 1855, il rétablit la croix du lanternon. Il ouvre une porte rue de l'Oratoire et prolonge les bas-côtés. L'Oratoire devient paroisse autonome en 1882. Un arrêté du 24 avril 1907 classe le temple aux monuments historiques. En 2009, l'Oratoire établit un partenariat avec l'Institut protestant de Théologie afin d'explorer le don de la bibliothèque du philosophe Paul Richœur : 15 000 livres, des manuscrits, sa correspondance, les traductions de ses ouvrages en plusieurs langues.

Architecture extérieure

Le percement de la rue de Rivoli entraîne une profonde transformation de l'extérieur de l'Oratoire. Les bâtiments de l'ancien couvent des oratoriens sont démolis, laissant uniquement l'église. Celle-ci est séparée du palais du Louvre par la nouvelle rue. Afin de préserver la continuité des arcades, tout en laissant apparaître le chevet de l'église. Baltard fait construire un balcon à arcades entre 1854 et 1856. La façade comporte un rez-de-chaussée surélevé, accessible via un escalier. L'avant-corps se compose de colonnes doriques au premier niveau et de colonnes corinthiennes au deuxième niveau. Les portes latérales sont encadrées par des pilastres doriques. Les deux médaillons étaient décorés d'un Jésus naissant et d'un Jésus agonisant, œuvres d'Adam le Jeune. Au-dessus de la porte d'entrée principale, deux anges tenaient les armes de l'Oratoire. À chaque extrémité de la corniche du deuxième niveau, se trouvaient deux groupes sculptés : l'Incarnation par Adam le Jeune et le Baptême de Jésus-Christ par Francin. Le clocheton se trouve depuis le milieu du XIXe siècle au centre du transept. Il est surmonté d'une croix, dorée à l'origine. Initialement, le clocheton se situait au sommet du toit, près du portail. La cloche sonne pour annoncer la messe, ainsi que pendant la prière du Notre-Père afin d'inviter les habitants du quartier à penser aux gens qui les entourent. La grande porte donnant sur la rue Saint-Honoré date de 1745. L'imposte fut découvert lors des travaux de restauration de 2011. À l'intérieur, la porte est doublée d'un

tambour en bois sculpté provenant de l'église Saint-Louis du Louvre. Les initiales SI sont visibles sur les ferronneries. Le rôle du tambour était d'étouffer les bruits provenant de la rue afin de ne pas perturber le culte. Si la plupart des églises catholiques sont ouvertes la journée, les temples protestants sont fermés en dehors de la messe ou autre cérémonie. Pourquoi ? N'y voyez pas un rejet des passants ou la protection d'un trésor. La raison est en réalité théologique. Pour les protestants, la maison de Dieu n'est pas le temple, mais l'homme en soi. Le temple est un lieu de réunion, de rencontres, de discussion entre les fidèles. Pour cette raison, l'Oratoire accueille régulièrement des concerts, des conférences, des expositions, voire des pièces de théâtre.

Architecture intérieure

L'Oratoire se compose d'une nef à trois travées, d'un transept non saillant, d'un chœur à deux travées et d'une abside en hémicycle. Un plan anodin ? Pour les catholiques, le chœur est un espace sacré, réservé au clergé. Pour les protestants, il s'agit d'un espace comme les autres, à l'image de la nef. Des chaises y sont installées afin que les fidèles puissent prier et participer au culte. L'espace le plus important est la croisée du transept. S'y trouvent la chaire du prédicateur, la Bible, la table de communion et le baptistère. La messe se déroule au centre de l'édifice afin d'être vue et entendue de tous.

La **nef** présente une triple élévation. Le rez-de-chaussée est percé de grandes arcades en plein cintre qui donnaient sur les chapelles latérales. Les arcades sont encadrées par des pilastres à chapiteaux corinthiens. Le deuxième niveau se compose des tribunes en bois, de balustrades en pierre. Le troisième niveau est percé de grandes baies en plein cintre. Les vitraux de l'Oratoire sont clairs, à peine ornés d'un décor coloré

sur la bordure. Pour les protestants, la Bible ne doit pas être connue vie des images pieuses, mais par la lecture directe des textes. À l'origine, les vitraux étaient décorés de fleurs de lys. Le vitrail caché derrière l'orgue est orné de la croix de la Légion d'honneur, en mémoire de cette distinction accordée par Napoléon 1ᵉʳ, en 1811, aux pasteurs Marron, Rabaut-Pommier et Mestrezat. Quant au plafond, il est voûté en berceau à lunettes. Chaque travée, est marquée par un doubleau décoré. La croisée du transept est percée d'un oculus, orné en 1899 d'une colombe. Cette sculpture en plâtre peint et doré fut offerte par le baron

Arthur de Schickler, secrétaire du Conseil presbytéral. La colombe est le symbole du Saint-Esprit, soit l'esprit de Dieu, comme nous le rappelle ce passage de l'Evangile de saint Luc, narrant le baptême du Christ : « Tu es mon fils bien-aimé, en toi j'ai mis toute mon affection ». La **chaire** du prédicateur se situait sur le deuxième pilier, à droite en entrant. Elle est déplacée sur le troisième pilier lors de l'extension de la nef. Aujourd'hui, la chaire se situe de l'autre côté de la nef. Ce déplacement est dû à des raisons techniques : le prédicateur n'a ainsi plus le soleil dans les yeux lors de son prêche. La chaire était ornée de six petits bas-reliefs représentant des

personnages de la Bible. Les protestants installaient une **table de communion** que lorsque celle-ci était célébrée, soit quatre fois par an. La table se composait de deux tréteaux, d'une planche en bois, d'une nappe blanche sur laquelle étaient disposés les plats et les coupes. En 1889, le pasteur Auguste Decoppet a fait transférer la chaire et installer à sa place une table permanente. Celle-ci est en bois afin d'être distinguable d'un autel catholique souvent en pierre ou en marbre. Pour les protestants, la Communion n'est pas un

sacrifice, mais un repas auquel le Christ invite les fidèles. Quand la Communion n'est pas célébrée, une Bible ouverte est disposée sur la table. Ce rite renvoie à un passage de l'évangile de saint Mathieu : « L'homme ne vivra pas de pain seulement, mais de toute parole qui sort de la bouche de Dieu ». La table est décorée de versets bibliques et d'un chrisme, ainsi que de l'alpha et de l'oméga. Les **fonts baptismaux**, baptistère ou cuve baptismale de l'Oratoire date de 1889. Auparavant, le pasteur se contentait d'utiliser une aiguière (une carafe en métal) et de verser quelques gouttes d'eau sur la tête du baptisé. Le baptistère est décoré de colombes. Dans les églises catholiques, le baptistère est souvent à l'entrée, car il symbolise l'entrée du baptisé dans la communauté chrétienne. Aujourd'hui, la cuve est souvent placée à l'entrée du chœur afin que les fidèles assistent à la cérémonie. Chez les protestants, le baptistère est placé dans la croisée du transept, au milieu de la communauté afin de démontrer que le baptême est un signe de la grâce de Dieu. Le **banc des conseillers** est réservé aux conseillers presbytéraux et aux diacres. Les conseillers presbytéraux sont les responsables de la bonne marche de la paroisse. Ils choisissent les pasteurs et décident du renouvellement de l'équipe. Ils élisent les délégués au synode régional. Les diacres s'occupent de l'action sociale dans la paroisse, c'est-à-dire qu'ils visitent les malades, les personnes isolées. Ils aident les plus démunis. Ils gèrent la collecte durant le culte et aident le pasteur durant la Communion. Dans les églises catholiques, le prêtre, les diacres et les enfants de chœur sont assis sur des fauteuils disposés dans le chœur, face aux fidèles, de l'autre côté de l'autel. L'évêque dispose d'un trône, nommé cathèdre, quand il s'agit d'une cathédrale. Seul le pasteur porte une robe noire et un col blanc. Les diacres et les conseillers sont vêtus à l'image du fidèle. Ici pas de chasuble, d'aube ou d'étole.

Hommage aux héros. Trois éléments dans l'Oratoire commémorent deux personnes mortes pour défendre la liberté des autres. Le premier est un panneau recouvrant le mur d'une chapelle latérale. Il date de 1919 et garde la mémoire des enfants de l'Oratoire morts pour la France au cours de la Première Guerre mondiale. Cette toile marouflée fut exécutée par le peintre Gustave-Louis Jaulmes et l'architecte Charles Letrosne. Encadrée de drapeaux, de palmes, de guirlandes et de couronnes de laurier, la liste donne les noms des 142 membres de l'Oratoire morts sous les drapeaux. Le deuxième souvenir est une plaque en marbre noir remerciant les soldats américains de la Première Guerre mondiale. La plaque date de 1927 et se situe face aux monuments aux morts cité précédemment. Le monument fut inauguré le 18 septembre 1927 lors d'une cérémonie franco-américaine en présence de membres de l'American Legion. Le troisième élément est une plaque datant de 1957. Elle fut offerte par une association américaine afin de remercier les chrétiens ayant sauvé des enfants juifs durant la Seconde Guerre mondiale.

Les **chapelles latérales** sont voûtées en berceau à une lunette. À l'origine, elles étaient fermées par de grandes clôtures en bois sculpté. Aujourd'hui, il ne reste quasiment rien des décors somptueux des XVIIe et XVIIIe siècles. Ces chapelles appartenaient à de riches familles qui s'y installèrent leur tombeau. Les murs étaient parés de

peintures réalisées par les plus grands artistes de leur époque. Pour se faire une idée de leur richesse, vous pouvez observer le décor peint et sculpté de la première chapelle du transept gauche, soit l'ancienne chapelle de la famille de Harlay de Sancy. La décoration fut mise au jour lors de travaux de nettoyage en 1906. Elle accueille le tombeau de Nicolas de Harlay, mort en 1629, et de son épouse, Marie Moreau. Le couple y est représenté agenouillé, en prière, sur un tombeau décoré de cariatides. L'autel était orné d'un tableau de Simon Vouet, *l'Adoration des mages*. Le plafond illustre la Conversion de saint Paul sur le chemin de Damas, entouré d'anges portant les instruments de la Passion. Sur les douze chapelles latérales, huit étaient attribuées à des familles, les quatre autres abritaient des confessionnaux. La troisième chapelle de la nef, côté gauche, abritait le tombeau du comte de Verdun. La deuxième chapelle du transept gauche fut concédée en 1646 à Jacques Tubeuf, trésorier des ordres de la reine Anne d'Autriche. Le décor exécuté par Philippe de Champaigne représentait la nativité, l'Annonciation, le songe de Joseph, la Visitation (tableau appartenant un collectionneur privé actuellement), l'Ascension de la Vierge (conservé au musée Thomas Henry de Cherbourg) et l'Assomption de la Vierge (conservé au musée de Marseille). La première chapelle du chœur gauche était dédiée à sainte Madeleine. La première chapelle du chœur, côté droit, était dédiée à la Vierge. Elle était réservée à l'usage du cardinal de Richelieu. La chapelle du chœur, côté droit, contenait le tombeau d'Antoine Dreux d'Aubray, lieutenant civil au Châtelet, frère de la marquise de Brinvilliers. Le monument en marbre et pierre supportait une statue assise de la Justice, tenant un médaillon représentant le défunt. Exécuté par Martin Desjardins, un moulage en plâtre est conservé au musée du château de Versailles. La deuxième chapelle du transept droit était dédiée à la Divine Enfance de Jésus. Elle était réservée à l'usage du chancelier Séguier, chancelier de France, dont les pompeuses funérailles furent célébrées dans l'Oratoire. La chapelle était, entre autres, décorée d'un Christ en croix par Charles Le Brun. La première chapelle du transept droit, dite Chapelle de la résurrection, contenait le tombeau de la famille de Bérulle. On y voyait un tableau, encadré par deux colonnes de marbre, représentant Saint Pierre dans les liens, par Challe. La troisième chapelle de la nef, côté droit, servait de chapelle funéraire aux frères oratoriens, avant d'être attribuée à l'architecte Caqué en 1752. La deuxième chapelle de la nef, côté droit, abritait l'ancien tabernacle réalisé par Anguier. Quand l'autel fut déplacé dans le chœur en 1750, l'ancien tabernacle fut démonté, coupé en deux et installé dans cette chapelle afin d'accueillir les fidèles. La première chapelle de la nef fut construite en dernier, à l'achèvement de l'édifice en 1745. Elle devait contenir des confessionnaux.

La **rotonde** fut dessinée selon un plan elliptique. Les murs sont scandés par six doubles pilastres corinthiens alternant avec des arcades en plein cintre. Au-dessus de l'entablement, des doubleaux prolongent les pilastres et découpent la voûte en pierre en plusieurs berceaux. La clef de voûte est ornée de la devise des Oratoriens : « Jésus Marie ». Explications. Les chrétiens sont les disciples de Jésus et tendent à suivre son exemple. Marie est ici honorée en tant que mère de Jésus. Les protestants l'admirent en tant que femme d'une grande piété. Il est donc faux de prétendre que les protestants ne croient pas en Marie. Ils ne la prient pas, c'est tout. D'ailleurs, ils ne prient aucun saint, seul Dieu compte. Les trois baies de la rotonde sont encadrées par un riche chambranle à crossettes et gouttes, sommé d'un fronton. Au XVIIe siècle, le maître-autel se trouvait dans la rotonde.

Les temples protestants sont généralement dénués de décoration. Les seuls ornements sont la Bible et les paroles issues du livre saint. Chaque temple choisit un ou plusieurs versets et les peint sur les murs intérieurs. Les plus représentés sont le décalogue de Moïse par le résumé qu'en donne Jésus-Christ et le Notre-Père. L'Oratoire s'est bien sûr distingué. Le verset choisi en 1900 est le « don de Dieu, c'est la vie éternelle en Jésus Christ notre Seigneur », tiré de la lettre de saint Paul aux Romains. La devise est peinte sur le tympan, au-dessus de la porte menant à la grande sacristie. Un autre verset est peint dans la grande sacristie : « Jusqu'ici l'Eternel nous a secourus », extrait du livre de

Samuel. Ce passage célèbre la victoire des Hébreux contre de féroces ennemis, évocation des persécutions dont furent victimes les protestants en France. Les églises protestantes luthériennes ou anglicanes sont souvent décorées de croix, en aucun cas les églises calvinistes. Pourtant, après la Première Guerre mondiale, les temples protestants réformés ont commencé à se doter de croix à leur tour. La croix de pierre située au-dessus de la porte de la grande sacristie rappelle les souffrances du Christ lors de la crucifixion. Elle se veut réconfortante, car au-delà de la mort et de la souffrance, chaque personne est promise à la vie éternelle. La nudité de la croix fait référence à la résurrection du Christ, à l'échec de sa mort d'où l'absence de son corps. La croix fut commandée en 1930 par le pasteur Wilfred Monod.

La **grande sacristie** est une vaste salle communiquant avec le temple par une porte. En 1821, la rotonde de Lemercier est coupée en deux dans la hauteur par un plancher qui repose sur la corniche pour donner deux salles. La pièce du rez-de-chaussée est transformée en salle du Conseil, permettant aux délégués élus de se réunir et de gérer l'Oratoire. La salle est meublée d'une grande table elliptique et d'une bibliothèque contenant les registres des délibérations. Elle sert pour les moments de convivialité organisés après le culte. C'est également un lieu de mémoire du protestantisme parisien. La salle du premier étage est affectée à l'enseignement de la Bible pour les enfants. Lors du culte mensuel avec les familles, les enfants de 8 à 10 ans participent au culte dans l'Oratoire, avant d'être redirigé vers cette salle au moment de la prédication. Celle-ci étant souvent trop longue et trop théologique pour eux. Dans cette salle, ils vivent le culte de manière adaptée à leur âge. Elle est voûtée et ornée de têtes d'angelots. Elle est éclairée par de grandes fenêtres qui donnent sur le musée du Louvre. Elle est également éclairée par un oculus central. A l'époque, la lumière tombait ainsi de manière zénithale sur le grand autel qui se trouvait dans le chevet.

L'orgue de Merklin, construit en 1898, commence à donner des signes alarmants de fatigue (résultat d'un manque d'entretien durant cinquante ans). Il connaît une reconstruction pharaonique et une augmentation (il passe de 32 à 67 jeux) entre 1957 et 1962. Les travaux sont effectués par la firme Danion-Gonzales. De manière à dégager totalement la tribune pour y placer la chorale, la tuyauterie du deuxième clavier est disposée dans deux loggias, de part et d'autre de la tribune.

Coligny

En 1889, à l'occasion du centenaire de la Révolution française, le chevet extérieur se dote d'une statue de l'amiral de Coligny, en marbre blanc de Carrare, financée par souscription publique. Le monument est réalisé suivant les plans de l'architecte Louis Henri Georges Scellier de Gisors par le sculpteur Gustave Crauk. Le monument est inauguré le 17 juillet 1889. Ce groupe sculpté n'est pas seulement une œuvre d'art, mais également un message envoyé par la République qui désire ainsi affirmer son respect de la foi, qu'elle soit catholique ou protestante, dans un esprit de laïcité ouverte. Afin de comprendre l'œuvre, il faut se remémorer la maxime de Coligny : « La gloire de Dieu et le bien public ». Coligny est représenté en grande tenue d'apparat avec le grand cordon de l'ordre de Saint-Michel. Son visage est grave, voire anxieux. Son bras droit est replié sur sa poitrine, la main sur le cœur. Grand serviteur de l'Etat, homme de foi, Gaspard de Coligny, s'est longtemps opposé à la guerre civile, avant de prendre la tête des armées protestantes, pensant à ceux qui étaient persécutés et massacrés. À ses

pieds, se trouve une Bible ouverte, livre essentiel dans la vie des protestants. À la gauche de l'amiral, se trouve l'allégorie de la *Religion*, sur laquelle est gravée la date de la Saint-Barthélemy (1572). Des milliers de protestants périrent dans le quartier du Louvre, dont Coligny lui-même, le 24 août 1572. Cette statue figure la position de Coligny comme chef du parti protestant. A droite de l'amiral, se trouve l'allégorie de la *Patrie* tenant une couronne portant la mention Saint-Quentin. Elle rappelle l'organisation de la défense du pays après la défaite de Saint-Quentin en 1557. À l'arrière de la statue, se trouve un encadrement symbolisant la fenêtre par laquelle le corps de Coligny fut jeté. Par contre, la date de naissance portée sur le monument est erronée. Gaspard de Coligny est né en 1519. C'est son frère Odet qui naquit en 1517. Une plaque cite un extrait du testament de l'amiral : « J'oublierai bien volontiers toutes choses qui ne toucheront que mon particulier, soit d'injures et d'outrages, pourvu qu'en ce qui touche la gloire de Dieu et le repos public, il y puisse avoir sûreté ». Le monument est coiffé d'un blason rappelant les armes de Coligny (un aigle surmonté d'une couronne » et la devise de l'amiral : « Je les éprouve tous ».

Place Sainte-Opportune

La place dessert les rues des Halles, Sainte-opportune et Courtalon. Elle mesure 41 mètres de longueur sur 31 mètres de largeur.

Odonymie

La place porte ce nom, car elle occupe l'emplacement du cloître de l'église Sainte-Opportune, détruite en 1792.

Histoire

La place est agrandie vers l'ouest lors du percement de la rue Sainte-Opportune, déclarée d'utilité publique en 1836 et réalisée dans la foulée. Elle est ouverte vers le sud après le percement de la rue des Halles.

Immobilier

La place est agrémentée d'une statue de sainte Opportune, à l'angle de la rue des Halles et de la rue des Lavandières-Sainte-Opportune. La niche est surmontée des armoiries sculptées de Marie-Louise Rouxel de Médavy (1625-1674), abbesse d'Almenêches, dédicataire de *La Vie et miracles de Ste Opportune abbesse,* publiée en 1655 par Olivier Gosset, curé de l'église Sainte-Opportune.

Eglise Sainte-Opportune : la fondation remonterait à une chapelle dédiée à Notre-Dame-des-Bois, qui aurait été bâtie au bas-Empire, époque pendant laquelle la partie nord-ouest de Paris était encore couverte par une zone incertaine et marécageuse appelée *Tudella* et prolongeant la forêt de Rouvray, dont le bois de Boulogne, n'est qu'un vestige. Au IXe siècle, l'évêque de Sées en Normandie, chassé de son royaume par les Vikings, se serait réfugié à Paris et aurait déposé dans cette chapelle des reliques de sainte Opportune (une côte et un bras). Les miracles attribués à cette sainte ayant attiré des pèlerins, et Louis le Bègue ayant fait donation des terres voisines au nord (les Champeaux, soit les actuelles Halles), on remplaça la chapelle par une église entourée d'un cloître, qui reçut un chapitre de chanoines. Vers 866, Louis le

Bègue cède aux chanoines de Sainte-Opportune les terrains bordant le ruisseau de Ménilmontant (dit aussi Grand égout). Le fief de la censive Sainte-Opportune s'étendait donc sur un large territoire au pied des collines de Montmartre et Belleville. Au XIIe siècle, elle devint église paroissiale. Cette paroisse était de taille limitée. Louis VII donna à cette église la seigneurie sur tous les prés et bois jusqu'à Montmartre. L'église fut reconstruite aux XIIIe et XIVe siècles. En 1790, l'abbé Claude-Antoine Pion refuse de prêter le serment constitutionnel. Devenue bien national en 1790, elle est vendue le 24 novembre 1792 comme carrière de pierre. Elle est rapidement détruite.

Rue Sainte-Opportune

La rue commence place Sainte-Opportune et se termine rue de la Ferronnerie. Elle mesure 51 mètres de longueur et 12 mètres de largeur.

Odonymie

La rue menait à l'église du même nom, tandis que la place occupe l'emplacement du cloître.

Histoire

Une ordonnance royale du 30 mai 1836 ordonne le percement d'une voie nouvelle entre la rue des Fourreurs (disparue lors de la création de la rue des Halles) et la rue de la Ferronnerie, dans l'axe de la fontaine des Innocents. Cette rue absorbe une partie de la rue de l'Aiguillerie, rue reliant autrefois la rue Saint-Denis au cloître de l'église Sainte-Opportune. Le reste de la rue a été réuni à la rue des Lombards en 1877.

Rue Sauval

La rue commence rue Saint-Honoré et se termine rue de Viarmes. Elle mesure 80 mètres de longueur et 5 mètres de largeur minimum.

Odonymie

Avocat au Parlement de Paris, Henri Sauval (1623-1676) se découvrit une passion pour la capitale et accumula tout au long de sa vie une masse de documents. Il écrivit *Histoire et Recherches des antiquités de la ville de Paris*. Toutefois, sa mort interrompit la rédaction de son chef-d'œuvre, *Paris ancien et moderne*.

Le tronçon sud de la voie (entre la rue Saint-Honoré et la rue Verger) s'appelait jusqu'en 1865, la rue des Vieilles-Etuves-Saint-Honoré, en référence aux bains construits à l'emplacement de l'ancien hôtel de Soissons. Le tronçon nord était la rue Devarenne. L'écuyer Pierre Devarenne fut avocat au Parlement, conseille du roi, et quartenier (il était chargé de la garde d'un quartier de la capitale), puis échevin de Paris de 1762 à 1763. La rue fut ouverte en 1765.

Histoire

La rue a été créée par la fusion de la rue des Vieilles-Etuves-Saint-Honoré, en 1865, dénommée partie A, et de la rue de Varennes-Halles-au-Blé, en 1904, dénommée partie B. Elle a été raccourcie lors de la construction des pavillons de Baltard.

Immobilier

N°2 : boutique du créateur Pierre Courtial, ancien directeur artistique de Pierre Cardin.

N°14 : le réseau Libération-Nord se réunissait dans ce bâtiment durant l'Occupation de Paris.

Boulevard de Sébastopol

Le boulevard de Sébastopol, anciennement « boulevard du Centre », se partage entre quatre arrondissements (I, II, III et IV). Il commence avenue Victoria et se termine boulevard Saint-Denis. Long de 1 332 mètres et large de 30, il est avant tout une voie de grande circulation pourvue de deux voies automobiles, un couloir de bus et une piste cyclable.

Odonymie

La voie prit son nom actuel dès septembre 1855 afin de perpétuer le souvenir du long siège de Sébastopol (9 octobre 1854 – 11 septembre 1855) et la prise de ce port de guerre par l'armée anglo-française. Deux événements de la guerre de Crimée (1853-1856). Pourquoi tant de haine ? La ville de Sébastopol était alors le port d'attache de la flotte russe qui menaçait la Méditerranée. Après ce long siège, la chute de la ville, le 8 septembre 1865, amena le tsar à reconnaître sa défaite. Le boulevard fut primitivement appelé « boulevard du Centre » parce qu'il traversait le centre de la capitale.

Histoire

Le boulevard de Sébastopol est l'une des voies les plus importantes percées par le baron Haussmann lors des travaux de transformation de Paris. Il constitue un élément important du nouveau grand axe nord-sud qui traverse le centre de la capitale et constitue l'axe d'accès à la gare de l'Est. Haussmann avait ingénieusement démontré que la percée, établie à mi-chemin des rues Saint-Denis et Saint-Martin, entraînerait une moindre destruction de constructions que s'il eût fallu procéder à l'élargissement de ces deux voies. Le percement n'a entamé que les rues transversales, les fonds de parcelles et les chapelles de l'abside de l'église Saint-Leu-Saint-Gilles. Le percement de cette voie est déclaré d'utilité publique en 1854, en même temps que celui de la rue de Turbigo et du prolongement de la rue Réaumur. Le boulevard est inauguré en 1858. Pendant quelques années, le boulevard de Sébastopol se poursuit sur la rive gauche jusqu'à l'avenue de l'Observatoire. Cette section recevra en 1867 le nom de boulevard Saint-Michel.

Immobilier

N°17 : emplacement de l'ancienne salle de spectacle Eden-Concert. Vers 1880, Eugène Castellano, ancien directeur du théâtre du Châtelet, fonde un café-concert, dans un local occupé auparavant par un bazar. Castellano meurt d'une attaque de goutte en février 1882. Sa veuve lui succède et y fait fortune.

N°19 : emplacement des bureaux du journal *Le Franc-Tireur*, d'août 1943 à août 1944. Ce journal clandestin fut fondé par la Résistance. 37 numéros paraissent entre décembre 1941 et août 1944. Il est rebaptisé *Franc-Tireur* à la Libération et continue de paraître jusqu'en 1957. De 1957 à 1959, il prend le nom de *Paris Journal*, puis de 1959 à 1972, celui de *Paris Jour*.

Rue de Turbigo

La rue commence rue Montorgueil et termine rue Notre-Dame de Nazareth et rue du Temple. Elle mesure 1165 mètres de longueur et 20 mètres de largeur minimum. Elle court sur les 1er, 2e et 3e arrondissements.

Odonymie

Le 2 juin 1859, le général Mac-Mahon fit franchir le Tessin à ses troupes afin de rejoindre Magenta. Protégé par l'artillerie, le génie construisit un pont de barques de 180 mètres, ce qui permit au 2e corps d'armée de passer sur l'autre rive et de remporter la victoire de Turbigo.

Histoire

Le percement de cette voie est déclaré d'utilité publique en 1854, en même temps que celui du boulevard de Sébastopol et du prolongement de la rue Réaumur. Réalisée dans le cadre des transformations de Paris sous le Second Empire, cette opération a pour but de relier la place de la République aux nouvelles halles centrales.

Immobilier

N°9 : emplacement au XIXe siècle d'un restaurant Bouillon Duval.

Rue Vauvilliers

La rue commence rue Saint-Honoré et se termine rue Berger. Elle mesure 58 mètres de longueur et 15 mètres de largeur.

Odonymie

Helléniste, Jean François Vauvilliers (1737-1801) enseigna le grec au Collège de France. En 1789, il siégea à la municipalité de Paris, où il se fit remarquer par les efforts qu'il déploya pour approvisionner la population, menacée de pénurie de nourriture. Plus tard, il fut membre du Conseil des Cinq-cents.

La rue doit son nom au voisinage des halles, que Vauvilliers contribua à approvisionner pendant la disette. Jusqu'en 1864, elle s'appelait « rue du Four » ou « rue du Four-Saint-Honoré ». Au XIIIe siècle, c'était la « rue du Four-de-l'Evêque ». Le four banal de l'évêque de Paris y était situé, près de l'église Saint-Eustache. Un manuscrit de 1255 mentionne *vicus furni in cultura et justitia episcopi* (rue du Four-dans-la-Couture-et-la-Justice-de-l'Evêque).

Histoire

Entre le XVIIe et le XVIIIe siècle, la rue se dota d'hôtels meublés afin de pouvoir héberger les visiteurs des Halles de Paris. En 1788, des faïenciers, des potiers et des vitriers y installèrent leurs ateliers. En 1811, la ville de Paris est autorisée à acquérir les immeubles depuis le n°20 jusqu'au n°44 afin d'y construire le marché des Prouvaires. Une ordonnance du 17 janvier 1847 fixe le périmètre des halles centrales de Paris. Cette ordonnance prévoit la destruction du marché des Prouvaires et la reconstruction de nouvelles halles avec un élargissement de la rue du Four. Le 10 mars 1852, un décret, signé Louis-Napoléon Bonaparte, du président de la République, arrête à nouveau « le périmètre des halles centrales de Paris et les alignements nécessaires pour le percement et l'élargissement de diverses rues qui doivent en faciliter les abords ». Un décret impérial du 21 juin 1854, signé Napoléon III, modifie le périmètre des halles et les alignements arrêtés. Dans les années 1860, le marché des Prouvaires est détruit pour construire les pavillons Baltard. Un décret de cette même année prévoit l'extension du périmètre des halles centrales « au moyen de l'établissement de deux nouveaux pavillons qui seront construits sur l'emplacement de l'îlot de maisons situé entre les rues du Four et de Viarmes et des rues de Vannes et Oblin à supprimer ». Mais ce décret n'est pas immédiatement mis à exécution. Par décret impérial du 24 août 1864, la rue du Four est renommée « rue Vauvilliers ». Les deux pavillons prévus en 1860 ne sont finalement construits que dans les années 1930. La rue Vauvilliers prend alors en 1936 ses limites actuelles.

Immobilier

Le 1er janvier 1777, dans une maison de la rue, et à l'initiative du pharmacien Cadet de Vaux, naquit *Le Journal de Paris*, premier quotidien publié dans la capitale. Il connut son plus grand succès au début de la Révolution, se vendant alors à 20 000 exemplaires. Sa tendance modérée le fit interdire après le 10 août 1792. Il reparut quelques mois plus tard et fut, sous l'Empire, l'organe des « idéologues ». Il cessa définitivement de paraître en 1819.

Ex-n°33 : ancien emplacement de l'hôtel *A la Belle Etoile*, devenu hôtel de Cherbourg où s'installa en octobre 1787, dans la chambre n°9, au 3e étage, le lieutenant Napoléon Bonaparte. Un soir, il y ramena sa première conquête parisienne : une jeune nantaise rencontrée dans les jardins du Palais-Royal.

Ex-n°35 : ancien emplacement du cabaret *Le Chat qui pelote*, fondé en 1727.

N°4-12 : ces bâtiments auraient été construits, au XVIIIe siècle, par le père de Louis-Etienne Héricart de Thury, qui y serait né.

Sous le règne de Louis XIV, se trouvaient dans la rue, vingt-huit soupentes dans lesquelles des personnages interlopes enfermaient les recrues qui, destinées à l'armée ou à l'émigration vers des colonies lointaines, cherchaient à se soustraire aux conséquences d'un engagement qu'ils avaient souvent signé en état d'ébriété.

Rue de Viarmes

La rue commence rue Sauval et se termine rue Clémence-Royer. Elle mesure 125 mètres de longueur et 18 mètres de largeur. La voie a la particularité d'être semi-circulaire car elle longe la façade ouest de la Bourse de commerce de Paris.

Odonymie

Jean-Baptiste de Pontcarré (1702-1775), seigneur de Viarmes, fut maître des requêtes et conseiller d'Etat. Prévôt des marchands de 1758 à 1761, il fit reconstruire la halle aux blés et créa la bibliothèque de l'Hôtel de Ville.

Histoire

Le lotissement des terrains de l'ancien hôtel de Soissons est autorisé par lettres-patentes du 25 novembre 1762, enregistrées en parlement le 22 décembre suivant. Cette rue est percée en avril 1765 autour de la nouvelle halle aux grains et farines. La rue subit d'importants travaux dans le cadre des transformations de Paris sous le Second Empire. En juin 1860, un décret déclarant d'utilité publique le percement de la rue du Louvre, prévoit la « régularisation des abords de la halle au blé, du côté de l'ouest ». Le décret est mis en application à la fin des années 1880. Un arrêté préfectoral du 4 décembre 1886 déclare cessibles les propriétés pour le dégagement

des abords de la Bourse de commerce à l'ouest, les immeubles sont démolis entre juillet et août 1887. La rue de Viarmes est alors élargie à l'ouest et les deux îlots d'immeubles à colonnades, encadrant la rue Adolphe-Jullien, sont construits.

Bourse de commerce

La Bourse de commerce est un édifice de plan circulaire surmonté d'une coupole. C'est aussi une institution qui fut hébergée jusqu'en 1885 dans le palais Brongniart.

Hôtel de Soissons

À l'emplacement de la Bourse de commerce, se trouvait un hôtel appartenant au début du XIIIe siècle à Jean II de Nesles. Faute d'héritiers, celui-ci est vendu à Saint Louis en 1232 qui l'offre à sa mère, Blanche de Castille. Philippe le Bel en hérite, mais préfère l'offrir à son frère, Charles de Valois, en 1296. L'hôtel entre ensuite en possession de Philippe de Valois, héritier du précédent, qui l'offre en cadeau à Jean de Luxembourg, roi de Bohème et fils de l'empereur Henri VII du Saint-Empire. Transmission à sa fille, Bonne de Luxembourg, en 1327, qui y vit avec son époux le prince Jean de Normandie, futur roi de France sous le nom de Jean II le Bon. Leur fils, Charles, en hérite avant de le céder à Amédée VI de Savoie en 1354. Nouvelle transmission à Louis, duc d'Anjou et fils du roi Jean. Sa veuve Marie de Blois, le vend à Charles VI, en 1388, qui l'offre à son frère Louis, duc de Touraine et d'Orléans. En 1498, le roi Charles VIII crée, dans une partie de l'hôtel, un couvent pour les « filles repentantes », suite à l'insistance de son confesseur Jean Tisseran, tandis que le reste du bâtiment est partagé entre le Connétable et le Chancelier du duc d'Orléans.
Vers 1572, Catherine de Médicis décide de quitter le palais des Tuileries, suite à une prédiction funeste, et acquiert l'hôtel d'Albret. Ce dernier se

constituait de diverses demeures avoisinant le couvent à l'est. Catherine s'y installe et entreprend des travaux conduisant au futur hôtel de la Reine. S'y sentant à l'étroit, la reine achète les bâtiments entourant son hôtel afin de pouvoir agrandir ce dernier. Elle fait également transférer le couvent des Filles repenties dans les bâtiments de l'abbaye Saint-Magloire, rue Saint-Denis, tandis que les religieux sont expédiés dans le faubourg Saint-Jacques. Reste à transformer ces divers bâtiments en une seule résidence et en un jardin d'agrément. Les travaux sont confiés à l'architecte Jean Bullant, qui y travaille jusqu'à sa mort en 1578. La première phase consiste à exhausser le sol de quatorze pieds afin de mettre le nouvel hôtel à l'abri des crues de la Seine. L'hôtel se composait de plusieurs appartements, dont un pour la reine-mère et un autre pour sa petite-fille Christine de Lorraine. Le roi et la reine, Henri III et Louise de Lorraine, y avaient également leurs chambres respectives. L'hôtel comportait des galeries et des salles de réception, magnifiquement décorées et ornées des collections d'œuvres d'art de Catherine de Médicis. L'édifice servait alors de cadre aux réceptions mondaines et politiques de la Cour. Dans le jardin, se trouvait une très belle Vénus de marbre couchée, réalisée par Jean Goujon. Elle ornait le bassin d'une fontaine présente dans l'un des jardins de l'hôtel. Ce dernier possédait également une colonne astronomique cannelée, élevée dès 1574, dans un angle de la cour sud. Haute de 31 mètres, la colonne Médicis est le seul vestige de l'hôtel de la Reine.

En 1589, après la mort de Catherine de Médicis et l'assassinat du duc de Guise, l'hôtel est occupé par les princesses de la Ligue, dont Anne d'Este. L'édifice prend donc provisoirement le nom d'hôtel des Princesses. À cette occasion, il est dépouillé d'une grande partie de ses meubles. En 1601, après de longs et épineux problèmes de succession, liés aux dettes accumulées par Catherine de Médicis, les héritiers de la reine cèdent l'édifice à Catherine de Bourbon, sœur d'Henri IV. À la mort de celle-ci, trois ans plus tard, l'hôtel est acheté par le comte de Soissons, Charles de Bourbon, cousin du roi Henri IV, lui donnant son nom. En 1611, il fait dresser à l'entrée un magnifique portail par l'architecte Salomon de Brosse. Charles de Bourbon décède l'année suivante. Sa veuve, Anne de Montafié, achète les immeubles entourant l'hôtel jusqu'à son décès en 1644. Débute une nouvelle série de successions. L'hôtel entre en possession de Marie de Bourbon, fille de la comtesse, épouse de Thomas de Savoie, prince de Carignan. Leur fils, Emmanuel-Philibert en hérite, puis son successeur Victor Amédée de Savoie, prince de Carignan, en 1718. Ce dernier établit dans les jardins de l'hôtel, en 1720, la Bourse de Paris, afin de soulager les riverains de la rue Quincampoix, où les spéculations s'agitent sous les fenêtres de la Compagnie du Mississippi. Des baraques sont dressées devant l'hôtel afin d'y accueillir les agioteurs et y négocier. Ruiné par la banqueroute de Law, le prince de Carignan est contraint de vendre la propriété en 1740. La prévôté de Paris rachète le terrain et fait détruire les bâtiments en 1748. La colonne doit sa survie grâce à son rachat par Louis Petit de Bachaumont qui en fait don à la ville de Paris ultérieurement.

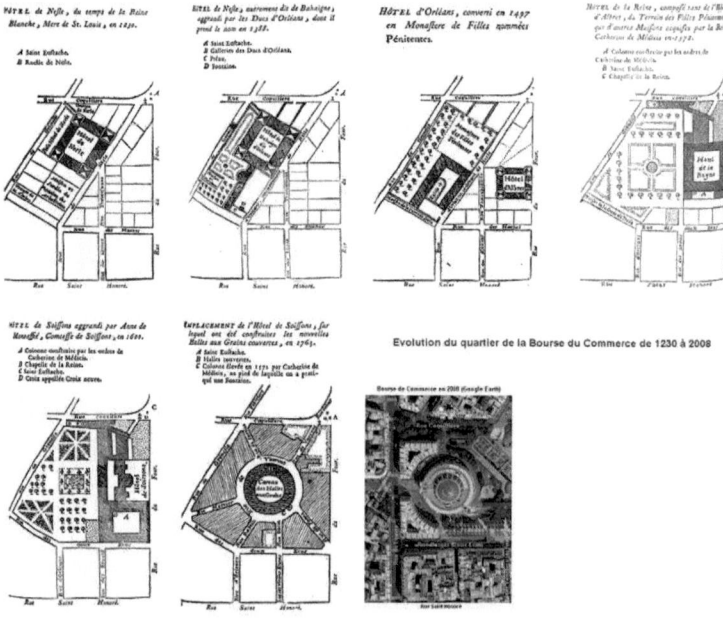

Evolution du quartier de la Bourse du Commerce de 1230 à 2008

La Halle aux blés

Philippe Auguste avait établi les halles de Paris dans le quartier des Champeaux. Les blés de la plaine de Luzarnes y arrivaient par la route, et ceux de la Brie dans des bateaux qui abordaient au port au Blé, au pied de l'Hôtel de Ville actuel. Le quartier était par conséquent victime d'une cohue permanente, qui compliquait l'acheminement des grains. Afin d'assurer une meilleure circulation et vente du blé, ingrédient essentiel de l'alimentation, des spécialistes envisagent de construire une nouvelle halle aux blés. Les terrains de l'ancien hôtel de Soissons, guettés par les créanciers du prince de Carignan, deviennent propices au projet, car situés tout près de la Seine. Les frères Bernard et Charles Oblin fondent une compagnie en 1763, avec l'appui du contrôleur général, Jean Moreau de Séchelles et du prévôt des marchands, Pontcarré de Viarmes, en dépit des objections du Parlement de Paris. Les frères Oblin proposent de construire une vaste halle, d'ouvrir les rues environnantes et d'édifier des immeubles locatifs dont les loyers financeraient l'opération. Le projet est confié à l'architecte et théoricien Nicolas Le Camus de Mézières. Comme d'autres architectes de son

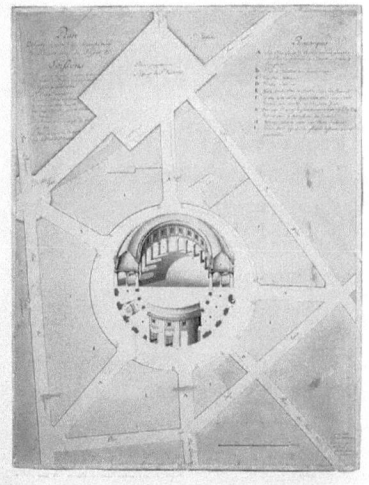

temps, il admire les édifices antiques circulaires du Panthéon et du Colisée. Le terrain dessinait un pentagone irrégulier. Les marchands étaient partagés sur la forme à donner à l'édifice : certains préféraient un « carreau » où la lumière du jour permettait de juger de la qualité des marchandises, tandis que d'autres soulignaient les avantages d'un édifice couvert pour les protéger des intempéries. Entre 1763 et 1767, Le Camus édifie un bâtiment de plan annulaire, mesurant 122 mètres de circonférence, percé de 25 arcades. Bien que la partie centrale restât à ciel ouvert, deux galeries concentriques, ouvertes sur l'extérieur par 24 arcades voûtées, offraient un abri aux marchandises. Dans ces galeries, s'installent la police, le contrôleur des poids et mesure, le local des statistiques. Au premier étage, on trouve de grands greniers à blé voûtés en briques, accessibles par des escaliers tournants, dont un à double révolution afin d'éviter la rencontre entre les négociants, le personnel administratif et les portefaix. Le nouvel édifice est très admiré. Il illustre des idées émergentes : la notion de bâtiment public, isolé du tissu urbain, l'adéquation entre sa forme et sa fonction (cette conception présentait l'avantage de réduire les risques d'incendie). La sobriété, la transparence, le jeu de volumes rappelaient l'architecture gothique qui recommençait à être admirée. Selon Michel Gallet, ce monument rationnel, élégant, « fut accueilli comme le symbole d'un gouvernement paternel et d'une administration prévoyante, comme un témoignage du zèle municipal pour le bien public. L'activité dont elle était le théâtre enseignait au peuple que l'abondance est la récompense du travail ». L'architecte avait songé à déplacer la colonne astronomique au centre de l'édifice, avant de se raviser. Il se borna donc à réparer le monument, tout en lui ajoutant une fontaine et un cadran solaire. Autour de la halle aux blés, est créée une rue circulaire (l'actuelle rue de Viarmes) d'où rayonnent six autres voies recevant les noms d'échevins. Au nord, une petite place circulaire devait assurer l'articulation avec le vaste parvis projeté devant l'église Saint-Eustache. Le quartier se dote d'un dense réseau d'habitations populaires autour de cours étroites.

Besoin d'une couverture

Rapidement, il est établi que la cour ouverte nuit à la conservation des grains de blé. Entre septembre 1782 et janvier 1783, la Bourse est couverte d'une coupole en charpente, œuvre des architectes Jacques-Guillaume Legrand et Jacques Molinos, exécutée par le menuisier

André-Jacob Roubo. La charpente se constituait d'arêtes de planches de sapin, séparées par des châssis vitrés, couvertes de cuivre étamé et de lames de plomb. Cette coupole, culminant à 38 mètres au-dessus du sol, était surmontée d'une lanterne de fer. Elle est mentionnée dans les *Mémoires secrets* de Bachaumont (17 novembre 1783) comme « un des plus grands ouvrages de serrurerie en ce genre » et coiffée d'une girouette et d'un paratonnerre. La réalisation fut très admirée par Thomas Jefferson, alors ambassadeur des Etats-Unis à Paris. Un autre homme fut impressionné par l'édifice : l'agronome britannique Arthur Young, dans *Voyages en France* : « la plus belle chose que j'ai vue dans Paris c'est la halle aux blés [...] [la coupole] est aussi légère que si elle avait été suspendue par la main des fées. Dans l'arène, que de pois, de fèves, de lentilles on y vend. Dans les divisions d'alentour il y a de la farine sur les bancs. On passe par des escaliers doubles tournant l'un sur l'autre dans des appartements spacieux pour mettre du seigle, de l'orge, de l'avoine, le tout si bien protégé et si bien exécuté que je ne connais aucun bâtiment public en France ou en Angleterre qui le surpasse ». Détruite dans un incendie en 1802, la coupole est remplacée, malgré les résistances du Conseil des bâtiments civils, entre 1806 et 1811, par une coupole en fer, conçue par l'architecte François-Joseph Bélanger et l'ingénieur François Brunet.

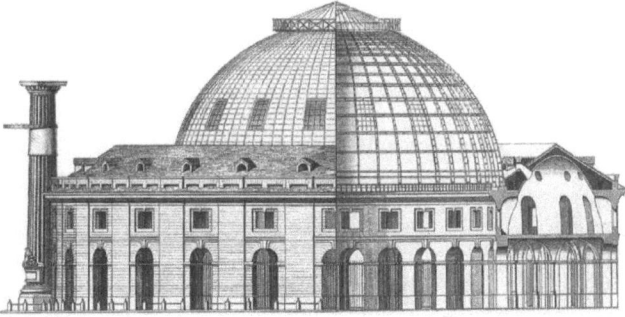

La charpente en fonte d'un poids total de 220 tonnes supportait une couverture en feuilles de cuivre de 29 tonnes, remplacées par des vitres en 1838. Comme tous les bâtiments d'avant-garde, le résultat ne fut pas au goût de tout le monde. Victor Hugo comparait la nouvelle coupole à une casquette de jockey.

Bourse de commerce

Le bâtiment est à nouveau ravagé par un incendie en 1854. Son activité ayant déclinée, la halle aux blés est fermée en 1873 et l'édifice attribué à la Chambre de commerce en 1885. Finalement, celle-ci est transformée en Bourse de commerce, hébergée auparavant dans les locaux du palais Brongniart. L'architecte Henri Blondel est chargé des travaux. Il conserva la structure annulaire de l'édifice et l'armature métallique de la charpente. La coupole demeure, mais avec quelques modifications. La partie inférieure est maçonnée en briques, tandis que la partie centrale est fermée par de grandes vitres.

Les arcades sont fermées et l'ensemble du bâtiment est recouvert de pierres. Un sous-sol est creusé et l'escalier des Portefaix est également conservé. De nombreux éléments décoratifs sont ajoutés telle la grande fresque du dôme représentant *l'Histoire du Commerce entre les cinq parties du monde* par Evariste-Vital Luminais (l'Amérique), Désiré François Laugée (la Russie et le Nord), Victor Georges Clairin (l'Asie et l'Afrique) et Hippolyte Lucas (l'Europe). Ces peintures sont séparées par des grisailles peintes par Alexis-Joseph Mazerolle, illustrant de manière allégorique les quatre points cardinaux. Ce décor fut réalisé entre 1886 et 1889. L'entrée monumentale s'ouvre par un portique à fronton soutenu par quatre colonnes corinthiennes cannelées et surmonté des trois figures allégoriques, œuvres du sculpteur Aristide Croisy : la Ville de Paris au centre, le Commerce à sa gauche, et l'Abondance à sa droite. Le bâtiment est inauguré le 24 septembre 1889, dans le cadre de l'Exposition universelle de Paris.

Dans les années 1910-1920, la rue du Colonel-Driant est percée dans l'axe de la rue Adolphe-Jullien, dégageant ainsi la perspective depuis l'ouest. À l'origine, cette rue devait relier la Bourse de commerce à l'avenue de l'opéra, à travers le Palais-Royal. De nombreux marchés à terme fonctionnèrent à la Bourse de commerce depuis ses débuts, d'abord sous le contrôle de syndicats professionnels. Il y eut ainsi des blés, seigles et avoines, farines, huiles, sucres, alcools et caoutchouc. L'effondrement des cours du blé en 1929 oblige à certaines réformes en 1935, provoquant la création de la Compagnie des Commissionnaires en 1950. En 1949, la Chambre de commerce acquiert la Bourse, auprès de la ville de Paris, pour un franc symbolique. Après la Seconde Guerre mondiale, les marchés à terme s'ouvrent progressivement sur l'international et diverses marchandises comme le sucre blanc, le cacao, le café, la pomme de terre, le colza y sont traités par lots à la criée. Les négociations sont administrées et contrôlées par la Compagnie des commissionnaires agréés, puis par la Banque centrale de compensation, et enfin par le Marché à terme international de France (MATIF). En 1986, la coupole et le décor sont classés aux monuments historiques, et d'importants travaux de restauration ont lieu en 1989. Avec l'informatisation des marchés à terme, l'activité boursière de marchandises prend fin en 1998 à la Bourse de commerce. Le bâtiment est alors occupé par Chambre de commerce et d'industrie de Paris. Elle y propose, en autre, des services à la création d'entreprises, le centre de formalités des entreprises et de nombreuses propositions d'appui aux PME. Des expositions sont régulièrement organisées sous la coupole.

En février 1997, des travaux de rénovation de la fresque inférieure de 1 400 m² sont engagés. Cette rénovation ponctue une campagne de remise à niveau du bâtiment initiée dès le début des années 1980. Au début des années 2000, les tours de climatisation de la Bourse de commerce rencontrent des problèmes répétés de légionnelle. Pendant plusieurs décennies et jusqu'en 2014, l'association caritative *Noël aux halles* offrait dans la rotonde une soirée exceptionnelle aux personnes âgées du centre de Paris, en organisant un réveillon-spectacle la nuit même de Noël.

Collection Pinault

Le 27 avril 2016, l'homme d'affaire François Pinault et la maire de Paris, Anne Hidalgo, annoncent le départ de la Chambre de commerce et la présentation d'une partie des collections d'art de l'industriel, soit 10 000 œuvres, gérées par la Collection Pinault. Le bâtiment de 4 000 m² sera reconverti en lieu d'exposition d'art contemporain, à l'image de celui déjà possédé par l'octogénaire à Venise. La municipalité rachète l'édifice classé à la CCI (coût 86 millions d'euros). La gestion en est confiée à une filiale d'Artémis via un bail de cinquante ans. Les architectes retenus sont Tadao Ando, Pierre-Antoine Gatier (architecte en chef des monuments historiques), Lucie Niney et Thibault Marca (architectes associés), et le groupe Setec (volet technique).

Tout le bâtiment est repris, intérieur comme extérieur, tout en conservant sa structure. François Pinault s'inscrit dans l'esprit du musée Picasso, installé dans l'ancien hôtel Salé. Toutes l'architecture ancienne a été conservée et réparée. La porte monumentale a retrouvé son lustre d'antan, ainsi que la fresque de la coupole. Le nettoyage de cette dernière fut effectué par Alix Laveau en 2021. L'innovation vient de l'architecte japonais, Tadao Ando. Il a voulu, selon ses propres mots,

« qu'un nouvel espace s'emboîte à l'intérieur de l'existant ». Ainsi, un cylindre de béton de neuf mètres de haut et de 30 mètres de diamètre sert d'espace d'exposition. Les quatre ouvertures permettent au visiteur d'observer la coupole et la rotonde selon des points de vue différents.  Toutefois, la merveilleuse innovation réside dans le chemin de ronde au sommet du cylindre qui permet d'admirer la grande fresque de près. L'escalier à double révolution est éclairé par des colonnes lumineuses, œuvres des designers quimpérois Ronan et Erwan Bouroullec.

Le site parisien, dont l'ouverture a eu lieu le 22 mai 2021, comporte 3 000 m² de surface d'exposition, un restaurant au troisième étage, confié au chef cuisinier français Michel Bras, et un studio en sous-sol de 286 places destiné à accueillir des performances, des projections ou encore des conférences. Le musée opère en coordination avec ceux de Pinault Collection situés à Venise et présente des expositions et des événements artistiques tout au long de l'année. Chaque structure dispose cependant d'une direction spécifique. À la tête de la Collection Pinault depuis septembre 2021, Emma Lavigne organise  désormais la programmation artistique du lieu. En juin 2021, *Marianne* révèle les mauvaises conditions de travail des agents d'accueil du musée, employés par le prestataire Marianne International.

La Colonne Médicis

La colonne Médicis est adossée à la Bourse de commerce et demeure le seul vestige de l'hôtel de Soissons. Elle est également surnommée « colonne de l'Horoscope » ou « colonne astrologique ».

Histoire

La colonne fut édifiée en 1575 pour Catherine de Médicis, par l'architecte Jean Bullant, dans la cour de son hôtel. Première colonne isolée construite dans Paris, elle est haute de 31 mètres, large de 3 mètres, et contient un escalier intérieur de 147 marches qui mène à une plateforme surmontée d'une structure métallique. Elle communiquait directement avec les appartements de la reine par une petite porte aujourd'hui murée. La cage était autrefois recouverte de verrières. La fonction exacte de l'édifice reste un mystère, même si un grand nombre d'auteurs penchent pour un observatoire en raison des penchants de la reine pour l'astrologie. Elle aurait servi de point d'observation des astres à Cosimo Ruggieri, l'astrologue de la reine. Indice : les angles du chapiteau sont orientés vers les points cardinaux. D'autres auteurs penchent pour une vocation commémorative comme le laissent supposer le H et le C entrelacés, monogrammes du roi Henri

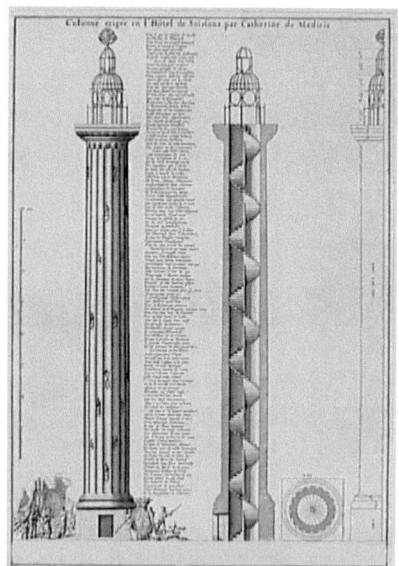

II et de la reine Catherine de Médicis. Observez toutefois les monogrammes dont les lettres sont bien différenciées. Henri II apposait des C opposés compris dans le H qui formaient ainsi des D opposés, lettres de Diane de Poitiers, sa maîtresse. Troisième possibilité : la colonne dominait alors le centre de Paris. Elle servirait peut-être de tour de guet.

Après la mort de Ruggieri, en 1615, la colonne tombe en désuétude. L'hôtel de Soissons, dont dépend la colonne, est démoli en 1748. Par chance, la tour est achetée par l'écrivain Louis Petit de Bachaumont. Il l'offre par la suite à la ville de Paris qui accepte le don à la condition de lui rembourser sa mise de fonds. En 1764, l'édifice est doté d'un cadran solaire, installé à 16 mètres de hauteur par l'astronome Alexandre Guy Pingré, aujourd'hui disparu. Une fontaine complète l'ornementation de la colonne, dont seul l'ornement subsiste. Le blason de la ville de Paris est sculpté dans la pierre : un navire symbolisant la corporation des Nautes ou corporation des Marchands d'eau. Il est surmonté d'une couronne murale à cinq tours. Le blason traditionnel est encadré par une branche de chêne à gauche et par une branche de laurier à droite (ici de simples guirlandes de feuilles). Sous le blason, se lit une inscription latine : « IN BASI TURRIS HUJUS E REGIARUM ÆDIUM RELIQUIIS EXSTANTIS QUOD INSIGNE OPUS A JOHANNE BULLANT ARCHITECTO ANNO POST JC 1572 ÆDIFICATUM ANNO AUTEM 1749 DESTRUCTUM UT IN FRUMENTARIAS NUNDINAS CONVERSUM SIT UTILITATI CIVIUM ET HUJUSCE FORI ORNAMENTO PRÆFECTUS ET ÆDILES FONTEM INSTAURAVIRUNT ANNO MDCCCXII ». La fontaine fut restaurée par la Collection Pinault.

Architecture

Le fût de la colonne est sculpté de dix-huit cannelures en arêtes dentelées, dont le sommet est orné de fleurs de lys (symbole monarchique ayant échappé aux destructions révolutionnaires grâce à leur hauteur). Au sommet, trône un chapiteau toscan dont la base est ornée d'oves et de petites rosaces. Autrefois elle comportait des couronnes, des miroirs cassés, des fleurs de lys et des cornes d'abondance quasiment invisibles aujourd'hui. Avant la campagne de restauration menée par Pierre-Antoine Gatier, architecte en chef des monuments historiques, et Fanny Houmeau, architecte du patrimoine, l'escalier à vis était sombre et encrassé. Un nettoyage minutieux et profond a permis de retrouver l'esprit médiéval des lieux, ainsi que de belles surprises. Les marches se composent de tomettes de pierres hexagonales et de rebord en bois. Sur les murs, des dizaines de graffitis firent leur apparition. Le plus ancien date de 1766 et fut incisé dans la pierre au moyen d'un couteau ou d'un outil. D'autres inscriptions ont été faites via un crayon gras lors de la construction de la Bourse de commerce. Un autre montre un cœur encastré dans la pierre blanche, surmonté de la croix de la résistance, signature de la FFI, preuve de la présence des Résistants lors de la Seconde Guerre mondiale dans la tour. Tous les graffitis ont été photographiés, mais ne seront pas visibles des touristes. Depuis juin 2021, son sommet accueille une création de l'artiste Philippe Parreno. Cette installation transcrit en signaux lumineux *Le Mont Analogue*, roman inachevé de René Daumal. Il s'agit d'une application qui réagit en temps réel à chaque variation de couleur en lui associant un son.

Légendes

En dépit des nombreux bouleversements du quartier, la tour demeure ; peut-être bénéficie-t-elle de pouvoirs magiques ? Une légende raconte que les soirs d'orage, on peut voir une longue silhouette noire apparaître dans la cage de fer, à la faveur des éclairs. La colonne est classée aux monuments historiques par liste en 1862.

Soucieuse de connaître le destin de son époux, Catherine de Médicis interroge l'astrologue Luc Gauric. En 1552, elle reçut cette prédiction : *« d'éviter pour le roi tout combat singulier en camp clos, notamment aux environs de la 41ᵉ année parce qu'à cette époque de sa vie il était menacé d'une blessure à la tête qui pouvait entraîner rapidement la cécité ou la mort »*. Effrayée, la reine appela d'autres astrologues (Gassendi, Jérôme Cardan, Gabriel Simeoni) et tous confirmèrent la sentence. Trois ans plus tard, en 1555, Nostradamus publia ses premières *Centuries*. Pour beaucoup, le quatrain XXV se rapportaient à Henri II : « Le lyon jeune le vieux surmontera / en champ bellique par singulier duelle / dans sa cage d'or les yeux crèvera / deux classes, une seulement, puis mourir mort cruelle ». Catherine le fit immédiatement venir à Paris (juillet 1555) et en mars 1556, à la mort de Gauric, il devient le médecin-astrologue de la Cour. À l'occasion du double mariage d'Elisabeth de France avec Philippe II d'Espagne, et de Marguerite de France avec le duc de Savoie, un tournoi est organisé le 30 juin 1559 rue Saint-Antoine. Au cours d'une joute, Henri II est grièvement blessé à l'œil d'un coup de lance accidentel par Gabriel de Lorges, comte de Montgomery, capitaine de sa Garde écossaise. Le roi meurt dans d'atroces souffrances le 10 juillet 1559.

Après le sacre de Charles IX, le 11 mai 1561, Catherine de Médicis doit faire face aux agissements du parti huguenot dont les chefs étaient le prince de Condé et l'amiral de Coligny. En décembre 1563, elle fait apporter au prince de Condé une pomme empoisonnée, mais Le Cros, chirurgien du prince, la lui arrache des mains et la fait sentir à son chien qui tombe raide mort. Loin de se décourager, la reine fait appel à un sorcier italien et à un artisan allemand, Don Francès de Alalav. Elle lui commande trois statues d'homme en bronze, aux effigies du prince de Condé, de l'amiral Gaspard II de Coligny et de François de Coligny d'Andelot, pouvant s'ouvrir et maintenues par des vis. Pendant plusieurs jours, les vis de ces étranges statues sont serrées et desserrées. Tous ces stratagèmes deviennent inutiles en 1569, lorsque le 13 mars,

Joseph François de Montesquiou, capitaine des gardes du duc d'Anjou, tue Condé d'un coup de pistolet, au cours de la bataille de Jarnac. D'après la légende, le corps de Condé était recouvert d'ecchymoses, à l'emplacement des vis de la statue.

En 1572, Cosimo Ruggieri prédit à Catherine de Médicis qu'elle « *mourra auprès de Saint-Germain* ». Croyant fortement à l'astrologie, la reine s'éloigne de tous les lieux portant ce nom. Elle refuse de fréquenter le château de Saint-Germain-en-Laye ou de demeurer aux Tuileries, bien trop proches de l'église de Saint-Germain l'Auxerrois. Elle acquit l'hôtel de Soissons, près des Halles. Hélas, en 1588, Catherine prend froid en se rendant à Blois pour assister à la réunion des Etats généraux. Sa santé se dégrade rapidement, l'obligeant à rester alitée. Le 5 janvier 1589, elle reçoit l'extrême-onction d'un jeune prêtre nommé Julien de Saint-Germain. La boucle était bouclée. La reine meurt d'une pleurésie, entourée des siens et abattue par la ruine de sa famille et de sa politique. Ainsi s'accomplit la prédiction de Ruggieri.

Place des Victoires

La place des Victoires est située à cheval sur le 1er et le 2e arrondissement. Dédiée à Louis XIV, elle est une des cinq places royales parisiennes, avec la place des Vosges, Dauphine, Vendôme et de la Concorde. La place circulaire mesure environ 78 mètres de diamètre. Elle dessert six voies : Aboukir, Catinat, Croix-des-Petits-Champs, Etienne-Marcel, la Feuillade et Vide-Gousset.

Odonymie

La place est consacrée aux victoires militaires de Louis XIV, à l'extérieur face à la Quadruple Alliance conclue par les traités de

Nimègue, et à l'intérieur face à la minorité protestante, avec la révocation de l'édit de Nantes signée à Fontainebleau en 1685, un an avant l'inauguration de la place.

Histoire

Pour ses faits d'armes, le vicomte François d'Aubusson, duc de La Feuillade, est élevé à la dignité de duc et pair de France. Il cherche un moyen de rendre hommage à son souverain. Ayant hérité de son beau-père, le duc de Roanez, une très grosse fortune, il décide au lendemain de la paix de Nimègue (1678) de faire édifier une place à la gloire de Louis XIV, ainsi qu'une statue. En 1979, le maréchal fait exécuter par Martin Desjardins une statue de marbre du roi vêtu à l'antique qu'il offre à son maître, lequel la fait placer au centre de l'orangerie du château de Versailles, où elle se trouve encore. En 1682, le maréchal commande au même sculpteur un groupe en bronze représentant le roi revêtu du costume de sacre. L'année

suivante, le marquis de La Feuillade achète l'hôtel de la Ferté-Senneterre qu'il fit araser. Le projet prend forme avec les Bâtiments du roi et, par arrête de son conseil du 28 août 1683, la ville de Paris ordonne la création d'une place pour poser la statue du roi et les emprunts nécessaires pour l'expropriation des maisons et terrains nécessaires. Les caractéristiques de la place sont consignées dans un arrêt du Conseil du Roi de 1685. Son urbanisme est confié à Jules Hardouin-Mansart qui signe le plan définitif le 28 août. À l'origine, la place n'était pas entièrement circulaire. Sur un cinquième environ, le 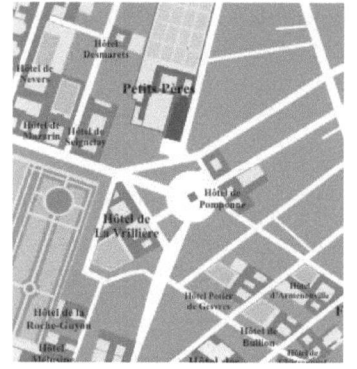 cercle était interrompu par la corde d'un arc, au milieu de laquelle aboutissait la rue des Fossés-Montmartre (actuelle rue d'Aboukir). Une voie de circulation empruntait cette quasi-tangente, formée des rues Vide-Gousset et du Reposoir. Deux autres rues aboutissaient à la place : la rue La Feuillade au nord-ouest et la rue Croix-des-Petits-Champs au sud-ouest. Aucune de ces trois rues n'étant dans le prolongement l'une de l'autre, toutes les perspectives s'achevaient à la statue du roi, dans un espace fermé par les constructions. C'est l'archétype de la place royale, conçue comme une salle de plein air, destinée avant tout à mettre en évidence le symbole de la monarchie.

La place, avec la statue, fut inaugurée le 28 mars 1686, en grande pompe par le dauphin (le roi étant souffrant). Un feu d'artifice est tiré pour l'occasion place de Grève. Les immeubles n'étant pas achevés, ceux manquants sont remplacés par de grandes toiles peintes en trompe-l'œil. L'ordonnance des façades était strictement réglementée : un rez-de-chaussée percé de grandes arcades, un étage noble, particulièrement haut de plafond, un deuxième étage relié au premier par des pilastres ioniques et un attique mansardé dont les chiens-assis sont alternativement semi-circulaires et horizontaux. Les façades des bâtiments sont construites entre 1687 et 1690 par Jean-Baptiste Predot. Afin de témoigner de sa satisfaction, Louis XIV fit cadeau au maréchal d'un million de livres, sachant qu'il en avait dépensé sept pour construire la place et la statue (l'homme a fini sa vie quasiment ruiné). La rue de La Vrillière (actuelle rue Catinat) est ouverte dans l'axe de la rue des Fossés-Montmartre, neuf ans plus tard, anéantissant le parti initial, pour mener à l'hôtel de la Vrillière. Le percement de la rue Etienne-Marcel, au milieu du XIXe siècle, modifie le plan de la place encore une fois. Elle est désormais traversée de part en part dans l'axe nord-sud. La rue du Reposoir (disparue) ne prolongeait plus la rue Vide-Gousset. Aucune symétrie ni logique géométrique ne régit plus le dessin de la place des Victoires. En 1946, un projet de réaménagement est présenté par R. Danis, mais il n'est pas mis en œuvre.

Monuments

Le centre de la place accueillit plusieurs monuments successifs depuis sa création. Entre 1686 et 1792, la place comportait une statue de bronze en pied de Louis XIV. Le roi portait le manteau de sacre, bien dégagé sur les jambes, piétinant un chien tricéphale (Cerbère), symbole de ses ennemis. Derrière lui, juchée sur une sphère, une Victoire ailée en bronze lui tendait une couronne de laurier. La statue, mesurant 4,50 mètres, reposait sur un piédestal haut de sept mètres, orné de bas-reliefs évoquant les victoires récentes du souverain, commentées par des inscriptions latines (le Passage du Rhin, la Paix de Nimègue et la Conquête de la Franche-Comté). Au pied de la statue, quatre esclaves en bronze représentent les nations vaincues (Allemagne, Piémont, Espagne et Hollande), ainsi que quatre sentiments (résignation, abattement, colère et espérance). Quatre fanaux, situés aux quatre coins de la place, y brûlaient en permanence afin d'accentuer le caractère sacré des lieux. Ces fanaux, œuvres de Jérôme Derbais, Dezaige et Jesseaume, sur un dessin de Jean Berain, se constituaient de trois colonnes de marbre jaspé soutenant un gros fanal de marine, posé sur un socle de marbre rouge. Entre les colonnes, six médaillons en bronze, d'un diamètre de 77 cm, étaient suspendus, œuvres du sculpteur Jean Arnould. Rapidement les manifestations hyperboliques célébrant la gloire de Louis XIX paraissent exagérés. Les mots « *Viro immortali* » (A l'homme immortel), inscrits dans le marbre, sont vivement critiqués. Sous prétexte d'économie, les fanaux sont éteints en 1699. Un arrêt de 1717 signale que s'y assemble toujours « quantité de Savoyards et de libertins qui volent et pillent les marbres et dégradent les environs (…) et que les propriétaires et locataires des maisons voisines souffrent continuellement du bruit et des querelles ». L'année suivante, les fanaux sont démontés. Quatre des colonnes furent réemployées dans le maître-autel de la cathédrale de Sens, dans l'Yonne. Les médaillons sont dispersés et seuls quelques-uns sont visibles aujourd'hui au musée du Louvre.

En 1790, les effigies des Nations vaincues du socle sont jugées subversives en cette période de fraternité universelle. Un député nommé Lameth réclame l'enlèvement des esclaves, emblèmes de la servitude, offrant un « spectacle que des hommes libres ne peuvent pas supporter ». L'Assemblée nationale promulgue un décret le 20 juin 1790 exigeant que les quatre figures enchaînées aux pieds de la statue de Louis XIV soient enlevées dans les plus brefs délais. L'Assemblée vient de sauver leurs têtes. Les bronzes sont déposés et transportés au dépôt du Roule. Ils sont ensuite accrochés aux angles de la façade de l'hôtel des Invalides, choix peu judicieux, car ses statues étaient destinées à être observées depuis le sol. Les quatre hommes sont

décrochés en 1962 et partent pour le parc des Sceaux. En 1991, ils sont rapatriés au musée du Louvre, dans l'actuelle cour Puget. Au lendemain du 10 août 1792, date de la chute de la monarchie, la statue de Louis XIV est déboulonnée et fondue pour produire des canons. La place est rebaptisée, le 12 août, « place des Victoires Nationales », et une pyramide en bois se dresse au centre, portant le nom des citoyens morts lors de la journée du 10 août 1792.

En 1798, « la chaleur du soleil a desséché & déjoint les planches clouées qui forment ce monument, & il tombait par morceaux », et il fut démoli en 1800. D'après une légende, Napoléon 1er aurait donné le bois de la pyramide à un corps de garde, qui s'en serait servi pour se chauffer.

Le Consulat décide, dès le 25 novembre 1799, d'ériger une nouvelle statue sur la place des Victoires. Un premier projet, présenté en 1800, à la suite des morts concomitantes de Jean-Baptiste Kléber et Louis Charles Antoine Desaix consiste en un groupe glorifiant les deux héros militaires. Le 27 septembre, le premier consul Bonaparte pose la première pierre d'un édicule en forme de temple égyptien. Le projet en reste là. Un décret de 1802 supprime Kléber de l'œuvre, officiellement pour raison artistique, vraisemblablement pour raison politique. Une statue en bronze du général Desaix, tué à Marengo, est commandée au sculpteur Claude Dejoux. Elle doit reposer sur un piédestal mentionnant les batailles remportées par le général dont les plans sont confiés à l'architecte Jean-Arnaud Raymond. Un premier projet représentait Desaix mourant, soutenu par Mars, dieu de la Guerre, mais Bonaparte le refusa ; il voulait un guerrier debout et vaillant. Le monument final est inauguré, le 15 août 1810, jour de fête nationale (date de naissance de l'empereur), par Napoléon 1er, après dix ans de travail. La statue mesurait 5,50 mètres de hauteur et le piédestal six mètres de hauteur. Les quarante  tonnes de bronze provenaient de 24 pièces de canon prises à l'ennemi à la bataille d'Eylau. Le général était représenté à l'antique, en « nu héroïque », désignant l'Italie et l'Egypte de son bras gauche (deux campagnes durant lesquelles Desaix s'illustra), accompagné d'un obélisque en granit rose provenant de la collection des princes romains Albani ramené d'Italie par Bonaparte. La sculpture crée une polémique (un homme nu au milieu d'une place publique). Les critiques reprochent au sculpteur de ne pas avoir représenté le général en uniforme français, mais en gladiateur avec une épée à la romaine. La statue est cachée derrière une palissade de bois, au bout de deux mois d'exposition, puis est retirée définitivement de la place en 1814. Son bronze est refondu pour fabriquer la statue équestre d'Henri IV, visible sur le Pont-Neuf. L'obélisque, restitué à son propriétaire, est vendu par celui-ci en 1815 au prince Louis de Bavière.

Souhaitant raviver les symboles de l'Ancien Régime, Louis XVIII commande une statue équestre de son aïeul, Louis XIV, à l'architecte Alavoine et au sculpteur François-Joseph Bosio. Pour l'attitude du cavalier et du cheval, ce dernier s'inspire du *Cavalier de bronze* de

Falconet, illustrant le tsar Pierre le Grand à Saint-Pétersbourg. D'abord prévue en marbre, le roi décide en 1819 que la statue serait en bronze. La statue fut fondue par Auguste-Jean Marie Carbonnaux. Sur le socle en marbre blanc, deux bas-reliefs illustrent le *Passage du Rhin* et l'institution de *l'ordre royal et militaire de Saint Louis*. Le roi, vêtu en empereur romain, les bras nus, est coiffé d'une perruque. Le cheval cabré maintient son équilibre grâce aux barres de fer fixant sa queue au piédestal. La statue est inaugurée le 25 août 1822, le jour de la Saint Louis. 6 200 petites médailles représentant le monument sont gravées à cette occasion. La statue fut restaurée en 2005.

Des commerces s'installent sous les arcades et dans les étages, des hôtels particuliers. La surélévation des bâtiments, l'abus des enseignes publicitaires, l'élargissement des rues La Feuillade (1828) et Croix-des-

Petits-Champs (1837), ainsi que le percement de la rue Etienne-Marcel en 1883, mutilèrent l'ordonnance classique des façades. Le sol de la place est classé au titre des monuments historiques depuis le 8 novembre 1962 et la statue depuis le 14 décembre 1992.

Hôtels particuliers

Plusieurs immeubles de la place sont d'anciens hôtels particuliers

- 1 : hôtel Charlemagne. Classé aux monuments historiques depuis le 28 février 1967.
- 1 bis : hôtel de Montplanque. Classé aux monuments historiques depuis le 8 novembre 1962.
- 2 : hôtel Bergeret de Grancourt. Classé aux monuments historiques depuis le 8 novembre 1962.
- 3 : hôtel de Soyecourt. Classé aux monuments historiques depuis le 9 juillet 1926.
- 4 : hôtel Bergeret de Talmont. Classé aux monuments historiques depuis le 8 novembre 1962.
- 4 bis : hôtel de Metz de Rosnay
- 5 : hôtel Bauyn de Péreuse. Classé aux monuments historiques depuis le 21 avril 1948.
- 6 : hôtel de Prévenchères
- 7 : emplacement de l'hôtel où mourut le financier Samuel Bernard en 1739.
- 8 : hôtel Pellé de Montaleau
- 9 : nouvel hôtel de l'Hospital
- 10 : hôtel Gigault de La Salle
- 12 : hôtel Cornette

Cinéma

La place des Victoires offre le décor du film *Le Château de Verre* de René Clément, sorti en 1950 avec Michèle Morgan et Jean Marais, de *Paris je t'aime* de Nobuhiro Suwa, sorti en 2005, de *l'Arnacœur* de Pascal Chaumeil, sorti en 2010, avec Romain Duris et Vanessa Paradis, de *Place des Victoires* de Yoann Guillouzouic, sorti en 2019, avec Guillaume de Tonquédec. La place est citée dans le film La Grande vadrouille de Gérard Oury, lors de la scène de l'interrogatoire dans la Kommandantur de Meursault.

Maupin la fine lame

Julie d'Aubigny est la fille unique de Gaston d'Aubigny, secrétaire de Louis de Lorraine-Guise, comte d'Armagnac. Etant élevé à la fois comme une fille et un garçon, la demoiselle excellait à l'escrime et présentait un caractère fougueux. Ce qui donna un grand nombre de légendes, dont celle-ci… Sortant de l'Opéra où elle tenait le rôle de Pallas, dans *Cadmus et Hermione* de Lully, mademoiselle de Maupin vêtue en homme et masquée, provoqua en duel l'acteur Dumesnil qui s'était moqué d'elle. Refusant le combat, la cantatrice lui dérobe sa montre. Le lendemain, le tragédien se plaint d'avoir été agressé par une bande de malotrus. Julie lui jette alors sa montre au visage en précisant pour la foule : « J'étais seule et tu as refusé le combat ! ». Fine lame, mademoiselle de Maupin sortit victorieuse de nombreux duels contre des imprudents qui y laissèrent la vie. Pour information, de 1827 à 1837, on dénombre une trentaine de morts chaque année à Paris. Entre 1875 et 1890, ce chiffre monte à 832 duels entre civils. Les statistiques retomberont à 6 morts lorsque la Cour de cassation qualifiera le duel d'homicide, passible de la cour d'assises.

Sommaire

Nomination	Page
Adolphe-Jullien (rue)	7
Antoine-Carême (passage)	8
Arbre-Sec (rue de l')	9
Bailleul (rue)	21
Baltard (rue)	21
Berger (rue)	23
Bouloi (rue)	27
Bourdonnais (impasse des)	30
Bourdonnais (rue des)	30
Bourse de commerce – collection Pinault	276
Clémence-Royer (rue)	37
Colonel-Driant (rue)	38
Colonne Médicis	286
Coq-Héron (rue)	40
Coquillière (rue)	42
Cossonnerie (rue de la)	44
Courtalon (rue)	46
Croix-des-Petits-Champs (rue)	49
Croix-du-Trahoir (fontaine de la)	16
Cygne (rue du)	52
Déchargeurs (rue des)	53

Deux-Ecus (place des)	56
Drapiers (pavillon des)	56
Etienne-Marcel (rue)	59
Ferronnerie (rue de la)	61
Française (rue)	65
Grande-Truanderie (rue de la)	65
Halles (rue des)	72
Halles de Paris	75
Hérold (rue)	93
Innocents (cimetière des)	97
Innocents (fontaine des)	123
Innocents (rue des)	96
Jean-Jacques-Rousseau (rue)	110
Jean-Tison (rue)	120
Joachim-du-Bellay (place)	121
Jour (rue du)	127
La Reynie (rue de)	153
Lavandières-Sainte-Opportune (rue des)	154
Les Déchargeurs (théâtre)	54
Lieutenant Henri Karcher (place du)	156
Lingerie (rue de la)	158
Lombards (rue des)	159
Louvre (rue du)	168
Marengo (rue)	168
Mauconseil (rue)	170

Maurice-Quentin (place)	171
Mondétour (rue)	172
Montmartre (rue)	174
Montorgueil (rue)	176
Oratoire (rue de l')	182
Oratoire du Louvre (temple protestant)	248
Pélican (rue du)	183
Petite-Truanderie (rue de la)	184
Pierre-Lescot (rue)	186
Pirouette (rue)	188
Plat-d'Etain (rue du)	190
Pont-Neuf (rue du)	191
Prêcheurs (rue des)	194
Prouvaires (rue des)	195
Rambuteau (rue)	198
Reine de Hongrie (passage de la)	180
Rivoli (rue de)	200
Roule (rue du)	204
Saint-Denis (rue)	205
Sainte-Opportune (place)	266
Sainte-Opportune (rue)	268
Saint-Eustache (église)	130
Saint-Honoré (rue)	239
Saint-Leu-Saint-Gilles (église)	212
Saint-Roman (hôtel de)	19

Saints-Innocents (église des)	104
Sauval (rue)	269
Sébastopol (boulevard de)	270
Trudon (hôtel de)	19
Turbigo (rue de)	271
Vauvilliers (rue)	272
Véro-Dodat (galerie)	116
Viarmes (rue de)	275
Victoires (place des)	290
Villeroy (hôtel de)	34

Pour visualiser quelques-uns de ces monuments en images, n'hésitez pas à vous abonner à ma chaîne YouTube

@baladeparisiennebyAlex

Bibliographie

ARNOLD Marie-France, *Paris, ses mythes d'hier à aujourd'hui*, Dervy-Livres, 1997.

BAROZZI Jacques, *Lieux de spectacles et vie artistique de Paris*, Massin, 2013.

BAUDOUIN Bernard, *Encyclopédie des saints*, Trajectoire, 2016.

BAYLE Pauline, *Paris et ses villages*, Mondadori France, 2017.

BILLIOUD Jean-Michel, *Les grands monuments de Paris*, Gallimard, 2011.

BORDONOVE Georges, *Histoire secrète de Paris*, Albin Michel, 1980.

BRUNEL Georges, *Dictionnaire des églises de Paris*, Hervas, 1999.

CAMUS Georges, *Cadrans solaires de Paris*, CNRS, 1997.

CANAC Sybil, *Métiers de Paris rares et insolites*, Massin, 2008.

CANAC Sybil, *Paris, boutiques de toujours*, Massin, 2007.

CARADEC François, *Guide de Paris mystérieux*, Collection Les Guides noirs, Tchou Editions, 1985.

CASSAGNE Jean-Marie, *Paris – dictionnaire du nom des rues*, Parigramme, 2012.

CATHERINE Cécile, *Aimer Paris*, Ouest-France, 1986.

CHADYCH Danielle, *Paris au 20ᵉ siècle en images*, Grund, 2013.

CHADYCH Danielle, *Paris Rive droite*, Collection Pour les Nuls, First, 2008.

CHAMPIGNEULLE Bernard, *Paris, architecture, sites et jardins*, Seuil, 1973.

COLLECTIF, *Larousse de Paris*, Larousse, 2005.

COLLECTIF, *Paris, balade au fil du temps*, Reader's Digest, 2005.

CONSTANS Martine, *Paris*, La Renaissance du Livre, 1999.

DELORME Jean-Claude, *Ateliers d'artistes à Paris*, Parigramme, 1998.

FIERRO Alfred, *Dictionnaire du Paris disparu*, Parigramme, 1998.

FREGNAC Claude, *Belles demeures de Paris, 16e-19e siècles*, Hachettes Réalités, 1977.

GARDE Serge, *Guide du Paris des faits divers – Du Moyen Âge à nos jours*, Le Cherche-Midi, 2004.

GARDEN Maurice, *Seize promenades historiques dans Paris*, Du Retour, 2017.

GAST René, *Guide secret de Paris*, Ouest France, 2012.

GAST René, *Tous les secrets de Paris*, Ouest-France, 2016.

HATTE Hélène, *Paris, 300 façades pour les curieux*, Christine Bonneton Editions, 2008.

HEMMLER Patrick, *Enigmes, légendes et mystères du vieux Paris*, Jean-Paul Gisseot, 2006.

HILLAIRET Jacques, *Connaissance du vieux Paris*, Princesse Editions, 1954.

HILLAIRET Jacques, *Dictionnaire historique des rues de Paris*, Editions de Minuit, 1960.

KRIEF Philippe, *Paris rive droite, Petites histoires et grands secrets*, Massin, 2005.

KRIEF Philippe, *Paris rive gauche, Petites histoires et grands secrets*, Massin, 2004.

LEPIC Alice, *Paris caché*, Parigramme, 2009.

LESBROS Dominique, *Paris bizarre*, Parigramme, 2017.

MARCHAND Gilles, *Dictionnaire des monuments de Paris*, Gisserot Editions, 2003.

MARTIN-ROLLAND Michel, *100 crimes à Paris*, L'opportun Editions, 2015.

MASSON Françoise, *Les fontaines de Paris*, Martelle Editions, 1995.

MONTINI Muriel, *Paris, promenades dans le centre historique*, Parigramme, 2010.

POISSON Georges, *Dictionnaire des monuments de Paris*, Hervas, 2003.

QUENEAU Raymond, *Connaissez-vous Paris ?*, Gallimard, 2011.

QUERALT Christine, *Promenades historiques dans Paris*, Liana Levi, 2004.

RICHOU Olivier, *Paris : cent crimes oubliés*, L'Ecailler, 2011.

STEPHANE Bernard, *Petite et grande histoire des rues de Paris*, Albin Michel, 2011.

TOURNILLON Nathalie, *Légendes et récits de Paris*, Ouest-France, 2008.

TROUILLEUX Rodolphe, *Paris secret et insolite*, Parigramme, 1996.

VENDITTELLI-LATOMBE Marie, *Le Dico de Paris*, De la Marinière édition, 2008.

VITU Auguste, *Paris, images et traditions, 430 dessins d'époque*, EFR, 1996.